ges de France.

ux

es

ce

eux,

tte).

92220 Bagneux

Bruxelles
f », 8021 Zurich
e
B 5H5

e livre,
n.fr

tous pays.

Les Plus Beaux Villages de Franc

est une création de Sélection du Reader's Digest
réalisée avec la participation de l'association Les Plus Beaux Vil

Équipe éditoriale de Sélection du Reader's Diges
Directeur des éditions livres et magazine : Éric Jou
Directrice adjointe : Elizabeth Glachant
Responsable de l'ouvrage : Bénédicte Robbe
Maquette : Françoise Boismal
Iconographie : Danielle Burnichon
Lecture-correction : Béatrice Argentier, Catherine Deca
Emmanuelle Dunoyer,
Cartographie : Éditerra
Prépresse : Damien Noirot
Fabrication : Marie-Pierre de Clinchamp

Nous remercions également Irène de Moucheron (maq

¤

Pour nous communiquer vos suggestions ou remarques su
utilisez notre adresse e-mail : editolivre@readersdigest

HUITIÈME ÉDITION

ISBN 978-2-7098-1957-2

Les plus beaux villages de France

Guide officiel de l'association
Les Plus Beaux Villages de France

Sélection du Reader's Digest

PARIS · BRUXELLES · MONTRÉAL · ZURICH

Préface

20 c'est le nombre de bougies que souffleront ensemble Les Plus Beaux Villages de France et Sélection du Reader's Digest autour de la nouvelle édition de ce guide. L'association et l'éditeur fêtent en effet cette année 20 ans de partenariat au service d'une même passion : mettre en lumière ces lieux exceptionnels mais bien souvent méconnus et vous donner le goût de la découverte. Dans cet ouvrage, toutes les informations pratiques nécessaires à l'organisation de votre séjour sont rassemblées. Parce que, au-delà du plaisir éprouvé à la simple vue de ces édifices chargés d'histoire, de ces ruelles tortueuses, de ces maisons de pierre ou à pans de bois, de ces placettes ombragées, c'est à une véritable rencontre que vous convient les 152 Plus Beaux Villages de France. Car ces lieux de beauté sont aussi vivants et actifs. Hôteliers et propriétaires de chambres d'hôte ou de gîtes, restaurateurs et producteurs fermiers, artistes et artisans d'art, guides et créateurs de spectacles, tous vous invitent à apprécier leur hospitalité, à savourer leurs produits, à participer à leurs fêtes, à partager, le temps d'un week-end ou d'une plus longue escapade, le bonheur de vivre dans leur village.

Maurice Chabert
Président de l'association des Plus Beaux Villages de France
Maire de Gordes (Vaucluse)

Les Plus Beaux Villages de France

L'**Association Les Plus Beaux Villages de France** est née d'un hasard : la rencontre, au début de l'été 1981, entre un livre et un homme. Le livre était l'album édité par Sélection du Reader's Digest **Les Plus Beaux Villages de France**, l'homme était Charles Ceyrac, maire du village de Collonges-la-Rouge, en Corrèze. De cette rencontre jaillit l'idée d'unir forces et passion pour sauvegarder et promouvoir un patrimoine remarquable hérité de l'Histoire : 66 maires suivront Charles Ceyrac dans cette aventure officialisée le 6 mars 1982 à Salers, dans le Cantal.

Un réseau, une stratégie

Aujourd'hui, l'association compte **152 villages** répartis sur **21 régions** et **66 départements**. Outre les instances « classiques » d'une association loi 1901, trois commissions techniques composées d'élus mais aussi d'experts et de représentants des entreprises partenaires œuvrent à la mise en place des actions de qualité, de notoriété et de développement. Préserver et valoriser le patrimoine de ces lieux d'exception pour accroître leur notoriété et leur fréquentation, et favoriser ainsi le développement d'une activité économique liée au tourisme, telle est en effet l'ambition de l'association depuis 26 ans.

Vivons l'exception !

Parce qu'il ne s'agit de faire de ces villages ni des musées sans âme ni des parcs d'attractions, l'association s'efforce de concilier protection et développement dans ces lieux magiques où vous êtes invités à une rencontre avec l'histoire d'un patrimoine, la culture d'un terroir, le savoir-faire de ses habitants (producteurs, artisans ou commerçants)... Une invitation à un certain **art de vivre** dans un cadre d'exception.

Pour en savoir plus sur l'association :
www.lesplusbeauxvillagesdefrance.org

La qualité en point de mire

Au cœur du concept développé par l'association, la qualité se retrouve aussi bien dans la procédure de classement des villages que dans la gestion de la marque déposée « **Les Plus Beaux Villages de France** », ou encore dans la sélection des prestataires qui adhèrent à sa démarche pour vous accueillir dans les meilleures conditions.

Comment devient-on l'un des Plus Beaux Villages de France ?

C'est la question que tout le monde se pose ! Dans un premier temps, la commune sollicitant le classement doit répondre à trois critères éliminatoires : avoir une population agglomérée inférieure ou égale à **2 000 habitants, deux sites ou monuments protégés** (monuments historiques...), et attester sa volonté d'adhésion par **délibération municipale**. Si ces trois conditions sont remplies, la demande est recevable et le village fait l'objet d'une expertise sur site permettant, à l'aide d'une **grille de 27 critères**, d'évaluer sa qualité patrimoniale, architecturale, urbanistique et environnementale ainsi que ses efforts de mise en valeur. Enfin, le compte rendu d'expertise est présenté devant la commission Qualité de l'association, qui a seule pouvoir de prononcer les décisions de classement.

Et après ?

Le classement n'est pas une fin en soi. La **charte de qualité**, dont la signature officialise le classement de la commune tout autant qu'elle l'engage à poursuivre ses efforts de protection et de valorisation, en est l'illustration : un village peut se voir déclassé à l'issue d'une réexpertise. Cette exigence permanente de qualité génère une dynamique et une émulation entretenues également par le partage d'expériences exemplaires entre les villages du réseau.

En moyenne, **1 candidature sur 5** aboutit à un classement et une dizaine de villages réexpertisés ont été déclassés depuis la création de l'association.

Une sélectivité et une rigueur qu'elle revendique pour garantir l'excellence exprimée dans son appellation.

Le goût de la découverte

Côté pratique ou côté loisirs, les produits déclinés sous la marque « **Les Plus Beaux Villages de France** » vous accompagnent dans la préparation de votre escapade et vous invitent au plaisir de la découverte.

L'album et le coffret de trois DVD

On ne présente plus le célèbre album réédité par **Sélection du Reader's Digest** qui propose, avec plus de 250 photos originales, 63 des Plus Beaux Villages de France sélectionnés par l'éditeur. Découvrez aussi le coffret de trois DVD (Nord, Centre, Sud) réalisés par **Les Films d'ici** et édités par **Sélection du Reader's Digest**, qui vous offre une magnifique balade de 3 heures en son et en images dans 35 villages. À voir et à revoir chez soi, pour le plaisir.

Pour commander les produits « Plus Beaux Villages de France »

Les Plus Beaux
Villages de France
19500 COLLONGES-LA-ROUGE
Tél. : + 33.(0)5.55.840.850
Fax : + 33.(0)5.55.840.942

www.lesplusbeauxvillagesdefrance.org

Le site Internet et la newsletter

Idées week-ends, nouveaux villages classés, galerie photos, événements, bonnes addresses...
Avec le site Internet **www.lesplusbeauxvillagesdefrance.org** et la newsletter **Vivons l'exception !**, le plaisir de la découverte est également en ligne !

Abonnement gratuit à la newsletter depuis le site www.lesplusbeauxvillagesdefrance.org.

Vivre et faire vivre les villages

Vous y avez goûté ? Alors, maintenant, venez déguster ! Restaurateurs, hébergeurs, artisans, producteurs... offrent le meilleur de leurs prestations pour vous faire vivre à l'heure des **Plus Beaux Villages de France**.

Votre séjour à la carte avec La-France-Autrement.com

Cours de cuisine au retour du marché, stage d'artisanat, visite privée d'un village... Chaque fois différents mais toujours authentiques, les séjours proposés en ligne par le tour-opérateur partenaire de l'association sont une invitation permanente au plaisir d'apprécier l'hospitalité des villages et leur art de vivre. Conçus avec des prestataires sélectionnés pour la qualité de leurs services, ils s'adaptent à vos envies et à vos possibilités. Du sur-mesure !

La-France-Autrement.com
Tél. : + 33.(0)1.48.74.05.10
SITE FRANÇAIS : www.lafranceautrement.com
SITE ANGLAIS : www.cometofrance.com

Les Plus Beaux Villages de France accessibles à tous

Engagé avec l'association Braille et Culture et soutenu par le ministère délégué au Tourisme, un projet visant à rendre **accessible aux déficients visuels** un réseau pilote de villages classés parmi les Plus Beaux Villages de France est en cours. Caractère innovant de cette démarche, l'extension du principe d'accessibilité, habituellement réservé aux sites de visite, aux prestataires : hébergeurs/restaurateurs, commerçants, producteurs, artisans... En 2008, une dizaine de villages devraient pouvoir proposer les prestations nécessaires à l'accueil de la clientèle déficiente visuelle dans le cadre de séjours.

Tél. : 04.73.64.21.04
www.braille-culture.com

Faites votre « marché aux vins des Plus Beaux Villages de France » !

Hauts lieux de patrimoine, les Plus Beaux Villages de France sont également des fleurons de la gastronomie française. Depuis 1998, l'office de tourisme de **Rodemack**, en Moselle, accueille le temps d'un week-end le marché aux vins des Plus Beaux Villages de France. Alsace, côtes-du-rhône, vin de paille, côtes-de-provence... Les producteurs vous proposent une découverte de leurs villages pleine de goût !

Office de tourisme de Rodemack : 03.82.51.25.50
www.rodemack.com

Devenez membre privilégié des Plus Beaux Villages de France !

Participez avec l'association à la sauvegarde du patrimoine de nos villages et devenez l'hôte privilégié de ces 152 lieux d'émotion en adhérant au **Club des Amis des Plus Beaux Villages de France**. Pour en savoir plus, rendez-vous sur le site Internet de l'association www.lesplusbeauxvillagesdefrance.org, rubrique « Club des amis ».

Sommaire

Signes et abréviations utilisés

⁘	Cet astérisque équivaut aux étoiles des hôtels et aux épis ou gerbes des chambres d'hôte et gîtes
alt.	altitude
ap.	après
av.	avant
c.c.	classement en cours
déc.	décembre
dern.	dernier
dim.	dimanche
fév.	février
janv.	janvier
nov.	novembre
oct.	octobre
pl.	place
quinz.	quinzaine
RDV	rendez-vous
rens.	renseignements
sam.	samedi
sem.	semaine
sept.	septembre
tlj	tous les jours
VTT	vélo tout-terrain
w.-e.	week-end

Pour chaque village, vous trouverez des renvois aux cartes des pages 12 à 19.

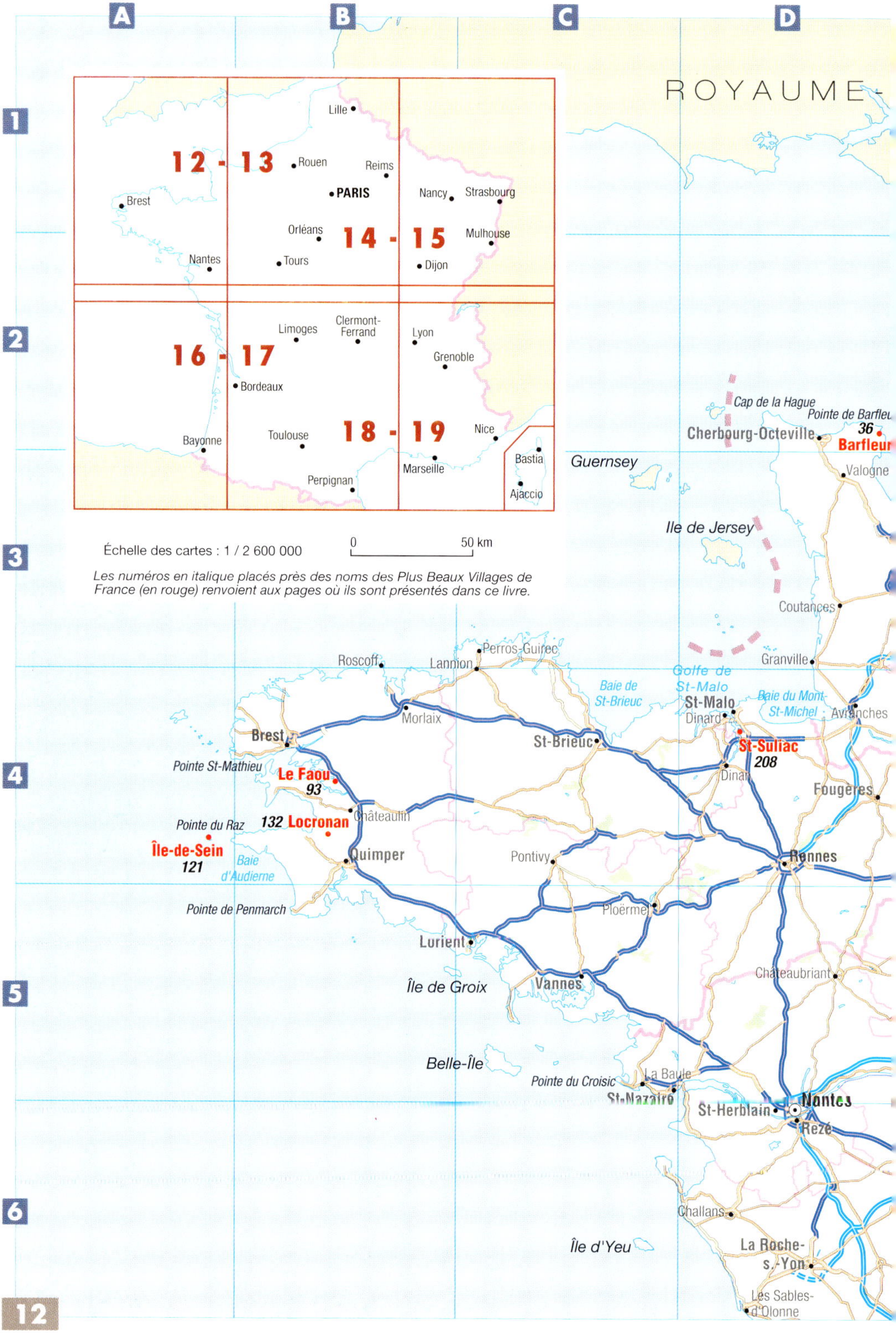

Échelle des cartes : 1 / 2 600 000

Les numéros en italique placés près des noms des Plus Beaux Villages de France (en rouge) renvoient aux pages où ils sont présentés dans ce livre.

E
F
G
H
1
2
3
4
5
6
UNI
Brugge
Gent
Veurne
Dunkerque
Calais
Cap Blanc-Nez
Cap Gris-Nez
Kortrijk
Menen
Tourcoing
Roubaix
Boulogne-sur-Mer
St-Omer
Armentières
Lomme
Lille
Béthune
Bruay-la-B.
Lens
Liévin
Douai
Hesdin
Arras
Denain
Baie de Somme
Doullens
Cambrai
Abbeville
Dieppe
Amiens
St-Quentin
Cap d'Antifer
Fécamp
107
Gerberoy
Noyon
Laon
Le Havre
Beauvais
Compiègne
Rouen
Lyons-la-Forêt
138
Soissons
Deauville
Bayeux
Cabourg
Caen
St-Lô
Le Bec-Hellouin
45
Beuvron-en-Auge
50
Lisieux
Senlis
La Roche-Guyon
184
Pontoise
Château-Thierry
Évreux
Mantes
St-Denis
Bobigny
Nanterre
Meaux
Paris
Vire
Versailles
Créteil
Flers
Argentan
Verneuil
Dreux
Palaiseau
Évry
Provins
Melun
Alençon
193
St-Céneri-le-Gérei
Chartres
Étampes
Mayenne
Nogent-le-Rotrou
252
Yèvre-le-Châtel
Sens
Laval
Châteaudun
Montargis
Le Mans
Orléans
Auxerre
128
Lavardin
Vendôme
La Flèche
Gien
Blois
244
Vézelay
Angers
Tours
Saumur
156
Montsoreau
Vierzon
Candes-St-Martin
62
Crissay-s.-Manse
82
Montrésor
155
Cholet
Bourges
Loudun
Apremont-sur-Allier
25
Nevers
Issoudun
Bressuire
Châtellerault
Anglès-sur-l'Anglin
23
Châteauroux
Parthenay
Vouvant
250
Poitiers
La Châtre
Moulins

A
B
C
D
1
2
3
4
5
6
Brugge
Veurne
Gent
Dunkerque
Calais
Cap Blanc-Nez
Cap Gris-Nez
Kortrijk
Menen
Tourcoing
Bruxelles
Boulogne-sur-Mer
St-Omer
Armentières
Roubaix
Lomme
Lille
Bruay-la-B.
Béthune
Mons
Liévin
Lens
Douai
Charleroi
Hesdin
Arras
Denain
Maubeuge
Baie de Somme
Doullens
Abbeville
Cambrai
Dieppe
Amiens
St-Quentin
Vervins
Parfondeval
169
Cap d'Antifer
Fécamp
107
Gerberoy
Le Havre
Noyon
Laon
Rethel
Beauvais
Deauville
Rouen
Lyons-la-Forêt
138
Compiègne
Soissons
Cabourg
Caen
Le Bec-Hellouin
45
Reims
Beuvron-en-Auge
50
Lisieux
Senlis
La Roche-Guyon
184
Pontoise
Château-Thierry
Épernay
Évreux
Mantes
St-Denis
Bobigny
Châlons-en-Champagne
Nanterre
Meaux
Paris
Versailles
Créteil
Argentan
Verneuil
Dreux
Palaiseau
Évry
Provins
Melun
Alençon
193
St-Céneri-le-Gérei
Chartres
Étampes
Nogent-le-Rotrou
Troyes
252
Yèvre-le-Châtel
Sens
Châteaudun
Le Mans
Montargis
Orléans
Tonnerre
128
Vendôme
Auxerre
La Flèche
Lavardin
Noyers-sur-Serein
166
Gien
Blois
Avallon
244
Vézelay
Tours
Saumur
156
Montsoreau
Vierzon
Candes-St-Martin
62
Crissay-s.-Manse
82
Montrésor
155
Loudun
Bourges
Apremont-sur-Allier
25
Nevers
Issoudun
Autun
Châtellerault
Le Creusot
Angles-sur-l'Anglin
23
Châteauroux
Parthenay
Montceau-les-Mines
Poitiers
La Châtre
Moulins

Les numéros en italique placés près des noms des Plus Beaux Villages de France (en rouge) renvoient aux pages où ils sont présentés dans ce livre.
E
F
G
H
1
2
3
4
5
6
Hasselt
PAYS-BAS
Aachen
Köln
Siegen
Bonn
Liège
BELGIQUE
Koblenz
Frankfurt
Dinant
ALLEMAGNE
Mainz
Darmstadt
LUXEMBOURG
Charleville-Mézières
Luxembourg
Mannheim
Longwy
Rodemack 186
Thionville
Forbach
Verdun
Sarreguemines
Karlsruhe
Metz
Hunspach 118
Stuttgart
Haguenau
Vitry-le-François
Bar-le-Duc
Toul
Nancy
St-Quirin 205
Schiltigheim
Strasbourg
St-Dizier
Lunéville
Mittelbergheim 143
St-Dié
Sélestat
Vittel
Riquewihr 181
Hunawihr 117
Epinal
Freiburg-im-Breisgau
Chaumont
Colmar
Remiremont
Eguisheim 87
Langres
Mulhouse
Belfort
Basel
Vesoul
Flavigny-sur-Ozerain 94
Montbéliard
Zürich
Dijon
Pesmes 171
Besançon
Châteauneuf 72
Lods 133
Dole
Bern
Beaune
Pontarlier
Chalon-s.-Saône
Château-Chalon 71
Baume-les-Messieurs 41
SUISSE
Lausanne
Tournus

Les numéros en italique placés près des noms des Plus Beaux Villages de France (en rouge) renvoient aux pages où ils sont présentés dans ce livre.

E
F
G
H
1
2
3
4
5
6
Bressuire
Châtellerault
Angles-sur-l'Anglin 23
Châteauroux
Parthenay
Vouvant 250
Poitiers
La Châtre
Moulins
St-Benoît-du-Sault 191
Gargilesse-Dampierre 103
Coulon 79
Niort
Montluçon
Charroux 70
Surgères
Bellac
Guéret
Vichy
Ruffec
Mortemart 159
St-Jean-d'Angely
Confolens
Aubusson
Riom
Clermont-Ferrand
Thiers
Saintes
Limoges
Angoulême
St-Saturnin 207
152 Montpeyroux
Treignac-sur-Vézère 239
La Bourboule
Ambert
Barbezieux-St-Hilaire
St-Jean-de-Côle 200
Ségur-le-Château 225
Ussel
St-Floret 198
Usson 242
Aubeterre-sur-Dronne 31
Brantôme
Blesle 54
Lavaudieu 130
206 St-Robert
Tulle
Mauriac
Brioude
Périgueux
Brive-la-Gaillarde
216 Salers
Blaye
202 St-Léon-sur-Vézère
St-Amand-de-Coly 190
240 Collonges-la-Rouge 75
Tournemire 236
St-Flour
Turenne
Curemonte 84
Libourne
131 Limeuil
Beynac-et-Cazenac 187
Carennac 65
Loubressac 135
Aurillac
Bordeaux
Bergerac
51 La Roque-Gageac
Autoire 33
48 Belvès
85 Domme
Monpazier 150
Cardaillac 63
76 Conques
Langon
147 Monflanquin
Figeac
197
Estaing 89
St-Côme-d'Olt
Mende
Marmande
Villeneuve-sur-Lot
Cahors
194 St-Cirq-Lapopie
Belcastel 46
177 Pujols-le-Haut
Villefranche-de-Rouergue
Ste-Eulalie-d'Olt 215
214 Ste-Énimie
Florac
Rodez
Agen
Lauzerte 127
Najac 165
224 Sauveterre-de-Rouergue
172 Peyre
Nérac
60 Bruniquel
Millau
99 Fourcès
Auvillar 34
Monestiès 146
Carmaux
Brousse-le-Château 59
Montréal-du-Gers 153
Condom
Montauban
Puycelsi-Grésigne 178
67 Castelnau-de-Montmiral
Albi
La Couvertoiraude 81
Mont-de-Marsan
Larressingle 123
St-Guilhem-le-Désert 199
Sarrant 223
Lodève
Aire-sur-l'Adour
Lautrec 124
Auch
Castres
Olargues 168
Orthez
Mirande
Toulouse
Mazamet
Muret
Minerve 140
Béziers
Agde
Oloron-Ste-Marie
Pau
Tarbes
Castelnaudary
Cap d'Agde
Carcassonne
Narbonne
Lourdes
Pamiers
122 Lagrasse
St-Gaudens
Limoux
St-Bertrand-de-Comminges 192
St-Lizier 204
Camon 61
Cap Leucate
St-Girons
Foix
Quillan
Bagnères-de-Luchon
160 Mosset
90 Eus
Perpignan
Jaca
Evol 92
247 Villefranche-de-Conflent
Castelnou 68
ANDORRE
Céret
ESPAGNE
Figueras

A
B
C
D
1
2
3
4
5
6
Châtellerault
Angles-sur-l'Anglin 23
Parthenay
Poitiers
Châteauroux
La Châtre
Le Creusot
Montceau-les-Mines
Moulins
St-Benoît-du-Sault 191
Gargilesse-Dampierre 103
Paray-le-Monial
Montluçon
231 Semur-en-Brionnais
Charroux 70
Bellac
Guéret
Vichy
Ruffec
Mortemart 159
Confolens
Roanne
Aubusson
Riom
Clermont-Ferrand
Thiers
Limoges
Angoulême
St-Saturnin 207
152 Montpeyroux
Treignac-sur-Vézère 239
La Bourboule
Ussel
Ambert
Barbezieux-St-Hilaire
St-Jean-de-Côle 200
Ségur-le-Château 225
St-Floret 198
Usson 242
St-Étienne
Aubeterre-sur-Dronne 31
Brantôme
Blesle 54
Lavaudieu 130
206 St-Robert
Tulle
Mauriac
Brioude
Périgueux
Brive-la-Gaillarde
216 Salers
202
St-Amand-de-Coly 190
240 Collonges-la-Rouge 75
St-Léon-sur-Vézère 131
Turenne
Curemonte 84
Tournemire 236
St-Flour
Le Puy-en-Velay
Limeuil
Beynac-et-Cazenac 187
Carennac 65
Loubressac 135
Aurillac
Arlempdes 26
Bergerac
51 La Roque-Gageac
Autoire 33
48 Belvès
85 Domme
Pradelles 176
Monpazier 150
Cardaillac 63
76 Conques
Aubenas
147 Monflanquin
Figeac
197 St-Côme-d'Olt
Estaing 89
La Garde-Guérin 101
Balazuc 35
Marmande
Villeneuve-sur-Lot
Cahors
194 St-Cirq-Lapopie
Belcastel 46
Mende
177 Pujols-le-Haut
Villefranche-de-Rouergue
Ste-Eulalie-d'Olt 215
214 Ste-Énimie
Florac
Rodez
Lauzerte 127
Agen
Najac 165
224 Sauveterre-de-Rouergue
172 Peyre
Nérac
99
60
Alès
Auvillar 34
Bruniquel
Monestiès 146
Millau
Montréal-du-Gers 153
Fourcès
Condom
Montauban
Carmaux
Brousse-le-Château 59
Puycelsi-Grésigne 178
67
Larressingle 123
Albi
Castelnau-de-Montmiral
La Couvertoirade 81
Nîmes
Sarrant 223
St-Guilhem-le-Désert 199
Lodève
Lautrec 124
Auch
Toulouse
Castres
Montpellier
Mirande
Olargues 168
Mazamet
Golfe d'Aigues-Mortes
Muret
Minerve 140
Béziers
Sète
Agde
Castelnaudary
Cap d'Agde
Tarbes
Carcassonne
Narbonne
Lourdes
Pamiers
St-Gaudens
Limoux
122 Lagrasse
St-Bertrand-de-Comminges 192
St-Lizier 204
Camon 61
St-Girons
Foix
Cap Leucate
Quillan
Bagnères-de-Luchon
Perpignan
160 Mosset
90 Eus
Castelnou 68
Evol 92
247 Villefranche-de-Conflent
Céret
ANDORRE
Figueras

Les numéros en italique placés près des noms des Plus Beaux Villages de France (en rouge) renvoient aux pages où ils sont présentés dans ce livre.

Aiguèze

Forteresse perchée sur une falaise surplombant les gorges de l'Ardèche (mais encore dans le département du Gard !), Aiguèze protège son patrimoine médiéval, cultive la vigne et entretient la bonne humeur conviviale de ses habitants.

Comme tout site de défense stratégique, Aiguèze a connu un passé tumultueux. De 725 à 737, ce sont les Sarrasins qui occupent la région ; ils laissent leur nom à l'une des tours du village. La fortification du site date quant à elle du XIe s. : elle est l'œuvre du comte de Toulouse, qui souhaitait faire d'Aiguèze le poste avancé de ses opérations contre le comté du Vivarais. En 1360, les jacqueries apportent à Aiguèze sa dernière grande période de troubles : les campagnes s'agitent contre le poids des impôts et le village subit encore destructions et pillages. Souvent assaillie mais toujours libérée, Aiguèze a survécu et réussi à garder quelques traces de son histoire. Le village doit beaucoup de son visage actuel à Mgr Fuzet, archevêque de Rouen et enfant du pays, qui a consacré du temps et des moyens à sa conservation et à sa modernisation au début du XXe s. Ainsi, la place principale ombragée de platanes ou encore l'église du XIe s. Les ruelles pavées et voûtées laissent découvrir fenêtres à meneaux, balcons couverts d'arcades et portails en plein cintre. Elles mènent vers le « castelas », ancien chemin de ronde du château fort, d'où l'on jouit d'une vue splendide sur l'Ardèche et les paysages de garrigue et de vignes des Côtes du Rhône.

VISITER

- Église du XIe s. : visite libre tlj.
- **Visite guidée du village** : en saison et sur RDV.
- **Ancien moulin à huile** : Point i.

SÉJOURNER

- **HÔTEL**

Le Rustic Hôtel* (04.66.82.13.05).

- **RÉSIDENCE HÔTELIÈRE**

Le Castelas (04.66.82.18.76).

- **CHAMBRES D'HÔTE**

Les Jardins du Barry*** (04.66.82.15.75).

Les Mazets d'Aiguèze (04.66.82.34.28).

- **GÎTES ET MEUBLÉS**

Rens. : 04.66.82.14.77 ou 04.66.39.26.89.

- **CAMPINGS**

Les Cigales** (04.66.82.18.52).
Le Galinier (04.66.82.15.52).
Aire naturelle de la Roquette (04.66.82.15.13).

OFFICE DE TOURISME DE VALCEZARD : 04.66.82.30.02
POINT i : 04.66.39.26.89

CARTE GÉNÉRALE : P. 19/E4
CODE POSTAL : 30760

DÉGUSTER

- **RESTAURANTS**

L'Auberge sarrasine (04.66.50.94.20).
Chez David - La Placette (04.66.90.27.41).
Le Belvédère, pizzeria (04.66.50.66.69).
Le Chaudron (04.66.39.43.48).
Le Café Chabot, grill (04.66.82.11.26).
Chez Thaly, restaurant-grill (04.66.33.08.72).

- **PRODUITS DU TERROIR**

Lavande, huile d'olive, produits régionaux : Esprit Campagne (04.66.82.15.75) ; La Combe aux Oiseaux (04.66.82.31.69) ; La Farandole (04.66.82.19.64).
Pélardons de la garrigue : Chez Vivou (04.66.82.10.32).
Vins des Côtes du Rhône : domaine Tour Paradis (04.66.82.18.80) ; domaine St-Roch (04.66.82.14.39) ; domaine La Mazade (04.66.82.16.44).

- **MARCHÉ**

Jeudi matin en juillet-août.

ACHETER

Cristallerie-galerie d'art : Kevin Stal (06.63.78.34.95).
Poterie : Christelle et Jérémy Boyer (06.87.02.65.38).

FÊTER

Pentecôte : marché à la brocante (lundi).
Mi-juillet et mi-août : journées d'accueil des vacanciers.
Sept. : marché à la brocante (3e dim.).
Déc. : marché de Noël (2e dim.).

RESPIRER

- Baignade dans la rivière Ardèche.
- Canoë-kayak, barque : descente des gorges de l'Ardèche.
- Randonnée pédestre.

MUSARDER

- Gorges de l'Ardèche, Vallon-Pont-d'Arc, grotte Chauvet, aven d'Orgnaç, grottes de la Madeleine, Saint-Marcel-d'Ardèche, la Forestière (7 à 35 km).
- Saint-Paulet-de-Caisson : chartreuse de Valbonne (7 km).
- Pont-Saint-Esprit (10 km).
- La Roque-sur-Cèze, Montclus, Cornillon et Goudargues (de 15 à 20 km).
- Châteaux de Suze-la-Rousse (27 km) et de Grignan (43 km).

Ainhoa

Mariant les verts de ses collines aux rouges et blancs des façades de ses maisons labourdines ou navarraises, Ainhoa arbore au long de sa rue unique les couleurs du Pays basque.

Au XIIe s., les Prémontrés fondèrent à Ainhoa l'un de leurs vicariats pour porter assistance aux pèlerins de Compostelle et une bastide-rue émergea du plateau pour assurer leur accueil. Reconstruite au XVIIe s., elle offre à l'est ses plus belles façades.

Pourvus d'anneaux pour attacher les mulets, les lorios (porches) de certaines maisons attestent leur ancienne fonction de relais commercial sur la route de Pampelune. L'église du XIVe a été remaniée, mais les pierres de taille de ses parties basses datent de la fondation de la bastide. Plus haut, la chapelle N.-D.-de-l'Arantzazu, dite de l'Aubépine, se niche sur la montagne Atsulaï.

VISITER

- Église N.-D.-de-l'Assomption : tlj 9 h-19 h.

SÉJOURNER

• HÔTELS

Argi-Eder*** (05.59.93.72.00).
Ithurria*** (05.59.29.92.11).
Ohantzea** (05.59.29.90.50).
Oppoca** (05.59.29.90.72).
Ur-Hegian** (05.59.29.91.16).
Xokoan (05.59.29.90.26).

• CAMPING

Xokoan*** (05.59.29.90.26).

• AIRE NATURELLE DE CAMPING

Harazpy (05.59.29.89.38).

DÉGUSTER

• RESTAURANTS

Argi-Eder (05.59.93.72.00).
Auberge Alzate (05.59.29.77.15).
Ithurria (05.59.29.92.11).
Oppoca (05.59.29.90.72).
Ur-Hegian (05.59.29.91.16).
Xokoan (05.59.29.90.26).
Ohantzea, salon de thé (05.59.29.90.50).

• PRODUITS DU TERROIR

À la ferme (05.59.29.80.69).
Le Pain d'épice (05.59.29.34.17).
Salaisons : Oteiza (05.59.29.30.43).

ACHETER

Artisan parfumeur : Parfums et senteurs du Pays basque (05.59.29.23.48)

Bijoutier, créateur d'objets : Atelier 7, Olivier Roussel-Maserati (05.59.54.28.72 ou 05.59.29.95.74).
Brocanteur : Le Hussard (06.18.78.07.03).
Fabricant d'inclusions : BVA Créations, Patrick Coronat (05.59.29.32.69).

MAIRIE : 05.59.29.92.60

CARTE GÉNÉRALE : P. 16/D5
CODE POSTAL : 64250

FÊTER

Pentecôte : fêtes de Dantxaria (w.-e.) et pèlerinage à la chapelle N.-D.-de-l'Aubépine (lundi).
Août : fêtes patronales (15), Les 12 Heures de la randonnée pédestre (3e sam.).
En saison : parties de pelote et danses basques au fronton, chant choral à l'église.

RESPIRER

- Pelote au fronton.
- Randonnée pédestre : GR 8 et 10, et 5 circuits balisés (Atsulai : 05.59.29.90.48).

MUSARDER

- Espelette : marché (6 km).
- Grottes d'Urdax et de Zugarra murdi (de 3 à 8 km).
- Sare (7 km).
- Cambo-les-Bains : maison Edmond-Rostand (11 km).
- Saint-Pée-sur-Nivelle : lac de baignade (11 km).
- Plages de la côte basque (20 km).
- Ports de pêche des côtes basque et catalrique (de 24 à 50 km).

Angles-sur-l'Anglin

La rivière de l'Anglin sépare le haut et le bas du village, auquel la tribu saxonne des Angles, qui envahit l'Angleterre au vᵉ s., a donné son nom. Du haut de la falaise, les ruines de la forteresse, édifiée entre le xiᵉ et le xvᵉ s. par les comtes de Lusignan, dominent la rivière. Dans la ville haute, l'église St-Martin, au clocher roman poitevin, côtoie la chapelle St-Pierre, du xiiᵉ s. Dans la ville basse, la chapelle Ste-Croix est une ancienne abbatiale au portail du xiiiᵉ s. Le chemin de la Cueille, le Truchon, l'Arceau ou la Tranchée des Anglais relient le haut et le bas du village. À proximité, l'abri du Roc aux Sorciers, creusé dans le calcaire, conserve une frise magdalénienne. Depuis 150 ans, Angles est célèbre pour ses « jours ». Retirant les fils d'un tissu pour le rebroder ensuite avec un autre fil, marqueuses, ajoureuses et cordonneuses ont longtemps approvisionné les grands magasins parisiens en lingerie de luxe.

VISITER

- Atelier des jours d'Angles : démonstration et vente tlj 9 h 30-12 h/14 h-18 h en saison, sur RDV hors saison les sam. et dim. matin.
- Centre d'interprétation du Roc aux Sorciers : ouverture Pâques 2008 (05.49.48.86.87).
- Forteresse d'Angles : tlj sauf mardi 10 h 30-12 h 30/14 h 30-18 h 30 en juillet-août.
- Village : visite guidée sur RDV (05.49.48.86.87).

SÉJOURNER

• HÔTEL

Le Relais du Lyon d'Or*** (05.49.48.32.53).

• CHAMBRES D'HÔTE

M. et Mme Pioger (05.49.84.01.83).

• GÎTES ET MEUBLÉS

Rens. : 05.49.48.86.87.

DÉGUSTER

• RESTAURANTS

Le Commerce (05.49.48.61.05).

Le Relais du Lyon d'Or
Soir uniquement ; midi sur réservation pour les groupes (05.49.48.32.53).

Le Marsala, pizzeria (05.49.48.65.44).

• MARCHÉ

Sam. et dim. matin, pl. du centre-bourg.

ACHETER

Antiquités, objets d'art : Baraudon (05.49.48.42.42).

Artisanat d'art et produits du terroir : La Grange aux Dames (05.49.48.82.91).

Bouquinerie - reliure : Mme Sarpo (05.49.83.81.74).

Brocante : J. Touzalin (05.49.48.62.86) ; G. Tourraine (02.54.37.08.37).

Céramiste : Michaël Thiou (06.88.42.60.52).

Peintre : G. Bonan (05.49.84.01.43).

Point de croix, dentelle : Marie Boutique (05.49.48.63.64).

OFFICE DE TOURISME : 05.49.48.86.87
MAIRIE : 05.49.48.61.20

CARTE GÉNÉRALE : P. 13/F6
CODE POSTAL : 86260

FÊTER

Mai-sept. : expositions (artisanat, photos...) à la chapelle St-Pierre.
Juin : Journée du Patrimoine de Pays.
Juillet : Journées artisanales (w.-e. du 14).
Août : spectacle pyrotechnique (1er dim.), festival « Des livres et vous » et foire aux livres (sem. du 15).

RESPIRER

- Pêche.
- Randonnée pédestre : circuits intercommunaux balisés.
- VTT.

MUSARDER

- Abbaye de Fontgombault (9 km).
- La Roche-Posay (12 km).
- Abbaye de Saint-Savin (16 km).
- Le Blanc (17 km).
- Ferme et ligne acadiennes d'Archigny (24 km).
- Chauvigny (26 km).
- Parc naturel régional de la Brenne (30 km).

Arlempdes

Au sommet d'un piton volcanique du Velay, Arlempdes offre à la Loire, tout près de sa source, son premier château.

Les vestiges du château édifié par les Montlaur du XIIe au XIVe s. occupent le sommet d'un dyke de basalte que la Loire a profondément entaillé de gorges sauvages. Remparts crénelés et courtines y enferment l'ancienne cour dominée par la tour ronde du donjon et la chapelle St-Jacques-le-Majeur, vraisemblablement construite aux XI-XIIe s. à l'emplacement d'un sanctuaire celte, surplombant le fleuve de plus de 100 m. Cet imposant ensemble castral constitue depuis 1997 le décor des « Théâtrales du Velay », organisées chaque été. Campé à son pied derrière une porte d'entrée du XIIIe s. subsistant d'une ancienne enceinte basse, le village se distribue autour d'une harmonieuse place servant de parvis à l'église romane St-Pierre, remarquable par son portail polylobé et son clocher-mur à quatre arcades. De la place part le chemin d'accès au château, dont l'entrée est précédée d'un porche Renaissance. Sur le plateau dans lequel s'est encastrée la Loire, l'activité agricole renaît avec la production de la lentille verte du Puy, qui, favorisée par la légèreté des sols volcaniques et un microclimat, est le premier légume sec à bénéficier depuis 1996 d'une appellation d'origine contrôlée. Loin du village, l'un des derniers marquis d'Arlempdes s'illustra en 1783 en effectuant, avec Pilâtre de Rozier, le premier vol en montgolfière de l'Histoire.

VISITER

- Château : tlj 14 h-18 h du 1er juillet au 31 août ; hors saison, clefs à l'hôtel du Manoir.
- Église St-Pierre : tlj (clefs à l'hôtel du Manoir).
- Écomusée : tous les après-midi du 1er juillet au 15 sept.

SÉJOURNER

- **HÔTEL**

Le Manoir* (04.71.57.17.14).

- **GÎTES, GÎTES COMMUNAUX ET MEUBLÉS**

Rens. : 04.71.00.82.65.

DÉGUSTER

- **RESTAURANTS**

Le Manoir (04.71.57.17.14).

- **PRODUITS DU TERROIR**

Fromages et lentilles vertes du Puy : Jean-Pierre Boudignon (04.71.57.12.54).
Lentilles vertes du Puy : Éric Bay (04.71.57.13.88) ; GAEC de La Cassette (04.71.57.31.05).

FÊTER

Juillet : « Les Théâtrales du Velay » (2e quinz.).
Nov. : envol de montgolfières (1re quinz.).

RESPIRER

- Baignade (non surveillée).
- Pêche.
- Randonnée équestre : Julie Forestier (04.71.57.13.88).
- Randonnée pédestre : GR 340 et 1 circuit balisé.
- VTT.

MUSARDER

- Lac du Bouchet (18 km).
- Le Monastier-sur-Gazeille (23 km).
- Lac d'Issarlès (25 km).
- Le Puy (28 km).
- Mont Gerbier-de-Jonc (45 km).
- Mont Mézenc (50 km).

OFFICE DE TOURISME : 04.71.00.82.65
MAIRIE : 04.71.57.10.97

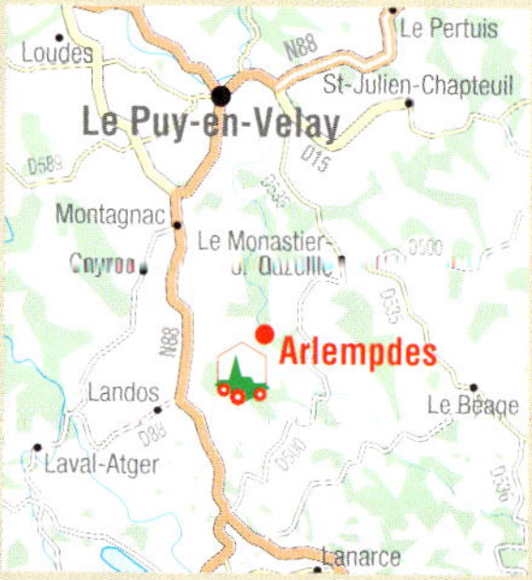

CARTE GÉNÉRALE : P. 18/D3
CODE POSTAL : 43490

Ars-en-Ré

À l'extrémité occidentale de l'île, le clocher du village veille toujours sur l'Océan et les marais du Fier d'Ars.

Né des marais salants, créés au XIe s. et encore exploités par plus de soixante sauniers, Ars est l'une des plus anciennes paroisses rétaises. L'église conserve son portail du XIIe s. et son clocher du XVe s., dont la flèche noir et blanc, haute de 40 m, servait d'amer aux navigateurs. La maison du Sénéchal, bâtie au XVIe s., rappelle que le village fut le siège d'une sénéchaussée. Délaissé par les navires venant de l'Europe du Nord charger le sel, le port abrite aujourd'hui des bateaux de plaisance.

VISITER

- **Église St-Étienne** : tlj 9 h-12 h.
- **Ferme ostréicole L'Huîtrière de Ré** : visite guidée d'avril à fin sept. mercredi soir avec dégustation et jeudi soir (05.46.29.44.24)

SÉJOURNER

• HÔTELS

Le Clocher** (05.46.29.41.20).
Le Martray** (05.46.29.40.04).
Le Parasol** (05.46.29.46.17).
Le Sénéchal** (05.46.29.40.42).

• RÉSIDENCE DE TOURISME ET DE THALASSOTHÉRAPIE

Le Thalacap*** (05.46.29.10.00).

• CHAMBRES D'HÔTE

Mme Héraudeau (05.46.29.40.61).
Les Nuits bleues (05.46.43.28.09).

• MEUBLÉS

Rens. : 05.46.29.46.09.

• VILLAGE DE VACANCES

La Salicorne, VVF (05.46.29.45.13).

• CAMPINGS

Le Cormoran**** (05.46.29.68.27).
Les Dunes*** (05.46.29.41.41).
ESSI*** (05.46.29.44.73).
Le Soleil*** (05.46.29.40.62).
La Combe à l'Eau** (05.46.29.46.42).

DÉGUSTER

• RESTAURANTS

Le Bistrot de Bernard (05.46.29.40.26).
La Cabane du Fier (05.46.29.64.84).
Le Clocher (05.46.29.41.20).
Côté Quai (05.46.29.94.94).
Le Grenier à sel (05.46.29.08.62).
L'Océane (05.46.29.24.70).
Le Parasol (05.46.29.46.17).
Le Thalacap (05.46.29.10.00).
Le Café du Commerce, brasserie-crêperie (05.46.29.41.57).
Aux Frères de la Côte, brasserie (05.46.29.04.54).
Au 5 rue Thiers, pizzeria (05.46.29.23.33).
La route des vins (05.46.29.45.56).

• PRODUITS DU TERROIR

Confitures et fraises : Françoise et Claude Héraudeau, Les Confitures du Clocher (05.46.29.41.35).
Huîtres : M. Berthelot (05.46.29.44.24) ; Bernard Simon (05.46.29.40.09) ; Fabien Tollu (05.46.29.20.33).
Élevage de gambas : La Prise du Grand Garçon (05.46.29.96.91).
Pommes de terre AOC Primeur du 15 avril au 30 juin : coopérative du Bois-Plage (05.46.09.23.09).
Sel et fleur de sel : coopérative des Sauniers, du mardi au sam. 9 h-12 h/14 h-17 h 30 et jours fériés 10 h-13 h/15 h-19 h (05.46.29.40.27).
Esprit du Sel (05.46.29.64.89).
Sel, fleur de sel et salicorne : Les Salicorniers (05.46.29.07.80).
Vin et pineau : coopérative du Bois-Plage (05.46.09.23.09).
Produits régionaux : Île Réva (05.46.28.27.36).
Vins et spiritueux : « Le 20 » (05.46.29.69.52) ; La Route des Vins (05.46.29.64.89).

• MARCHÉ

Été : tlj 8 h-13 h, pl. du Marché-d'Été.
Hiver : mardi et vendredi 8 h-13 h, pl. Carnot.
Automne et printemps : mardi, vendredi et sam. 8 h-13 h, pl. Carnot.

ACHETER

Antiquaires : Brocante du port (06.84.52.61.73) ; Comme Avant (05.46.29.69.52) ; Côté Jardin (05.46.29.29.61) ; Les Décors d'Antan (05.46.29.15.13) ; Patrick Gressler (05.46.29.29.00) ; La Remise (05.46.29.88.03) ; Toko (05.46.29.43.36).
Arts plastiques : Atelier La Grenouillère (05.46.28.27.15).
Décoration : Quartiers d'Été (05.46.42.08.51).
Décoration et tissus : La Ravalante (05.46.29.60.66).
Peintres : Annick Balaresque (05.46.29.23.76) ; Atelier Canard (05.46.29.29.65) ; Philippe

OFFICE DE TOURISME : 05.46.29.46.09

CARTE GÉNÉRALE : P. 16/D1
CODE POSTAL : 17590

Ars-en-Ré

Deschamps (05.46.29.46.96) ; Yves Lac (06.84.39.73.20) ; Atelier de La Vrillette (05.46.29.28.94).

Potier : Poterie d'Ars-en-Ré, en été seulement (05.46.29.26.59).

Vêtements : Le Phare de la Baleine (05.46.29.03.64).

FÊTER

Juillet-août : concerts, embrasement du clocher, feux d'artifice avec bal, régates (rens. : 05.46.29.46.09).

RESPIRER

- Baignade : plage de la Grange.
- Équitation : Les Petites Écuries du Marais (06.16.46.08.89).
- Randonnée cycliste : location de vélos Cycland (05.46.29.47.17) ; Cycles et Pêche (05.46.29.20.88).
- Randonnée pédestre : 2 circuits balisés.
- Tennis et mini-golf de la Grange (05.46.29.58.80).
- Thalassothérapie (05.46.29.10.00).
- Voile : base nautique-école de voile (05.46.29.23.04) ; capitainerie du port (05.46.29.25.10) ; Jet Revasion : (06.87.07.23.72).

MUSARDER

- Saint-Clément-des-Baleines : phare et Arche de Noé (5 km).
- Les Portes-en-Ré : Maison de la Nature (10 km).
- Loix-en-Ré : écomusée du Sel (12 km).
- Saint-Martin-de-Ré (12 km).
- La Rochelle (33 km).

Aubeterre-sur-Dronne

Adossé à une falaise aux confins de la Charente et du Périgord, Aubeterre domine la vallée de la Dronne.
Autour de sa place centrale, Aubeterre déploie l'éventail de ses toitures enchevêtrées et de ses façades parées de galeries et balcons de bois. Face au château, dont la porte monumentale surveille toujours la Dronne, l'église St-Jacques, à la belle façade romane, et trois anciens couvents témoignent encore, au détour des rues et venelles escarpées, du passé religieux d'Aubeterre lié aux pèlerins de Compostelle et à la présence de l'église monolithe St-Jean, taillée au XIIe s. dans le roc, à proximité d'un lieu de culte primitif. Sous de hautes voûtes d'ombre et de lumière, la découverte de l'édifice souterrain et de sa nécropole réserve un moment d'inoubliable émotion.

VISITER

- Église St-Jacques : tlj 9 h-18 h.
- Église monolithe St-Jean : tlj 9 h 30-12 h 30/14 h-19 h (18 h hors saison).
- Musée des Marionnettes : expositions-spectacles (05.45.98.45.59).
- Musée du Papillon et des Arts africains (05.45.98.64.58).
- Musée de la Poupée (05.45.98.02.71).

OFFICE DE TOURISME : 05.45.98.57.18

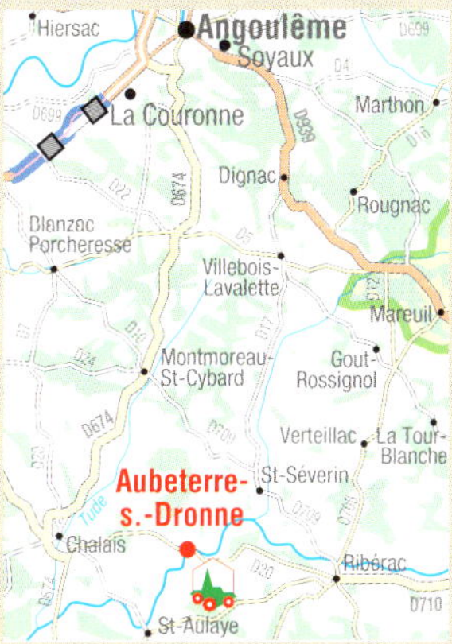

CARTE GÉNÉRALE : P. 17/E3
CODE POSTAL : 16390

SÉJOURNER

• HÔTELS

Hostellerie du Périgord** (05.45.98.50.46).
Hôtel de France (05.45.98.50.43).

• CAMPING

Bord de Dronne*** (05.45.98.60.17 du 1er juin au 30 sept., 05.45.98.50.33 le reste de l'année).

DÉGUSTER

• RESTAURANTS

Hostellerie du Périgord** (05.45.98.50.46).
Hôtel de France (05.45.98.40.68).
Paseo del Sol En saison et w.-e. (05.45.78.38.45).
Crêperie de la Source En saison (05.45.98.61.78).
Pizzeria Le Plaisance (05.45.98.63.14).
Le Passé simple (05.45.98.50.64).
Restaurant de la Plage En saison (05.45.78.22.91).
Sel et Sucre En saison (05.45.98.60.91).
Restaurant « Saint François », tappazeria (05.45.98.37.11).

• PRODUITS DU TERROIR

Foie gras et confit : Les Fermiers gastronomes (05.45.98.01.06).
Pineau et cognac : M. des Courtils (05.45.98.10.97).

ACHETER

Antiquaire : M. Eckardt (05.45.98.18.70).
Antiquaire-brocanteur : M. de Galzain (05.45.98.60.28).
Peintre sur verre et bois : Mme Andrieux (05.45.98.59.55).
Potiers : M. Gisors (05.45.98.60.65) ; M. Maffre (05.45.98.62.71) ; Mme Larcher (05.45.98.51.71).
Sculpteur de jouets en bois : M. Montigaud (05.45.60.27.33).
Verrier : Daniel Baroy (05.45.23.53.44).

FÊTER

Mai : « Faites de l'art » concours et expositions de peinture (w.-e. de l'Ascension).
Juillet : fête de la Saint-Jacques (dern. w.-e.).
Juillet-août : nuits musicales dans l'église monolithe.

RESPIRER

- Baignade. Canoë-kayak. Pêche.
- Randonnée.
- Tennis.

MUSARDER

- Églises romanes de Pillac, Rouffiac et Saint-Aulaye (8 km).
- Haute ville de Chalais (11 km).
- Château et halles de Villebois-Lavalette (20 km).
- Vignobles de Cognac et du Bordelais (45 km).
- Angoulême (48 km).
- Périgueux (54 km).

Autoire

VISITER

- Église St-Pierre : tlj 9 h-18 h.
- Maison des Arts et du Costume : exposition de costumes historiques. Du mercredi au sam. : 10h-12h/ 14h-18h, dim. : 14h-18h (05.65.39.79.87).
- Visite guidée du village : juillet et août (05.65.33.81.36).

SÉJOURNER

• HÔTEL

Auberge de la Fontaine** (05.65.10.85.40).

• CHAMBRES D'HÔTE

M. Graves*** (05.65.38.18.01).
Mme Gauzin** (05.65.38.15.61).

• GÎTES ET MEUBLÉS

Rens. : 06.65.38.11.85.

DÉGUSTER

• RESTAURANTS

Auberge de la Fontaine** (05.65.10.85.40).
La Cascade, crêperie (05.65.38.20.02).

• TABLES D'HÔTE

Mme Gauzin (05.65.38.15.61).

• PRODUITS DU TERROIR

Fromages cabécous : M. Estip (05.65.38.24.74).
Miel : M. Giscard (05.65.38.27.29).

OFFICE DE TOURISME : 05.65.38.11.85
MAIRIE : 05.65.38.05.26

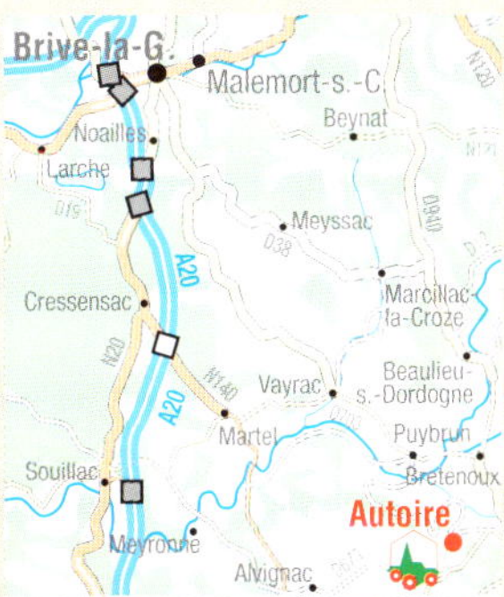

CARTE GÉNÉRALE : P. 17/G3
CODE POSTAL : 46400

Le village emprunte son nom à l'Autoire, torrent qui dévale du causse de Gramat en cascades successives avant d'atteindre l'ocre des premiers manoirs.

Au centre d'un cirque comparable aux reculées jurassiennes, pigeonniers carrés et façades en encorbellement des demeures paysannes voisinent avec tourelles et poivrières des gentilhommières. Le manoir Laroque-Delprat et le château de Limargue se situent en contrebas du village. En hauteur, le château de Busqueille, de la fin du XVIe s., s'élève au-dessus des toits de tuiles brunes. Sous la dépendance successive des baronnies de Castelnau et de Gramat, Autoire devient au XIVe s. l'une des cités vassales de la vicomté de Turenne. Toutefois, en dépit de la protection que lui assura le vicomte Guillaume de Beaufort, le village fut assiégé par les Anglais, déjà victorieux en haut Quercy. L'un des châteaux du village servit de repaire aux routiers brigands durant la guerre de Cent Ans. Dévasté en 1562 par les calvinistes, Autoire ne recouvra la paix qu'en 1588. Seul vestige de l'ensemble fortifié qu'elle formait avec le château des Peyrusse de Banze, l'église dédiée à saint Pierre date des XIe et XIIe s. Couvert de lauses et non pas de tuiles comme les autres toits du village, le clocher carré se dresse sur la place, dont la fontaine arrose quatre dauphins de bronze.

FÊTER

Juillet : fête votive avec spectacle pyrotechnique (dern. w.-e.).

RESPIRER

- Escalade (05.65.10.54.04). Pêche.
- Randonnée pédestre : GR 480 et 8 sentiers balisés. VTT.

MUSARDER

- Cascade d'Autoire (1 km).
- Château de Montal, près de Saint-Céré (7 km).
- Château de Castelnau (7 km).
- Grotte de Presque (7 km).
- Gouffre de Padirac (10 km).
- Rocamadour (20 km).

Auvillar

Halte sur l'un des chemins de Compostelle, l'ancien fief des rois de Navarre veille toujours sur la Garonne.

Dressé sur un rocher, le village s'entoure de fortifications percées de trois portes. L'une d'elles est sommée d'une tour d'horloge de brique et de pierre de la fin du XVIIe. La place est entourée de riches demeures des XVIIe et XVIIIe s. Unique dans le Sud-Ouest, une halle aux grains circulaire y fut construite au centre en 1825. À l'extérieur de la ville haute se trouve l'ancien prieuré bénédictin, devenu l'église St-Pierre (XIIe et XIVe s.). Longtemps centre de batellerie, le port conserve sa chapelle dédiée à sainte Catherine, patronne des mariniers.

VISITER

- **Église St-Pierre**: tlj 8 h-19 h.
- **Musée du Vieil Auvillar** (faïences, histoire et art populaire) : tlj sauf mardi 14 h 30-18 h 30 du 1er mai au 30 oct., sam. et dim. du 1er nov. au 30 avril.
- **Musée de la batellerie**: les w.-e. 14 h 30-18 h 30.
- **Village**: visite commentée (rens.: 05.63.39.89.82).

SÉJOURNER

• HÔTEL

L'Horloge (05.63.39.91.61).

• CHAMBRES D'HÔTE

M. et Mme Sarraut*** (05.63.39.62.45).

M. et Mme Falc** (05.63.39.66.10).

M. et Mme Dassonville** (05.63.29.07.43).

M. et Mme Wojtusiak* (05.63.39.73.61).

• GÎTES ET GÎTES COMMUNAUX

Rens.: 05.63.39.89.82.

DÉGUSTER

• RESTAURANTS

Le Bacchus (05.63.29.12.20).

Café du Tourisme (05.63.29.20.09).

L'Horloge (05.63.39.91.61).

Le Baladin, crêperie-grill (05.63.39.73.61).

San Marino, pizzeria (05.63.29.13.17).

• PRODUITS DU TERROIR

Jus de fruits: M. Dussac (05.63.39.60.52).

Vin: Mlle Jollet-Peraldi (05.63.39.62.66).

• MARCHÉS

Marché fermier dim. matin.

Marché de Noël 2e sam. de déc. 17 h-23 h.

ACHETER

Brocanteuse: Ginette Chaudordy (05.63.39.58.88).

Calligraphe: Bruno Riboulot (05.63.39.63.17).

Céramiste: Coline Veyssière (06.70.16.38.92).

Coutelier: Robert Losson (05.63.29.19.26).

Peintres, sculpteurs: Atelier-galerie A7 (05.63.39.94.46).

Savonnière: Virginie Sirgan (05.63.95.47.12).

Boutique de vieux objets et fleurs des champs: Sylvie Pinettes (05.63.95.66.18).

FÊTER

Pentecôte: Saint-Noé, fête des Vignerons et des Félibres (1er dim. ap. la Pentecôte).

Juillet: fête de la Saint-Pierre (1er dim.), foire à la brocante (w.-e. du 14), concours de peinture (dern. w.-e.).

Août: foire-concours de chiens (2e w.-e.), fête du Port (15).

Oct.: marché potier (2e w.-e.).

Déc.: marché nocturne de Noël (2e sam.).

Toute l'année: expositions d'art et d'artisanat.

OFFICE DE TOURISME: 05.63.39.89.82
MAIRIE: 05.63.39.57.33

CARTE GÉNÉRALE : P. 17/F4
CODE POSTAL : 82340

RESPIRER

- Chasse.
- Danse traditionnelle (05.63.39.00.76).
- Gymnastique (05.63.39.60.03).
- Pêche.
- Randonnée pédestre: GR 65 et 2 circuits balisés.
- Squash et musculation (05.63.29.16.81).

MUSARDER

- Golfech: site, ascenseur à poissons (6 km).
- Musée de la Ruralité à Donzac (8 km).
- Bastide de Dunes (13 km).
- Moissac (20 km).
- Agen (34 km).
- Montauban (49 km).

Balazuc

VISITER

- Village : balade contée mercredi matin et visite historique le jeudi matin en juillet-août, groupes toute l'année sur RDV (04.75.37.75.08).

SÉJOURNER

• **CHAMBRE D'HÔTE**

Le château (04.75.88.52.67).

Face au soleil couchant, Balazuc monte à l'assaut d'une vertigineuse falaise calcaire surplombant l'Ardèche.

Simples chevaliers, croisés ou troubadours, les seigneurs de Balazuc ont, du haut Moyen Âge jusqu'aux guerres de Religion, fait du village une importante place forte dont le château, le Castel Vieil, la tour carrée, l'église romane fortifiée, coiffée d'un clocher à peigne, le portail d'Été ou la porte de la Sablière sont aujourd'hui les témoins. De la période médiévale, Balazuc a aussi conservé sa trame caractéristique, véritable labyrinthe de ruelles tortueuses, de passages voûtés, d'escaliers taillés dans le roc. À l'extérieur du village, le Chemin royal mène lentement vers l'Ardèche et, au-delà du pont, au hameau renaissant du Viel Audon.

• **GÎTES, GÎTES D'ÉTAPE, MEUBLÉS ET CAMPINGS**

Rens. : 04.75.37.75.08.

DÉGUSTER

• **RESTAURANTS**

Le Viel Audon (04.75.37.73.80).
Le café Balazuc, snack (04.75.37.74.17).
Le Buron (04.75.37.70.21).
Le Cigalou (04.75.37.71.95).
Granja delh gourmandás (04.75.37.74.26).
La Fenière, crêperie-pizzeria (04.75.37.01.08).

PRODUITS DU TERROIR

Asperges : J. Poudevigne (04.75.37.75.09).
Fromages de chèvre : J.-M. Dupuy (04.75.37.75.55).
Fromages de chèvre, sirops de plantes aromatiques et sel aux herbes : Le Viel Audon (04.75.37.73.80).
Fruits (poires) : P. Guibourdenche (04.75.37.70.02).
Vins (AOC Côtes du Vivarais, vins de pays des Coteaux de l'Ardèche) : Caveau de la Chazotte (04.75.37.74.58) ; J. Poudevigne (04.75.37.75.09).
Produits régionaux : Caveau de la Chazotte (04.75.37.74.58) ; la Maison des Artisans (04.75.37.78.08).

MAIRIE : 04.75.37.75.08

CARTE GÉNÉRALE : P. 18/D4
CODE POSTAL : 07120

ACHETER

Mosaïste sur tissus : Chez Catherine (04.75.93.19.17).
Potiers : La Forge (04.75.37.18.57) ; Maison des Artisans (04.75.37.78.08).

FÊTER

Juillet : fête du village (mi-juillet).
Juillet-août : concerts et expositions d'art dans l'église romane.
Août : bal folk (mi-août).
Sept. : fête du Pain (1re quinz.).

RESPIRER

- Baignade.
- Canoë-kayak (location) : Céline Locations Canoës (04.75.37.73.32) ; Le Fazao (04.75.37.00.44) et Locations Canoës (04.75.37.74.27).
- Escalade.
- Randonnée pédestre : 1 circuit balisé.
- VTT. Randonnée découverte du patrimoine historique et naturel des Gras : mardi matin en juillet-août.

MUSARDER

- Ruoms et Largentière (10 km).
- Village et gorges de Labeaume (15 km).
- Aubenas (20 km).
- Gorges de l'Ardèche (de 19 à 57 km).
- Aven d'Orgnac (38 km).

Barfleur

Premier port du Cotentin au Moyen Âge grâce à sa position avancée dans la Manche, le village est lié à l'histoire des ducs de Normandie et d'Angleterre.

C'est à Barfleur que la duchesse Mathilde fit construire pour son mari Guillaume le drakkar *Mora*, qui partit en 1066 à la conquête de l'Angleterre. En 1120, le prince héritier du roi Henri Ier et ses compagnons échouèrent à bord de la *Blanche-Nef* sur le rocher de Quillebœuf, entre Barfleur et Gatteville. Barfleur fut alors pillé et incendié par les Anglais. L'église romane du XIe s., située à l'emplacement actuel de la station de sauvetage, fut remplacée par l'église St-Nicolas au XVIIe s. Entouré de son cimetière marin, l'édifice renferme, en guise d'ex-voto, un baleinier à trois mâts offert à la naissance du peintre Paul Blanvillain. Les maisons de la cour Ste-Catherine (XVe), face au port de pêche et de plaisance, sont, comme celles du bourg, de la Bretonne ou l'ancien prieuré des Augustins (XVIIIe), de ce granit gris qui fait le charme austère de Barfleur.

VISITER

- **Église St-Nicolas :** tlj 9 h-19 h.
- **Maison natale de Sainte Marie-Madeleine Postel :** tlj 9 h-19 h.
- **Station de sauvetage :** tlj 10 h-12 h/14 h-18 h de Pâques à sept.
- **Village :** visite guidée en saison (rens. : 02.33.54.02.48).

SÉJOURNER

• HÔTELS

Le Conquérant** (02.33.54.00.82).
Le Moderne (02.33.23.12.44).

• CHAMBRES D'HÔTE, GÎTES, GÎTES D'ÉTAPE ET MEUBLÉS

Rens. : 02.33.54.02.48.

• CAMPINGS

La Blanche Nef** (02.33.23.15.40).
Indiana** (02.33.23.95.61).

DÉGUSTER

• RESTAURANTS

Café de France (02.33.54.00.38).
Le Moderne (02.33.23.12.44).
Le Phare (02.33.54.10.33).
Le Bar des Sports (02.33.22.31.04).
Chez Buck, crêperie (02.33.54.02.16).
Le Comptoir de la Presqu'île (02.33.20.37.51).

• PRODUITS DU TERROIR

Moules, crustacés et poissons : à la débarque des bateaux.

• MARCHÉ

En saison : mardi et sam. 8 h-13 h, pl. Henri-Chardon.

ACHETER

Potier : M. Lefebvre (02.33.71.15.92).

FÊTER

Juillet : Fête de la pêche (av.-dern. w.e.).
Août : Salon de la carte postale ancienne (1er dim.), Les Régates (fête du port, spectacle pyrotechnique, 2e w.-e.), Jeux nautiques (15), Salon des antiquaires (3e ou 4e w.-e.).
En saison : expositions de peinture.

RESPIRER

- Pêche.
- Tennis.
- Voile et plongée : base nautique (02.33.54.79.08).

MUSARDER

- Églises (Montfarville) et manoirs (Montfarville, Réville, Sainte-Geneviève, Valcanville...) du val de Saire (de 2 à 6 km).
- Pointe de Barfleur et phare de Gatteville (3 km).
- La Pernelle : panorama (7 km).
- Saint-Vaast-la-Hougue et l'île de Tatihou (10 km).
- Cherbourg et la cité de la Mer (29 km).
- Château de Bricquebec (38 km).
- Sainte-Mère-Église et plage du débarquement d'Utah-Beach (40 km).

OFFICE DE TOURISME : 02.33.54.02.48
MAIRIE : 02.33.23.43.00

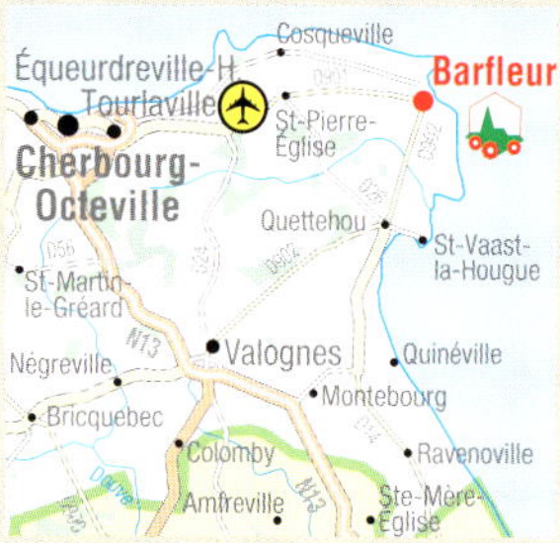

CARTE GÉNÉRALE : P. 12/D2
CODE POSTAL : 50760

BARFLEUR-CHERBOURG
CH 922437

Bargème

Faisant face aux monts du Canjuers et aux montagnes varoises, Bargème est, à 1 097 m d'altitude, le plus haut village du Var, encore provençal et déjà presque alpin.

Bourg féodal à l'abri des ruines du château des Sabran de Pontevès, la silhouette du village se détache sur les flancs abrupts de la montagne de Brouis. Foulques d'Agoult de Pontevès devint en 1393 le seigneur du village. Deux siècles plus tard, en pleine tourmente religieuse, les Bargémois vengèrent le village voisin de Callas, trahi par Jean-Baptiste de Pontevès, en mettant fin à la lignée des châtelains. Après plusieurs meurtres, ils allèrent jusqu'à égorger Antoine de Pontevès en pleine messe en 1595. Le parlement d'Aix-en-Provence condamna alors les habitants à construire une chapelle expiatoire, N.-D.-des-Sept-Douleurs, située au bout de l'esplanade qui conduit au château. Le village conserve son enceinte défensive – percée au XIVe s. des deux portes fortifiées du Levant et de Garde –, ainsi que l'église romane, tout en pierres blanches. Placée sous le patronage de saint Nicolas, cette église du XIe a une abside se terminant en cul-de-four. Son retable du XVIIe est un triptyque représentant saint Sébastien.

VISITER

- Château Sabran-de-Pontevès : tlj du 1er juillet au 31 août.
- Église St-Nicolas : tlj du 1er juillet au 31 août.
- Village : tlj 14 h 30-18 h 30 du 1er juillet au 31 août.

SÉJOURNER

CHAMBRES D'HÔTE

Annie Noël***, Les Roses trémières (04.94.84.20.86).

GÎTES D'ÉTAPE

Rens. : 04.94.50.21.94.

DÉGUSTER

RESTAURANTS

Mets Délices-Côté jardin, saladerie (06.10.61.04.16).

CRÊPERIE

Les Roses trémières (04.94.84.20.86).

TABLE D'HÔTE

Annie Noël (04.94.84.20.86).

MAIRIE :
04.94.50.21.94

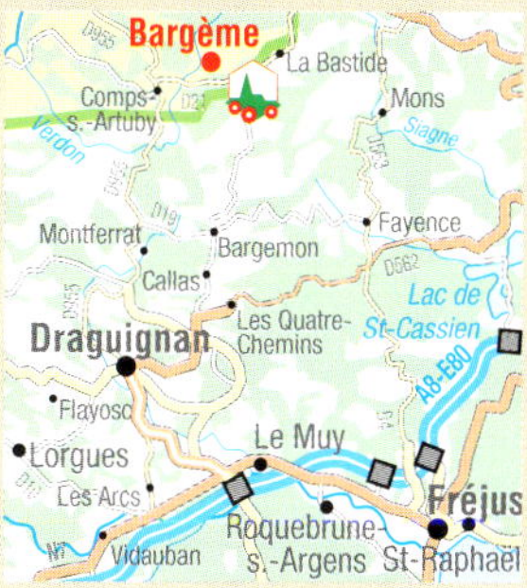

CARTE GÉNÉRALE : P. 19/F4
CODE POSTAL : 83840

FÊTER

Juillet-août : Été musical (concerts de musique ancienne), exposition de santons de Provence.

Août : fête de la Saint-Laurent (2e w.-e.).

RESPIRER

- Randonnée équestre et pédestre : GR 49 et 2 circuits balisés.
- Vol libre.
- VTT.

MUSARDER

- La Bastide : sommet de Lachens (12 km).
- Gorges du Verdon : balcons de la Mescla, Corniche sublime (25 km).
- Route Napoléon (10 km) et ses paysages vers Castellane (29 km) ou Grasse (44 km).

La Bastide-Clairence

En Basse-Navarre, La Bastide-Clairence a le visage basque et l'accent gascon, avec ses façades blanches et ses colombages peints en rouge ou en vert.

Chassée des côtes de Guipuzcoa, la Navarre, au début du XIIIe s., ne dispose plus d'accès à la mer et doit rallier Bayonne par voie fluviale. C'est chose faite en 1283 avec l'édification d'une maison forte au bord de la Joyeuse, renforcée en 1312 par une bastide : Bastida de Clarenza. La charte de fondation signée par le roi de Navarre, futur Louis X le Hutin, offre des avantages fiscaux et fonciers qui attirent colons basques, gascons et francos, ces pèlerins de Compostelle implantés en cours de pèlerinage. La Bastide-Clairence accueille les états de Navarre entre 1627 et 1706, et s'enrichit de la présence d'artisans en bonneterie et chocolaterie. L'église N.-D.-de-l'Assomption, bâtie en 1315, est remarquable par son porche roman, seul témoin de l'édifice du XIVe s. et ses cloîtres latéraux pavés de dalles funéraires. À deux pas du cimetière chrétien, les inscriptions hébraïques du cimetière juif rappellent que les séfarades, expulsés d'Espagne et du Portugal, trouvèrent refuge à La Bastide-Clairence.

VISITER

- **Village** : visite guidée de groupes toute l'année sur RDV (05.59.29.65.05).
- **Itinéraire de découverte « les rues vous racontent »** (05.59.29.65.05).

SÉJOURNER

• CHAMBRES D'HÔTE

Maison Argizabital Bidau*** (05.59.70.15.54).
Clos Gaxen*** (05.59.29.16.44).
Maison La Croisade*** (05.59.29.68.22).
Maison Marchand*** (05.59.29.18.27).
Maison Maxana*** (05.59.70.10.10).

• GÎTES ET MEUBLÉS

Rens. : 05.59.29.65.05.

• RÉSIDENCE DE TOURISME

Les Collines Iduki**** (05.59.70.20.81).

• VILLAGE DE VACANCES

Les Chalets de Pierretoun (05.59.29.68.88).

OFFICE DE TOURISME : 05.59.29.65.05

CARTE GÉNÉRALE : P. 16/D5
CODE POSTAL : 64240

DÉGUSTER

• RESTAURANTS

Les Arceaux (05.59.29.66.70).
Café Betbeder (05.59.29.65.46).
Argi-Zagi (05.59.70.24.83).

• PRODUITS DU TERROIR

Viande bovine et produits fermiers : M. Frachou (05.59.70.11.36).
Cidre du Pays basque : M. et Mme Roucoules (05.59.29.46.55).
Foie gras et confit de canard : M. Aribit (05.59.29.46.66).
Fromage de brebis : M. Cachenaut (05.59.29.67.93) ;
Fromage de vache : M. Élissalde (05.59.29.67.82).
Macarons : Les Macarons d'Amatxi.

ACHETER

Bijoutier : Atelier Oumah (05.59.29.49.21).
Ébéniste : La Rose de Bleue (05.59.29.13.18).
Encadreur : Atelier de Titanne (05.59.29.43.92).
Galerie : Garralda (05.59.70.14.64).
Mosaïste : Mme Potentier (05.59.70.22.78).
Parfumeur : M. Louis Christian (05.59.29.56.89).
Potier : M. Banizette (05.59.29.18.14).
Sculpteur sur bois : M. Behoteguy (05.59.70.14.05).
Sculpteur sur métaux : M. Chaix (05.59.70.21.05).
Sculpteur sur pierre : M. Billard (06.79.82.73.65).
Sculpteur sur pierre et métaux : François Longy (06.08.72.32.81).
Sérigraphe : Caro Worbays (06.11.29.60.10).
Tisserand : M. Godignon (05.59.29.53.43).
Verrier : M. Pineau (05.59.29.49.05).

FÊTER

Mai : semi-marathon.
Juillet : sardinade, fêtes des quartiers de la Chapelle (1er w.-e.) et du Pont de Port (3e w.-e.).
Fin juillet-début août : fêtes de La Bastide-Clairence.
Août : fêtes des quartiers Pessarrou (mi-août) et la Côte (dern. w.-e.).
Sept. : marché potier du Pays basque (3e w.-e.).

RESPIRER

- Fronton. Trinquet. Tennis.
- Pêche. Piscine.
- Randonnée pédestre : 2 circuits balisés.

MUSARDER

- Grottes d'Isturitz et d'Oxocelhaya (12 km).
- Hasparren, Cambo-les-Bains : maison Edmond-Rostand (15 km).
- Bidache (15 km), Hastingues et Peyrehorade (22 km).
- Bayonne (23 km) : côte basque et plages landaises.

Baume-les-Messieurs

Baume-les-Messieurs allie la simplicité d'un village à la spiritualité d'une abbaye inspiratrice de la fondation de l'ordre de Cluny, qui rayonna sur tout l'Occident médiéval.

Le monastère de Balma connaît un essor remarquable pendant tout le Moyen Âge. Développé à partir du IXe s., sous l'impulsion de l'abbé Bernon, fondateur de Cluny, son rayonnement est tel que Frédéric Barberousse en fait une abbaye impériale. D'une grande richesse architecturale (premier art roman, remaniements au XVIe s.), l'abbaye compte plusieurs bâtiments conventuels, un retable flamand du XVIe s., une chapelle de tombeaux et une statuaire bourguignonne.

VISITER

- Abbaye impériale : tlj 10 h-12 h/14 h-18 h en saison ; hors saison, groupes uniquement, visite du retable flamand et de la chapelle des Tombeaux sur RDV.
- Grottes de Baume : tlj 10 h-12 h/14 h-17 h (10 h-18 h en juillet-août) du 1er avril au 30 sept. Groupes sur RDV en oct. (03.84.48.23.02).

POINT i : 03.84.44.99.28 (EN SAISON)
MAIRIE : 03.84.44.95.45
(HORS SAISON)

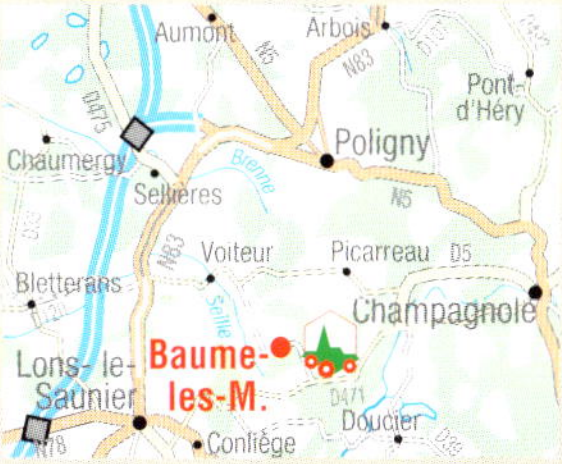

CARTE GÉNÉRALE : P. 15/F6
CODE POSTAL : 39210

SÉJOURNER

• CHAMBRES D'HÔTE

Ghislain Broulard** (03.84.44.64.47).
Rex Andrews* (03.84.44.65.72).
Didier Favre (03.84.44.68.37).
Bernard Lechat (03.85.26.49).
La Grange à Nicolas (03.84.85.20.39).
Le Dortoir des Moines (03.84.44.97.31).

• GÎTES ET MEUBLÉS

Rens. : 03.84.44.99.28 (en saison) ou 03.84.44.95.45 (hors saison).

• CAMPING

La Toupe* (03.84.44.63.16).

DÉGUSTER

• RESTAURANTS

L'Abbaye (03.84.44.63.44).
Le Grand Jardin (03.84.44.68.37).
Les Grottes et les Roches (03.84.44.23.15).

• PRODUITS DU TERROIR

Vins AOC des Côtes du Jura : M. Mandrillon (03.84.44.66.76).
Vins et miel : M. Tresy (03.84.44.66.23).

ACHETER

Bouquiniste : Mme Noir-Vallet (03.84.44.61.87).
Graveur sur cuivre-sculpteur : Mlle Coras (03.84.44.61.86).
Graveur sur verre : M. Aigle (03.84.44.66.12).
Vente de fossiles et minéraux : La Cave aux Trésors.

FÊTER

Juillet-août : exposition-vente d'objets d'art à l'abbaye.

RESPIRER

- Randonnée équestre, pédestre et VTT : GR 5 et 5 circuits à thème.

MUSARDER

- Voiteur : marché gourmand dim. matin, de mai à août (5 km).
- Châteaux du Pin et d'Arlay (16 km).
- Lons-le-Saunier (18 km).
- Lac de Chalain (25 km).
- Cascades du Hérisson (30 km).

Les Baux-de-Provence

Perché sur un éperon rocheux des Alpilles, face à la Crau et à la Camargue, le village des Baux est le phare de la Provence. Témoignant encore de la puissance des seigneurs des Baux, les vestiges de la citadelle médiévale dominent le vallon de la Fontaine, dont la fraîcheur contraste avec le chaos du val d'Enfer, où le mistral s'engouffre dans les ouvertures d'anciennes carrières. Ressuscité par les hôteliers-restaurateurs, oléiculteurs, vignerons et artistes, qui ont su renouer avec l'esprit d'un lieu unique, le village est aujourd'hui l'ambassadeur prestigieux d'un art de vivre.

VISITER

- **Cathédrale d'images** (spectacles sur écrans géants naturels) : tlj 10 h-18 h fin fév. et d'oct. à déc. 10 h-19 h de mars à sept. Fermé janv. et début fév. (04.90.54.38.65).
- **Château des Baux** (vestiges de l'ensemble castral, chapelle St-Blaise, musée d'histoire des Baux, exposition de machines de siège du Moyen Âge : visite audio-guidée en 7 langues tlj de 9 h à 17 h (hiver), 18 h (printemps), 18 h 30 (automne) et 20 h 30 (été) : audio-guides sur réservation (04.90.54.55.56).
- **Fondation Louis-Jou** (céramiques, gravures, incunables, livres anciens, peintures, sculptures) : visite guidée du 1er avril au 31 déc. 11 h-13 h/14 h-18 h du jeudi au lundi et sur RDV, du 1er janv. au 31 mars (04.90.54.34.17 ou 04.90.69.88.03).
- **Musée Yves-Brayer** (aquarelles, dessins, gravures, huiles et lithographies) : tlj 10 h-12 h 30/14 h-18 h 30 d'avril à sept., tlj sauf mardi 10 h-12 h 30/14 h-17 h 30 d'oct. à mars sauf janv. et début fév. (04.90.54.36.99).

SÉJOURNER

• HÔTELS

La Cabro d'Or**** (04.90.54.33.21).
Oustau de Baumanière**** (04.90.54.33.07).
La Benvengudo*** (04.90.54.32.54).
Le Fabian des Baux*** (04.90.54.37.87).
Le Mas d'Aigret*** (04.90.54.20.00).
Le Mas de l'Oulivié*** (04.90.54.35.78).
La Riboto de Taven*** (04.90.54.34.23).
Hostellerie de la Reine Jeanne** (04.90.54.32.06).
Le Mas de la Fontaine (04.90.54.34.13).

• CHAMBRES D'HÔTE

Le Mas de l'Esparou** (04.90.54.41.32).
Mas Derrière Château** (04.90.54.50.62).
Le Prince Noir (06.20.07.82.67).

• GÎTES ET MEUBLÉS

Rens. : 04.90.54.34.39.

OFFICE DE TOURISME : 04.90.54.34.39

CARTE GÉNÉRALE : P. 19/E5
CODE POSTAL : 13520

DÉGUSTER

• RESTAURANTS

Oustau de Baumanière (04.90.54.33.07).
La Cabro d'Or (04.90.54.33.21).
Auberge du Château (04.90.54.50.48).
Le Bautezar (04.90.54.32.09).
Café des Baux (04.90.54.52.69).
Le Fabian des Baux (04.90.54.37.07).
Hostellerie de la Reine Jeanne (04.90.54.32.06).
Le Mas d'Aigret (04.90.54.20.00).
La Riboto de Taven dîner pour résidents et sur réservation (04.90.54.34.23).
Sous les Platanes, golf des Baux (04.90.54.40.20).
Le Baussencq, crêperie, salon de thé (04.90.54.41.98).

Les Baux-de-Provence

Le Jardin des délices, crêperie (04.90.54.48.38).
Au Porte Mages, crêperie, saladerie (04.90.54.40.48).
L'Arche, glacier, saladerie (04.90.54.20.29).

• **PRODUITS DU TERROIR**

Huile d'olive AOC de la vallée des Baux : Castelas (04.90.54.50.86) ; Mas de la Dame (04.90.54.32.24).
Vins AOC des Baux-de-Provence : Mas de la Dame (04.90.54.32.24) ; Mas Sainte-Berthe (04.90.54.39.01).
Vins AOC des Coteaux d'Aix-en-Provence : Caves de Sarragan (04.90.54.33.58).
Produits régionaux : La Cure gourmande, biscuiterie artisanale (04.90.54.42.05) ; épicerie fine Laurent Bronte (06.16.40.24.51) ; Les Huiles du Monde.

ACHETER

Antiquaire : Le Mas des Chevaliers (04.90.54.44.48).
Ateliers et galeries d'art : Atelier René Michallon (04.90.54.39.49) ; Atelier Ribeaupierre (04.90.54.38.69) ; Galerie Arole-Arts en Provence (04.90.54.43.02) ; Galerie de la Méditerranée (04.90.54.42.72) ; Galerie du Musée (04.90.54.49.42) ; Galerie Le Scorpion (04.90.54.33.56) ; Galeries municipales d'exposition (rens. : 04.90.54.34.39).
Bijoutier : Jacques Moniquet (04.90.54.32.64).
Mosaïste, verrier : Joseph Franck-Clapers (04.90.54.33.42).
Santonniers : Jacqueline et Vincent Peyron-Campagna (04.90.54.41.78).
Tailleurs de pierre : Carrières Sarragan (04.90.54.34.04) ; Carrières du val d'Enfer (04.90.54.42.06).
Tisserand : Guy Ferrer (04.90.54.45.78).

FÊTER

Janv. : fête votive et ronde pédestre (3e dim.).
Juin : fête de la Saint-Jean (embrasement de la citadelle, spectacle pyrotechnique, son et lumière).
Juillet-août : animations médiévales.
Août : « Fantaisies » (danse, images et musique).
Oct. : Musiques de la Terre.
Nov. : fête des Vignerons (2e w.-e.).
Déc. : « Les Baux Livres en fête » (salon BD et multimédia) ; week-end autour de l'huile d'olive AOC Vallée des Baux ; expositions et animations sur le thème de Noël, cérémonie de l'aubade, messe de minuit et crèche vivante.

RESPIRER

- Équitation : École française de Carita (04.90.54.44.26).
- Golf 9 trous (04.90.54.40.20).
- Piscine et tennis (04.90.54.32.20).
- Randonnée pédestre : GR 6 et 1 circuit balisé.

MUSARDER

- Paysages et villages des Alpilles : Eygalières, Fontvieille, Maussane, Saint-Rémy-de-Provence... (de 5 à 35 km).
- Arles (20 km).
- Avignon (30 km).
- Les Saintes-Maries-de-la-Mer (60 km).

Le Bec-Hellouin

Entre Rouen et Lisieux, ce village normand typique tire son nom du ruisseau qui le borde et du fondateur de sa célèbre abbaye. Fondée en 1034, à l'époque de Guillaume le Conquérant, duc de Normandie et premier roi normand d'Angleterre, l'abbaye du Bec a pour père Herluin (Hellouin), chevalier du comte de Brionne. Le suivant dans la solitude avec ses premiers compagnons, deux hommes devaient être formés par lui et avoir une influence considérable dans l'Occident chrétien : Lanfranc (1042), écolâtre et bâtisseur ; saint Anselme (1059), philosophe et maître spirituel. L'un et l'autre ont porté la tradition culturelle et spirituelle du Bec en Angleterre à partir de Canterbury, dont ils furent les archevêques-primats après avoir été moines, prieurs et abbés du Bec. Plusieurs fois détruite et reconstruite, l'abbaye fut ruinée sous la Révolution et l'Empire (1810, destruction de la grande église abbatiale), période au cours de laquelle elle fut transformée en haras et dépôt de remonte pour la Cavalerie. Seul vestige de l'ensemble abbatial du Moyen Âge, la tour St-Nicolas (XVe s.) domine encore le site. En 1948, l'abbaye est restaurée et reprend vie avec l'arrivée d'une communauté de moines bénédictins. Si Le Bec-Hellouin doit son rayonnement au prestige religieux de cet édifice remarquable, le village lui-même gagne à être connu, avec ses maisons à colombages et pans de bois aux balcons fleuris au cœur d'une campagne verdoyante de bocages et de pommiers.

VISITER

- Abbaye N.-D.-du-Bec : visite guidée tlj sauf mardi (02.32.43.72.60).
- Église paroissiale St-André : du XIVe s. (importante statuaire).

SÉJOURNER

• HÔTEL

Auberge de l'Abbaye*** (02.32.44.86.02).

• GÎTES

Rens. : 02.32.45.70.51.

• CAMPING

Camping St-Nicolas** (02.32.44.83.55).

DÉGUSTER

• RESTAURANTS

Auberge de l'Abbaye (02.32.44.86.02).
Le Canterbury (02.32.44.14.59).
Restaurant de la Tour (02.32.44.86.15).
Crêperie-restaurant du Bec (02.66.45.79.05).
Au Ruisseau (02.32.44.82.95).
Espace des Nouettes, traiteur-salle de réception (02.32.44.25.09).

ACHETER

Antiquités : Arts et Antiquités (02.32.45.97.51) ; St-Yves et Cie (02.32.43.41.66).
Artisanat monastique : Ateliers du Bec (02.32.43.72.60) ; La CIM (02.32.47.31.91).
Galerie de peinture : galerie du Bec, exposition et vente (02.32.46.19.36).

FÊTER

Juillet-août : expositions de peintures et sculptures (salle des fêtes).

RESPIRER

- Équitation : centre équestre du Bec, haras, poney-club (02.32.44.86.31) ; Centre équestre du Montmal (02.32.45.48.32).
- Pêche (ruisseau du Bec).
- Randonnée (2 circuits balisés) et voie verte (42 km de pistes multirandonnées) sur l'ancienne voie ferrée (randonnée pédestre, vélo, roller).

MUSARDER

- Brionne : donjon carré du XIe s. (6 km).
- Harcourt : château féodal et arboretum (13 km).
- Sainte-Opportune-du-Bosc : château du Champ-de-Bataille (14 km).
- Le Neubourg : musée de l'Écorché d'anatomie (18 km).
- Pont-Audemer : Petite Venise normande (20 km).
- Bernay : Musée municipal (22 km).

OFFICE DE TOURISME DU CANTON DE BRIONNE : 02.32.45.70.51
MAIRIE : 02.32.44.86.40

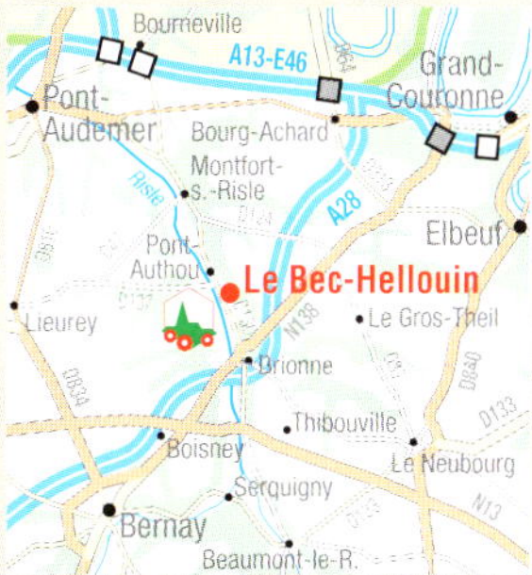

CARTE GÉNÉRALE : P. 13/F3
CODE POSTAL : 27800

Belcastel

Sur l'ancienne route du sel, en plein pays rignacois, Belcastel est un castelnau baigné par l'Aveyron.

Protégées par les pentes boisées de la vallée, les maisons du bourg se blottissent au pied du château fort en suivant la courbe de la rivière. La forteresse fut, dès le début du régime féodal, la propriété de la famille Belcastel, dont le rayonnement s'étendait de part et d'autre de l'Aveyron, avant d'être ruinée au XVIe s. par les guerres de Religion. Laissé à l'abandon à partir du XVIIIe s., le château, récemment rénové, embrasse du regard le village restauré aux calades pavées, le four, les métiers à ferrer et la fontaine antique. L'église du XVe protège le tombeau de son fondateur, Alzias de Saunhac, à qui l'on doit la construction du pont à la pierre d'autel insolite : les passants payaient leur traversée en prières et en offrandes. À deux pas du village, le site fortifié du roc d'Anglards date du VIe s.

VISITER

- Château : du mer. au dim. 10 h-19 h du 1er avril au 31 mai et du 1er oct. au 31 déc. Tlj 10 h-19 h du 1er juin au 30 sept. (05.65.64.42.16).
- Église : tlj 8 h-20 h.
- Village : visite guidée toute l'année sur RDV (05.65.64.46.11).

SÉJOURNER

- **HÔTEL**

Le Vieux Pont*** (05.65.64.52.29).

- **CHAMBRES D'HÔTE**

Le Château (05.65.64.42.16).
M. Rouquette (05.65.64.40.61).

- **GÎTES**

Rens. : 05.65.64.46.11.

- **CAMPING**

Camping de Belcastel** (05.65.64.56.08).

DÉGUSTER

- **RESTAURANTS**

Le Vieux Pont (05.65.64.52.29).
Le « 1909 » (05.65.64.52.26).

- **AUBERGE À LA FERME**

Auberge Rouquette (05.65.64.40.61).

- **MARCHÉ**

Juillet-août : dégustation-vente nocturne de produits de pays tous les vendredis.

FÊTER

Mai : exposition de peinture.
Juin : « Dessine dans mon village », concours de peinture dans la rue et feu de la Saint-Jean (dern. dim.).
Juillet : fête votive avec repas champêtre, feu d'artifice, son et lumière (av.-dern. dim.).
Août : exposition de peinture.
Sept. : fête nationale des Villages.

RESPIRER

- Baignade. Canotage. Pêche.
- Randonnée pédestre : GR 62 B et 6 circuits balisés.
- Tennis.

MUSARDER

- Château de Bournazel (15 km).
- Rodez (25 km).
- Peyrusse-le-Roc (32 km).
- Villefranche-de-Rouergue (37 km).

OFFICE DE TOURISME : 05.65.64.46.11

CARTE GÉNÉRALE : P. 17/G4
CODE POSTAL : 12390

Belvès

Dominant à la pointe d'une colline la verdoyante vallée de la Nauze, la cité aux sept clochers offre du haut de son belvédère un vaste panorama sur les horizons du Périgord noir.

Belvès a dû longtemps à son site stratégique de connaître une histoire mouvementée, malgré la protection de ses murailles et celle du pape Clément V, qui, ancien archevêque de Bordeaux, en fit une ville papale. Assiégée et envahie à sept reprises par les troupes anglaises durant la guerre de Cent Ans, la cité subit encore les assauts des forces protestantes qui l'investirent lors des guerres de Religion. Aujourd'hui, Belvès donne à découvrir les nombreux vestiges miraculeusement conservés de ce passé tumultueux : habitations troglodytiques occupées, semble-t-il, dès la préhistoire, tours et clochers de la période médiévale, demeures et hôtels particuliers, où le gothique flamboyant se mêle à l'art de la Renaissance. Au cœur du village, une vieille halle s'anime chaque semaine d'un marché où se dégustent et s'échangent, au fil des saisons, les multiples et savoureux produits du Périgord. Aux portes de la cité, la vaste forêt de la Bessède accueille toute l'année, sur ses chemins balisés, randonneurs et vététistes en compétition ou en balade.

VISITER

- **Habitations troglodytiques** : ouvert toute l'année. Rens. et réservations : 05.53.29.10.20.
- **Castrum** : visite guidée. Rens. et réservations : 05.53.29.10.20.
- **Musée Organistrum et Vielles à roue** : visite sur RDV (05.53.29.10.93).

SÉJOURNER

• HÔTEL

Le Clément V*** (05.53.28.68.80).
Le Belvédère** (05.53.31.51.41).
Le Home* (05.53.29.01.65).

• CHAMBRES EN LOCATION

Le Madelon (05.53.31.15.70).

• CHAMBRES D'HÔTE

M. et Mme Durlot***, le Filhoes (05.53.29.79.32).
Mme Giraudet***, Manoir de la Moissie (05.40.97.25.19).
The Art of the Dordogne (05.53.29.52.16).

• GÎTES, GÎTES D'ÉTAPE ET MEUBLÉS

Rens. : 05.53.29.10.20.

• VILLAGES DE VACANCES

L'Échappée verte (05.53.29.15.51).
Les Hauts de Lastours (05.53.29.00.42).
Les Chalets de la Bessède (05.53.28.26.04).

• CAMPINGS

Le Moulin de la Pique**** (05.53.29.01.15).
Les Nauves*** (05.53.29.12.64).

DÉGUSTER

• RESTAURANTS

Le Clément V (05.53.28.68.80).
Le Belvédère (05.53.31.51.41).
Le Home (05.53.29.01.65).
Le Madelon, brasserie (05.53.31.15.70).
Le Médiéval Café, brasserie (05.53.29.89.93).
Daisy-Saloon, pizzeria (05.53.30.25.72).
La Terrasse, pizzeria (05.53.30.41.58).
La Maison de Léo, salon de thé (05.53.28.29.37).
Les Terrasses de Belvès (05.53.28.25.48).
Chez Nono, brasserie (05.53.28.40.29).
Les 7 Clochers, pizzeria (05.53.30.41.58).

• AUBERGE À LA FERME

Chez Ilse (05.53.29.43.84).

• PRODUITS DU TERROIR

Foie gras de canard et d'oie : Établissements Roche (05.53.29.86.15).
Foie gras d'oie Valette : Bacchus (05.53.29.13.16).
Miel : M. Gamot, L'Abeille belvésoise (05.53.29.00.56).
Produits fermiers : découverte des fermes du pays belvésois mardi et jeudi matin en juillet-août (rens. et réservations : 05.53.29.10.20).
Ferme de la Peyruche (05.53.29.06.16).

• MARCHÉ

Marché hebdomadaire sam. matin, pl. de la Halle.
Marché gourmand mercredi soir en juillet-août.
Marché aux noix en oct.-nov., pl. de la Halle.

OFFICE DE TOURISME : 05.53.29.10.20

CARTE GÉNÉRALE : P. 17/F3
CODE POSTAL : 24170

ACHETER

Antiquaire : M. François, Au Bon Vieux Temps (05.53.30.21.39).
Coutelier : M. Arnaud (05.53.59.68.05).
Ébéniste : M. Collineau (05.53.29.16.20).
Fabricant de vitraux : M. Lalande (06.19.84.33.58).
Ferronnier : M. Crouzil (05.53.30.21.37).
Peintres : M. Chevassu (06.82.68.74.32) ; M. et Mme Grandet (05.53.29.02.55).
Peintre-sculpteur : Sylvia Ferrari (05.53.28.92.06).

FÊTER

Avril : « Les 100 km du Périgord noir » (dern. sam.).
Juillet : festival Bach, brocante (1er dim.).
Août : fête médiévale (1er dim) ; meeting aérien (15) ; vide-grenier et foire aux vins (dern. dim.).
Sept. : pèlerinage à N.-D.-de-Capelou (début du mois).

RESPIRER

- Baignade, natation : piscine ludique ouverte en juillet-août (05.53.29.09.66).
- Équitation : ferme équestre Le Bugou à Sagelat, à 2 km (05.53.29.01.08) ; centre équestre Au Cheval Rouge (06.89.72.93.89. ou 05 53 59 36 73).
- Randonnée : GR 36 et 120 km de sentiers balisés.
- Sports aériens : aéroclub (05.53.29.01.50).
- Tennis.
- VTT : location en gare SNCF (05.53.29.00.22).

MUSARDER

- Abbaye de Cadouin (14 km).
- Vallée de la Dordogne (de 10 à 30 km).
- Pays des Bastides (de 15 à 30 km).
- Vallée de la Vézère (de 25 à 50 km).
- Sarlat (35 km).
- Bergerac (51 km).

Beuvron-en-Auge

Entre vallons parsemés de pommiers et fermes à colombages, Beuvron est, autour de sa halle, une vitrine du pays d'Auge.
Beuvron n'est constitué, au XIIe, que d'un petit château féodal et d'une église. À la fin du XIVe, avec la notoriété de la famille d'Harcourt, la cité connaît ses heures de gloire. Jusqu'à la Révolution, la famille contribue à développer l'activité commerciale, et édifie l'église actuelle et la chapelle. Aujourd'hui, les façades en pisé enduit ou en briques roses des maisons à pans de bois rappellent les quatre siècles d'or du village. Aux environs, on découvre les manoirs de Sens, du Lieu Hoquart et de la Hogues.

VISITER

- **Église :** tlj 9 h-19 h.
- **Chapelle St-Michel-de-Clermont :** tlj 11 h-19 h.
- **Haras de Sens :** groupes sur RDV (02.31.79.23.05).
- **Le rail à l'école (trains miniatures) :** tlj 10 h-12 h/14 h-19 h de juillet à sept. et durant les vacances scolaires, le w.-e. 10 h-12 h/14 h-18 h le reste de l'année.

SÉJOURNER

• CHAMBRES ET MAISONS D'HÔTE

Manoir de Sens**** (02.31.79.23.05).
Monique Hamelin*** (02.31.39.00.62).
L'Orée du Mont Goubert*** (02.31.79.02.45).
Marie-Thérèse Duval** (02.31.79.23.79).
Aux Trois Damoiselles (02.31.39.61.38).

• GÎTES

Rens. : 02.31.39.59.14.

DÉGUSTER

• RESTAURANTS

La Boule d'or (02.31.79.78.78).
La Forge (02.31.79.29.74).
Le Pavé d'Auge (02.31.79.26.71).
La Colomb' d'Auge, crêperie (02.31.39.02.65).
Aux Trois Damoiselles, dégustations (02.31.39.61.38).
Café du Coiffeur (02.31.79.25.62).

• PRODUITS DU TERROIR

Mme Valcarel : pain, pâtisseries et spécialités (02.31.79.23.16).
Cidre du Beuvronnais : (02.31.23.63.87)
Cave de Beuvron (02.31.79.96.73) ; cidre AOC Desvoyes et Denis (02.31.65.11.94) ; ferme du Beuvronnais (02.31.79.13.50) ; Mme Legrand (02.31.79.23.26). Manoir de Sens (02.31.79.23.05). Sweet Auge (02.31.79.23.28).

• BALADE GOURMANDE

Routes du cidre et du fromage.

€ ACHETER

Antiquaires : Cécile Garraud (06.17.42.68.09) ; Galerie Marnony (02.31.63.40.40).
Brocanteur : Bagatelle (02.31.79.23.21).
Créatrice de mode : Mme Voisin (02.31.86.28.57).
Peintres : Mme Roger ; M. Emery (06.63.62.22.58).
Pianiste-organiste : M. Vannier (02.31.79.23.17).
Sculpteur : M. Levallois (06.74.38.67.78).

FÊTER

Avril : Boogie Blues au haras de Sens.
Mai : foire aux géraniums.
Juillet : Salon des antiquaires, « Les Peintres dans Beuvron ».
Juillet-août : expositions de peintres régionaux.
Août : Salon des antiquaires, collectionneurs et fouineurs.
Oct. : grand marché et fête du Cidre à l'ancienne, Equi'days Boogie-woogie.
Nov. : exposition d'artisans.
Déc. : foire de la Saint-Nicolas.

RESPIRER

- Pêche.
- Randonnée pédestre (GR 26, 1 circuit balisé) et cycliste (02.31.39.19.41).

MUSARDER

- Circuit des haras, manoirs et châteaux (de 1 à 10 km).
- Cambremer (10 km).
- Côte fleurie (15 km).
- Caen (30 km).

OFFICE DE TOURISME : 02.31.39.59.14

CARTE GÉNÉRALE : P. 13/E3
CODE POSTAL : 14430

Beynac-et-Cazenac

VISITER

- **Château de Beynac** : tlj toute l'année (05.53.29.50.40).
- **Parc archéologique** (la vie quotidienne du néolithique à l'âge du fer) : visite guidée avec démonstrations de poterie, taille du silex ou métallurgie lundi à vend. 10 h-19 h du 1er juillet au 15 sept. pour les individuels. Ateliers pédagogiques pour enfants mercredi après-midi 14 h-17 h sur RDV. Visite guidée avec demi-journée ou journée d'ateliers pédagogiques (bois, métallurgie, parures, gravure, poterie, tissage, silex) le reste de l'année pour les groupes scolaires sur RDV (05.53.29.51.28).
- **Village** : visite commentée régulière de juin à sept., visite commentée sur RDV le reste de l'année (05.53.29.43.08).
- **Causerie médiévale** (histoire du Périgord à travers la tapisserie) d'Odile Potier : tlj 14 h 30-19 h et le vendredi à 21 h en saison, les matins et le reste de l'année sur RDV (06.82.15.53.91).

Lové au pied de son imposant château veillant sur la Dordogne, Beynac-et-Cazenac ajoute à la beauté de son site les plaisirs de l'eau et de la gastronomie du Périgord.
Occupé dès l'âge du bronze, quelque 2 000 ans av. J.-C., par un habitat reconstitué dans l'actuel parc archéologique, le site naturellement défensif de Beynac devient au Moyen Âge le siège de l'une des quatre baronnies du Périgord. Assiégé par Richard Cœur de Lion puis démantelé par Simon de Montfort, le château reconstruit est, durant la guerre de Cent Ans, pris et repris par les armées des rois d'Angleterre et de France, avant d'être laissé à l'abandon sous la Révolution. Restauré depuis 1961 et ouvert à la visite par son propriétaire, l'imposant ensemble castral surplombe les toits de lauses et les façades blondes du village. Développé entre rivière et falaise, à l'abri d'une enceinte dont subsiste la porte Veuve, Beynac a longtemps vécu du trafic sur la Dordogne. Utilisées aujourd'hui pour des promenades au fil de l'eau, les gabares ont déserté l'ancien port, devenu espace vert, et partagent la rivière avec barques et canoës. Sur le plateau dominant la vallée, la chapelle de Cazenac, village rattaché à Beynac en 1827, est émouvante de simplicité.

SÉJOURNER

• HÔTELS

Hôtel Bonnet** (05.53.29.50.01).
Hôtel du Château** (05.53.29.19.20).
Hostellerie Maleville – Hôtel Pontet** (05.53.29.50.06).
Café de la Rivière (05.53.28.35.49).

• CHAMBRES D'HÔTE

Françoise Fleury, Résidence Versailles (05.53.29.35.06).
Guy Gauthier (05.53.29.51.45).
Christine Lesur (05.53.31.97.43).
Estelle Rubio (05.53.29.53.32).
Simone Vaucel (05.53.29.50.28).

• MEUBLÉS ET GÎTES

Rens. : 05.53.29.43.08.

• CAMPING

Le Capeyrou*** (05.53.29.54.95).

DÉGUSTER

• RESTAURANTS

Café de la Rivière (05.53.28.35.49).
Bonnet (05.53.29.50.01).
Restaurant du Château (05.53.29.19.20).
Auberge Lembert (05.53.29.50.45).

OFFICE DE TOURISME : 05.53.29.43.08

CARTE GÉNÉRALE : P. 17/F3
CODE POSTAL : 24220

Beynac-et-Cazenac

Hostellerie Maleville – Hôtel Pontet (05.53.29.50.06).
La Petite Tonnelle (05.53.29.95.18).
La Taverne des Remparts (05.53.29.57.76).

• **PRODUITS DU TERROIR**

Canards : Annie Gouyou (démonstration de gavage, goûter, vente directe), ferme de Pech Viel (05.53.29.54.70).
Conserves artisanales (fabrication et vente directe). Maison Lembert : visite du laboratoire vendredi à 18 h d'avril à sept., mardi, jeudi et vendredi à 18 h en juillet-août ; groupes toute l'année sur RDV (05.53.29.50.45).
Oies et canards : G. Gauthier (démonstration de gavage tlj 18 h-19 h du 1er avril au 30 sept., vente directe tlj 8 h-21 h), ferme de la Porte (05.53.29.51.45).

• **MARCHÉ**

De mi-juin à mi-sept. : marché de producteurs de pays tous les lundis matin, parking de la Balme.

ACHETER

Antiquaires : Michel Bennati (05.53.28.17.79) ; M. Morand (05.53.29.99.90).
Ferronnier : Le Bucher, ferronnerie médiévale et épées de combat médiévales (06.88.97.97.81).
Peintres : Galerie Pierre (06.33.44.17.64).
Peintres-émailleurs : Jean-Arthur Del Moral et Catherine Baj (06.94.29.05.85).
Potier : Jean-Maur de La Morinerie (05.53.29.56.02).
Travail du cuir-créations sur mesure : Les Armures du Dragon (06.70.16.70.91).

FÊTER

Pâques : Journées expérimentales du parc archéologique.
Août : fête, feu d'artifice (15).

RESPIRER

- Balades accompagnées (canoë-kayak, randonnée pédestre, vélo) : Compagnie des guides de la vallée de la Dordogne (05.53.31.17.62). Canoë-kayak sur la Dordogne : Copeyre Canoë (05.53.28.95.01).
- Pêche.
- Promenade en gabare sur la Dordogne : Gabares de Beynac, Mathieu Keller (05.53.28.51.15).
- Randonnée pédestre : 2 circuits balisés.
- Tennis (05.53.31.34.02).
- VTT : 5 circuits balisés.

MUSARDER

- Parc et jardins suspendus du château de Marqueyssac (2 km).
- Châteaux de Castelnaud, de Lacoste et des Milandes, écomusée de la Noix à Castelnaud-la-Chapelle (4 km).
- Castelraud-la-Chapelle (5 km) : Terre Enjeux (fonctionnement de la Terre et enjeux de l'environnement).
- Sarlat (11 km).
- Les Eyzies et la vallée de la Vézère (de 25 à 50 km).

Blesle

Au creux d'une étroite vallée isolée invitant au recueillement, l'écho des prières des bénédictines s'est longtemps mêlé, à Blesle, aux murmures des rivières animant le village.

Né de la fondation à la fin du IXᵉ s. par Ermengarde, comtesse d'Auvergne, d'une abbaye dédiée à saint Pierre, puis de l'édification, deux siècles plus tard, d'une puissante forteresse par les barons de Mercœur, le village s'est développé sous la protection de ce double pouvoir – spirituel et temporel. Devenue l'une des « bonnes villes » d'Auvergne, la cité accueille avocats, notaires et marchands, qui côtoient tanneurs, tisserands et vignerons. À l'intérieur de son ancien mur d'enceinte, dont plusieurs tours témoignent encore boulevard du Vallat, à l'emplacement des fossés disparus, Blesle invite à la découverte du patrimoine hérité de plus de dix siècles d'histoire. S'il ne subsiste plus de la forteresse que le donjon et une tour de guet, l'église St-Pierre et près de cinquante demeures, souvent à pans de bois, conservent la mémoire des bénédictines fondatrices et des multiples métiers qui firent la prospérité du village.

VISITER

- Église abbatiale St-Pierre : tlj 9 h-18 h sauf durant les offices le dim. à 10 h 30 et le vendredi à 18 h.
- Musée de la Coiffe : tlj de mai à sept. 10 h-12 h/14 h-18 h du lundi au sam. et 15 h-18 h le dim.
- Village : visite guidée sur RDV en saison pour les individuels et toute l'année pour les groupes (04.71.76.26.90).
- Trésor de l'église St-Pierre : sur RDV (04.71.76.26.90).
- Les Papiers du Silence : démonstrations de fabrication et expositions de papier artisanal du mercredi au dim. 14 h 30-18 h d'avril à juin et en sept.-oct., du mardi au dim. 10 h 30-12 h/14 h 30-18 h 30 en juillet-août et sur RDV le reste de l'année (04.71.76.28.13).

SÉJOURNER

• HÔTELS

La Bougnate*** (04.71.76.29.30).
Le Basbory (04.71.76.28.33).
Le Scorpion (04.71.76.28.98).

• CHAMBRES D'HÔTE

Chez Margaridou*** (04.71.76.22.29).
Michel et Gisèle Lubin*** (04.71.76.27.38).
Jeanine Charière (04.71.76.21.98).

• GÎTES ET MEUBLÉS

Rens. : 04.71.76.26.90.

• CAMPING

Camping municipal de la Bessière** (04.71.76.25.82 ou 04.71.76.20.75 hors saison).

DÉGUSTER

• RESTAURANTS

Le Basbory (04.71.76.28.33).
La Bougnate (04.71.76.29.30).
L'Éclypse (04.71.76.22.86).
Le Scorpion (04.71.76.28.98).
La Tour (04.71.76.22.97).

• PRODUITS DU TERROIR

Fabrication artisanale de produits régionaux à l'ancienne (charcuterie, salaisons, jambons, saucissons, terrines médiévales, etc.) : boucherie-charcuterie Laurent Malbec (04.71.76.20.53).
Fromages de pays : La Clé des Champs (04.71.76.25.47).

OFFICE DE TOURISME : 04.71.76.26.90

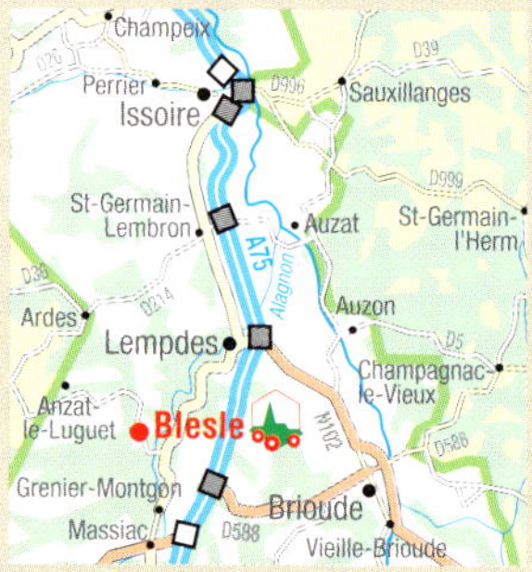

CARTE GÉNÉRALE : P. 17/H3
CODE POSTAL : 46450

Pains, macarons et pâtisseries : Philippe Bringer (04.71.76.21.20).
Produits régionaux : ferme-auberge Chez Margaridou (04.71.76.22.29) ; Maison Soullalioux-Morel : miel, pâtes de fruits, verveine... (04.71.76.20.86) ; La Vachoune : liqueurs et vins d'Auvergne, produits du terroir (04.71.76.28.37).

• MARCHÉ

Juillet-août : marché de pays (aligot, confitures, foie gras, fromages aux cirons...) le vendredi à partir de 17 h 30, sous la halle aux blés.

ACHETER

Antiquaire-brocanteur : Michel Feyt (04.71.76.21.00).
Création d'objets en papier : Chantal Favier et Fabrice Galvano,

Les Papiers du Silence (04.71.76.28.13).
Décoratrice de meubles et de céramique : Marie Guibelin, Les Ateliers de la Source (04.71.76.28.86).
Ferronnier : Mathias Bringer (06.22.27.48.47).
Peintre : Jean-Marc Anguenot (04.71.76.28.41).
Potier : Jean-Jacques Gentil, Les Ateliers de la Source (04.71.76.28.86).

FÊTER

Juillet : concours de peinture et dessin dans les rues du village (1er sam.), fête du Pain au hameau de Bousselargues (dim. ap. le 14), foire à la brocante et vide-greniers (dern. dim.).
Août : apéros musique (w.-e. du 15), fête d'Été (w.-e. ap. le 15).

RESPIRER

- Équitation : ferme équestre Toleido.
- Mini-golf au camping de la Bessière (04.71.76.25.82).
- Pêche.
- Randonnée : 17 circuits pédestres, 2 circuits VTT.
- Tennis (04.71.76.22.86).

MUSARDER

- Gorges de l'Alagnon : châteaux de Montgon, Torsiac et Léotoing (de 5 à 10 km).
- Gorges de la Sianne (10 km).
- Château de Lespinasse (10 km).
- Vallées et plateau du Cézallier (de 7 à 20 km).
- Brioude (22 km).
- Parc animalier d'Ardes-sur-Couze (25 km).
- Issoire (35 km).
- Saint-Flour (38 km).

Bonneval-sur-Arc

Entre le parc national de la Vanoise et celui du Grand Paradis, en Italie, Bonneval est le village des grands espaces.
Cerné de montagnes au fond de la vallée de la haute Maurienne, Bonneval a longtemps été un bout du monde. De cet isolement, renouvelé chaque hiver lorsque ferme la route du col de l'Iseran, les Bonnevalains ont fait une force en développant un tourisme respectueux d'un environnement exceptionnel et de leurs traditions ancestrales de bergers et d'artisans. À quelques pas de Tralenta, où les résidences construites le long de l'Arc donnent accès au domaine skiable, les massives maisons de pierre couvertes de lauses et hérissées de hautes cheminées encerclent toujours la fromagerie, la Grande-Maison et l'église du vieux village. Par-dessus les toits, l'Albaron, la Levanna ou la Ciamarella dominent à près de 4000 m un somptueux cirque de glaciers. 11000 hectares étincellent dans le silence hivernal ou bruissent l'été de torrents et de cascades. Bonneval est bien « la montagne... Vraiment ».

VISITER

- Musée « Espace neige et montagne » (vie quotidienne et artisanat local, rétrospective des sports d'hiver et des débuts de l'alpinisme à Bonneval) : tlj 15 h-19 h de Noël à fin avril et du 15 juin au 15 sept. (04.79.05.95.95).
- Sentiers de découverte de la montagne (04.79.05.95.95).

SÉJOURNER

• HÔTELS

La Bergerie** (04.79.05.94.97).
Le Glacier des Évettes** (04.79.05.94.06).
À la Pastourelle** (04.79.05.81.56).

• CHAMBRES D'HÔTE

La Rosa*** (04.79.05.95.95).
Le Penn Til** (04.79.05.92.52).

• RÉSIDENCE DE TOURISME

Chalet Les Éterlous*** (04.79.05.94.52).

• GÎTES, GÎTES D'ÉTAPE ET MEUBLÉS

Rens. : 04.79.05.95.95.
Centrale disponibiltés : www.bonneval-sur-arc.com

• REFUGES DE MONTAGNE

Chalet de Bonneval, alt. 1810 m (04.79.05.83.78).
Le Carro, alt. 2760 m (04.79.05.95.79).
Les Évettes, alt. 2590 m (04.79.05.96.64).

DÉGUSTER

• RESTAURANTS

L'Arcade (04.79.05.85.38).
Auberge d'Oul (04.79.05.87.99).
La Pintou (06.84.33.64.53).
La Bergerie (04.79.05.94.97).
Le Glacier des Évettes (04.79.05.94.06).
La Taverne des Éterlous (04.79.05.80.66).
Le Vieux Pont (04.79.05.94.07).
À la Pastourelle, crêperie-snack (04.79.05.81.56).
La Benna, pizzeria (04.79.05.83.78).
Le Criou, snack d'altitude (04.79.05.97.11).

• PRODUITS DU TERROIR

Charcuterie, salaisons : Le Pontet (04.79.05.95.50).
Fromages : La Fromagerie (04.79.05.93.10).

• MARCHÉ

Juillet-août : dim. toute la journée au vieux village.

ACHETER

Artisanat local : Espace neige et montagne (04.79.05.95.95).

FÊTER

Janv. : coupe d'Europe de skwall.
Juin : feu de la Saint-Jean (24).
Juillet : Les Artisanales d'art (3e w.-e.).
Déc. : arrivée du Père Noël et nuit de la Saint-Sylvestre.

OFFICE DE TOURISME : 04.79.05.95.95

CARTE GÉNÉRALE : P. 19/G2
CODE POSTAL : 73480

Bonneval-sur-Arc

Été et hiver : animations permanentes (concerts, soirées dansantes, spectacles...).
Rens. : 04.79.05.95.95.

RESPIRER

En été

- Sports de montagne (alpinisme, canyoning, escalade, randonnées glaciaires, via ferrata) : Bureau des guides (04.79.05.95.70) ; Alpin Center (04.79.05.94.74) ; météo (08.92.68.02.73). Jeux d'enfants. Mini-golf et tir à l'arc. Promenades, visites. Pêche en lac et torrent (rens. : 04.79.05.95.95).
- Plans d'eau (baignade et pêche) à Bessans (6 km).
- Randonnée pédestre en montagne (16 sentiers, 6 circuits).
- Ski d'été sur le glacier du Pisaillas au col de l'Iseran.
- Tennis (réservation : 04.79.05.95.95).

En hiver

- Sports d'hiver (ski alpin 1 800-3 000 m, 8 téléskis, 3 télésièges ; ski de fond et de randonnée ; sorties raquettes ; cascade de glace) : école de ski (04.79.05.95.70). Location de matériel : Mélèzes Sports (04.79.05.87.51) ; Mulinet Sports (04.79.05.95.34) ; Sport 2000 (04.79.05.95.71).
- Balades en chiens de traîneau (rens. : 04.79.05.95.95).
- Parapente et ULM : baptêmes sur réservation (04.79.05.94.26).
- Patinage en site naturel.

MUSARDER

- Hameau de l'Écot (4 km).
- Vallée et villages (Bessans, Lanslevillard, Termignon) de la haute Maurienne (de 6 à 42 km).
- Col de l'Iseran (14 km).
- Vallée et stations (Val-d'Isère, Tignes) de la haute Tarentaise (de 30 à 43 km).
- Col et lac du Mont-Cenis (35 km).

Brousse-le-Château

Bordant les rives de l'Alrance, Brousse est dominé par la silhouette imposante du château médiéval qui a complété son nom.

Cité pour la première fois en 935, le château de Brousse n'est sans doute alors qu'un modeste fortin surveillant le Tarn. Du xᵉ au xvᵉ s. le fort occupe progressivement la totalité de l'éperon dominant le village en même temps que s'affirme la présence des comtes du Rouergue puis, à partir de 1204, de la famille d'Arpajon, dont un représentant deviendra duc et pair de France au xviiᵉ. Restauré à partir de 1963 par une association de bénévoles, la Vallée de l'Amitié, l'ensemble fortifié est aujourd'hui ouvert au public. Sa cour intérieure est lieu de spectacles saisonniers ; le logis seigneurial, remanié au xviiiᵉ, les tours du Prisonnier et de la Princesse accueillent un musée d'histoire locale ainsi que des expositions temporaires.

Du château, des ruelles dallées conduisent vers l'église fortifiée du xvᵉ, dédiée à saint Jacques le Majeur et flanquée d'un cimetière avec oratoire, puis par le vieux pont de pierre sur l'Alrance à la rue basse du village.

Accrochées aux versants de l'Alrance et du Tarn, les terrasses en escaliers témoignent de la présence, jadis, de la vigne, dont la culture fut longtemps, avec celle du châtaignier, la ressource principale de Brousse-le-Château.

VISITER

- Château et musée : tlj 10 h-19 h en juillet-août, 14 h-18 h de sept. à juin (sauf déc. et janv.).
- Église : tlj 10 h-19 h en juillet-août.
- Mise en lumière du château, de l'église et de l'oratoire.

SÉJOURNER

- **HÔTEL**

Le Relays du Chasteau** (05.65.99.40.15).

DÉGUSTER

- **RESTAURANTS**

Le Relays du Chasteau (05.65.99.40.15).

FÊTER

14 juillet : embrasement du château avec feu d'artifice.
Juillet-août : théâtre, musique et expositions au château.

RESPIRER

- Baignade. Pêche. Canoë-kayak. Canotage.
- Randonnée. VTT.

MAIRIE : 05.65.99.41.14
CHÂTEAU : 05.65.99.45.40

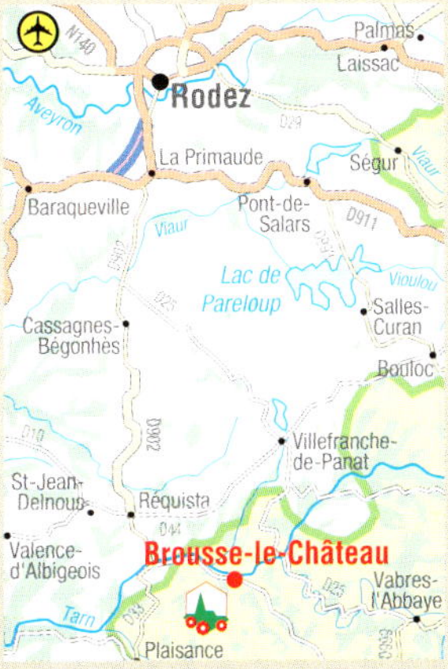

CARTE GÉNÉRALE : P. 17/H4
CODE POSTAL : 12480

MUSARDER

- Châteaux de Coupiac, Latour, Montaigut, Saint-Izaire (de 15 à 20 km).
- Vallée du Dourdou et Saint-Affrique (33 km).
- Pays des Raspes et Saint-Rome-de-Tarn (35 km).

Bruniquel

Au carrefour de l'Albigeois, du Rouergue et du Quercy, Bruniquel surveille le confluent de l'Aveyron et de la Vère.
Découvrir Bruniquel, c'est suivre des chemins fleuris, franchir de vieilles portes ouvertes dans les remparts ou écouter l'horloge du beffroi. Tout séduit le regard : ici une figure sculptée, une fenêtre géminée, là un pas de demoiselle ou une porte cintrée. En hauteur, on découvre le château, vieux de six siècles, et la maison Payrol, ancien hôtel de marchands du XIIIe s.

VISITER

- **Château** : 10 h-19 h tlj en juillet-août ; 10 h-12 h 30/14 h-18 h tlj en mai, juin et sept., dim., jours fériés et vacances scolaires en avril, dim. en oct. (05.63.67.27.67).
- **Maison Payrol** : tlj 10 h-19 h d'avril à sept. (05.63.67.26.42).
- **Village** : toute l'année pour groupes sur RDV (05.63.67.29.84).

SÉJOURNER

• CHAMBRES D'HÔTE

Mme Linas*** (05.63.67.25.02).
Mme Favaron (05.63.67.25.00).
M. de Baudouin** (05.63.67.26.16).
Mme Artusi (05.63.24.15.26).
M. Caulliez*** (05.63.24.17.31).
Mme Stein*** (05.63.67.28.71).

- Chambres communales (05.63.67.24.76).

• GÎTES, GÎTES D'ÉTAPE ET MEUBLÉS

Rens. : 05.63.67.29.84.

• CAMPING

Le Payssel (05.63.67.25.95).

DÉGUSTER

• RESTAURANTS

Les Bastides (05.63.67.21.87).
L'Étape du Château (05.63.67.25.00).
Les Gorges de l'Aveyron (05.63.24.50.50).
La Gourmandise, crêperie-pizzeria (05.63.67.28.95).

• PRODUITS DU TERROIR

Vin blanc de pays : M. Gary, La Grange de Vignoles (05.63.67.24.57).

ACHETER

Céramique et bijoux : Arcane (05.63.30.13.35).
Céramiste (grès, raku) : Jean-Pierre Chollet (05.63.67.26.07).
Graveur sur bois : Benoît Kothé (05.63.67.22.43).
Graveur sur cuivre : Franck Poulain (05.63.24.10.91).
Peintre : Florence Preleur (05.63.24.10.91).
Peintre et fabricant de vitraux : Jacky Poussou (05.63.67.25.23).
Potier : Michel Perfetti (05.63.33.16.72).
Souffleur de verre : Fernando Agostinho (05.63.67.20.65).
Tisseuse : Marie-Thérèse Lecornué (05.63.30.44.01).

FÊTER

Fin juillet-début août : festival Offenbach.
Août : fête patronale (15), brocante (dern. dim.).
Sept : fête des Vendanges (3e w.-e.).

RESPIRER

- Canoë, équitation, escalade, randonnée, spéléologie, ULM et VTT : Aventure 82 (05.63.24.11.58).
- Randonnée pédestre : GR 46 et 7 circuits balisés. Randonnée avec ânes de bât : L'Abri-Niquel (05.63.24.15.26).

MUSARDER

- Montricoux (musée Marcel-Lenoir), Bioule (château) et Montauban (de 5 à 30 km).
- Gorges de l'Aveyron et Caylus (de 7 à 35 km).

OFFICE DE TOURISME : 05.63.67.29.84

CARTE GÉNÉRALE : P. 17/G4
CODE POSTAL : 82800

Camon

Au creux d'un vallon ariégeois, Camon enferme encore dans la ceinture de ses remparts une ancienne abbaye-forteresse.
Dans une boucle de la rivière de l'Hers, Camon est, aux confins de l'Ariège et de l'Aude, né d'une abbaye fondée au Xe s. par une communauté bénédictine. Devenu en 1068 un prieuré rattaché à l'abbaye de Lagrasse, le monastère est détruit le 18 juin 1279 par une inondation catastrophique due à la rupture du barrage naturel retenant les eaux du lac de Puivert. Relevé de ses ruines durant le XIVe s., le prieuré est à nouveau dévasté en 1494 par des compagnies de routiers et abandonné. Au début du XVIe s., Philippe de Lévis, nouvel évêque de Mirepoix, le fait reconstruire et fortifier en même temps qu'il réédifie l'église commune aux religieux et aux habitants du village, dont il assure la protection en l'enfermant dans une seconde enceinte. À la fin du même siècle, le cardinal Georges d'Armagnac, alors prieur de Camon, renforce les fortifications et donne au village et au prieuré leur visage actuel.

VISITER

- Village (abbaye, église, remparts) : visite guidée tlj 9 h 30-11 h/15 h-17 h en saison, sur réservation hors saison (05.61.68.88.26).
- « Cabanes » de Camon (sentier à thème, orchidées sauvages au printemps) : visite guidée tlj le matin (9 h 30) et l'après-midi (16 h) en saison, sur réservation hors saison (05.61.68.88.26).

SÉJOURNER

CHAMBRES D'HÔTE

La Besse** (05.61.68.84.63).
L'Abbaye - Château de Camon (05.61.60.31.23).

GÎTES

Rens. : 05.61.68.88.26.

CAMPING

La Pibola*** (05.61.68.12.14).

CAMPING À LA FERME

La Besse** (05.61.68.84.63).

DÉGUSTER

RESTAURANTS

L'Abbaye - Château de Camon : sur réservation (05.61.60.31.23).
La Bergerie, Le Cazalet (05.61.60.64.95).

PRODUITS DU TERROIR

Charcuterie, croustades, volailles : Mme Dumons (05.61.68.84.63).

OFFICE DE TOURISME : 05.61.68.88.26

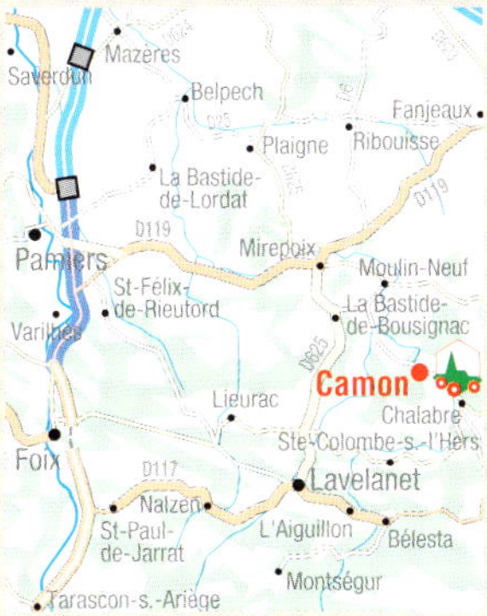

CARTE GÉNÉRALE : P. 17/G5
CODE POSTAL : 09500

FÊTER

Mai : fête des Roses (3e w.-e.).
Rens. : 05.61.68.88.26

RESPIRER

- Canoë. Pêche.
- Randonnée pédestre. VTT.

MUSARDER

- Bastide de Chalabre, lac de Montbel et Puivert : château, musée (de 10 à 20 km).
- Mirepoix et Vals (de 12 à 25 km).
- Lavelanet et château de Montségur (de 16 à 35 km).
- Pamiers (33 km).

Candes-Saint-Martin

Bâties à flanc de coteau, la collégiale et les maisons de Candes se mirent dans les eaux de la Vienne et de la Loire.

Né d'une confluence, Candes fut longtemps un village de mariniers qui prenaient une part active au trafic intense de la Loire et de la Vienne en écoulant à bord de leurs toues et gabares les productions locales de vins, de pruneaux et de pierre du tuffeau, dont la blancheur éclatante pare toujours, sous des toits sombres d'ardoises ou de tuiles plates, les façades du village et de son imposante collégiale. Édifiée entre 1175 et 1225 à l'emplacement même d'une église primitive fondée par saint Martin, qui y finit ses jours en 397, la collégiale fortifiée au XVe s. est dédiée à l'évêque de Tours, évangélisateur de la Gaule. L'un de ses vitraux évoque l'enlèvement nocturne de son corps par des moines tourangeaux, et, plus de seize siècles après sa mort, saint Martin est toujours vénéré à travers de multiples légendes miraculeuses. La plus belle sans doute raconte qu'au passage de sa dépouille, ramenée par bateau à Tours le 11 novembre 397, les rives de la Loire se mirent à refleurir. Ce fut le premier « été de la Saint-Martin ».

VISITER

- Collégiale St-Martin : tlj 9 h-19 h.
- Comptoir du confluent : découverte du patrimoine fluvial (conférences, croisières, expositions…) en juillet-août (02.47.95.86.40).

SÉJOURNER

- **CHAMBRES D'HÔTE**

Les Sarments*** (02.47.95.93.40).
La Fontaine** (02.47.95.83.66).
La Basinierre (02.47.95.98.45).

- **GÎTES**

Rens. : 02.47.95.90.61.

- **CAMPING**

Belle Rive** (02.47.95.98.11).

DÉGUSTER

- **RESTAURANTS**

La Route d'Or (02.47.95.81.10).
Table des Matières, salon de thé (02.47.95.81.45).

- **PRODUITS DU TERROIR**

Vins AOC de Touraine : M. Baillargeau (02.47.95.95.70).
Vins AOC de Chinon-Touraine : M. Corbineau (02.47.95.96.68).
Vins AOC de Saumur-Touraine : Maison Legrand (02.47.95.94.58).

ACHETER

Céramiste : M. Katchatouroff (02.47.95.93.65).
Fabricant de jouets en bois : M. Delaporte (02.47.95.80.85).
Librairie ancienne - Brocante : Table des Matières (02.47.95.81.45).
Orfèvre : M. Remon-Beauvais (02.47.95.93.09).
Patine sur meubles : Mme Lherbette (02.47.95.89.83).
Potière : Mme Boitiau.

FÊTER

Toute l'année : concerts (02.47.95.90.61).
Août : fête du Village (2e dim.).
Nov. : fête de la Saint-Martin (2e dim.).

RESPIRER

- Baignade. Pêche.
- Randonnée (sentier de bord de Loire).
- Tennis.

MUSARDER

- Abbaye de Fontevraud (7 km).
- Vallée de la Vienne : La Devinière, Chinon (17 km).
- Châteaux de la Loire (Ussé, Langeais) et de l'Indre (Azay-le-Rideau) (de 19 à 37 km).

MAIRIE : 02.47.95.90.61

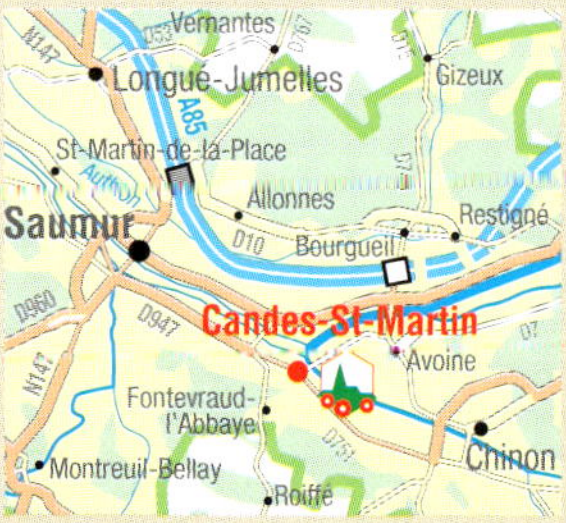

CARTE GÉNÉRALE : P. 13/E6
CODE POSTAL : 3750

Cardaillac

Au cœur du Ségala lotois, la puissante famille féodale des Cardaillac a fondé le village et lui a donné son nom.

Lorsque Pépin le Bref concède les terres de Cardaillac au chevalier Bertrand et à ses descendants, il assure au village son rayonnement futur. Avec deux falaises pour fortifications naturelles, le fort, achevé au XIIe s., s'avance sur un éperon triangulaire. Des remparts, trois tours subsistent : la Tour ronde, la tour de l'Horloge, qui servit de prison, et la tour de Sagnes, offrant une vue panoramique sur le village.

Au XIVe, la baronnie de Cardaillac compte une vingtaine de paroisses et possède plusieurs châteaux quercynois. La cité est attaquée durant la guerre de Cent Ans puis les guerres de Religion. Les Cardaillacois constituent alors la plus forte communauté protestante du haut Quercy et participent à la destruction de l'église St-Julien. Rendu au culte catholique par l'édit de Nantes, l'édifice est reconstruit au XVIIe, tandis que le fort passe aux mains des réformés. À la révocation de l'édit de Nantes, les remparts sont abattus et les tours, rasées.

VISITER

- **Fort :** visite guidée en été (rens. : 05.65.34.06.25).
- **Musée éclaté :** tlj sauf sam. en juillet-août (visite guidée à 15 h et 16 h 30), sur RDV hors saison (05.65.40.10.63).
- **Tour de Sagnes** (panorama) : tlj 8 h-20 h d'avril à sept. (17 h du 1er oct. au 30 mars).
- **Village :** circuit fléché et commenté ; visite guidée sur RDV (05.65.34.06.25).

SÉJOURNER

- **HÔTEL**

Chez Marcel (05.65.40.11.16).

- **CHAMBRES D'HÔTE**

Mme Hedouin***, Le Pressoir, (05.65.40.18.49).

- **GÎTES ET MEUBLÉS**

Rens. : 05.65.34.06.25.

DÉGUSTER

- **RESTAURANTS**

Chez Marcel (05.65.40.11.16).
Le Chardon, brasserie (05.65.40.19.91).

- **MARCHÉ**

Dim. matin 8 h 30-13 h, pl. du Boulodrome.

ACHETER

Atelier de création : « Arts et Patrimoines en Quercy » (peinture sur textile, verre, modelage) (05.65.40.18.49).
Brocanteur : M. Marcel (05.65.40.16.13 ou 05.65.40.16.07).

OFFICE DE TOURISME DU PAYS DE FIGEAC-CAJARC : 05.65.34.06.25
OFFICE DE TOURISME DU PAYS DE LACAPELLE-MARIVAL : 05.65.40.81.11.

CARTE GÉNÉRALE : P. 17/G3
CODE POSTAL : 46100

FÊTER

Mai : foire du Renouveau (brocante, artisanat, produits régionaux).
Juillet-août : ciné-village, concours de peinture, expositions.
Nov. : foire de la Saint-Martin.

RESPIRER

- Boulodrome.
- Chasse.
- Pêche.
- Randonnée : GR 6 et circuits balisés.
- VTT.

MUSARDER

- Figeac (10 km).
- Capdenac-le-Haut (17 km).
- Vallée du Célé (25 km).
- Maurs (32 km).
- Rocamadour (35 km).
- Saint-Céré (35 km).

Carennac

Sur les rives de la Dordogne, face à l'île Calypso, Carennac protège ses maisons Renaissance aux fenêtres sculptées.
Du temps où il se nommait Carendenacus, Carennac était un village rassemblé autour d'une église dédiée à saint Sernin et dépendante de l'abbaye de Beaulieu. Sous l'impulsion de Cluny, la paroisse devient prieuré et entreprend la construction de l'actuelle église St-Pierre, édifice roman du XIe s. Son portail s'orne d'un magnifique tympan (XIIe s.). À l'intérieur, le visiteur découvre un cloître mi-roman, mi-gothique, une tour hexagonale et une mise au tombeau du XVIe s. À l'entrée de la salle sont exposés des bas-reliefs relatant la vie et la passion du Christ. Dans le château des Doyens, dont l'un fut oncle de Fénelon qui y aurait écrit *Télémaque*, l'Espace Patrimoine présente une exposition de découverte du Pays d'art et d'histoire dont Carennac fait partie.

VISITER

Église St-Pierre : tlj 9 h-19 h.
Espace Patrimoine (rens. : 05.65.33.81.36).
Cloître, Mise au tombeau et Musée lapidaire (rens. : 05.65.33.81.36).
Musée des Alambics et des Arômes (rens. : 05.65.10.91.16).
Village et cloître : visite guidée sur RDV (05.65.10.97.01).

OFFICE DE TOURISME : 05.65.10.97.01

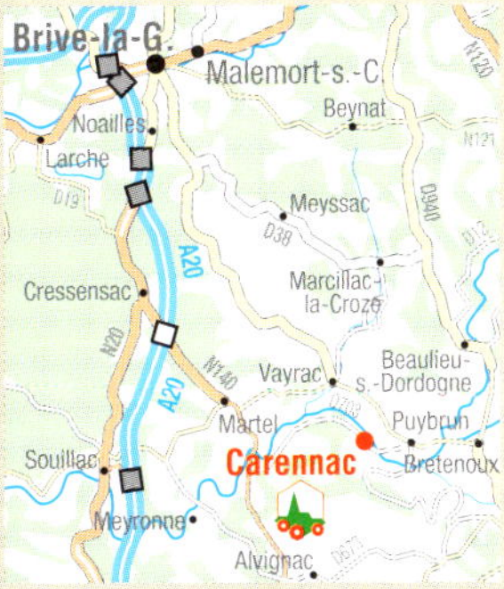

CARTE GÉNÉRALE : P. 17/G3
CODE POSTAL : 46110

SÉJOURNER

HÔTELS
Le Vieux Quercy*** (05.65.10.96.59).
Le Fénelon** (05.65.10.96.46).
Les Touristes** (05.65.10.94.31).

CHAMBRES ET DEMEURES D'HÔTE
L'Oustal Nau***, Colette Leman (05.65.10.94.09).
La Petite Vigne, Janson Hobson (05.65.50.25.84).

MEUBLÉS
Rens. : 05.65.10.97.01.

CAMPING
L'Eau vive** (05.65.10.97.39).

DÉGUSTER

RESTAURANTS
Le Fénelon (05.65.10.96.46).
Les Touristes (05.65.10.94.31).
Le Vieux Quercy (05.65.10.96.59).
Le Prieuré, crêperie (05.65.39.76.74).
La Bodega (05.65.39.77.77).

MARCHÉ
Juillet-août : produits de pays le mardi 17 h-20 h.

ACHETER

Marqueteuse : Christina Mohrenschildt (05.65.10.12.57).
Sculpteur sur pierre : Gérard Colas (05.65.27.19.28).

FÊTER

Juillet-août : expositions de peinture et de sculpture.
Juillet : fête de Magnagues (1er w.-e.).
Août : Journée de la prune dorée de Carennac (1er lundi). Embrasement de l'île Calypso, fête votive (mi-août).
Nov. : mois de la pierre (expositions, stages).

RESPIRER

- Canoë-kayak : camping de l'Eau-Vive (05.65.10.97.39) ; Copeyre (06.30.87.66.65).
- Pêche.
- Randonnée : GR 52.
- Tennis.
- VTT : camping de l'Eau-Vive.

MUSARDER

- Châteaux de Castelnau et Montal, Saint-Céré (de 10 à 16 km).
- Gouffre de Padirac et Rocamadour (de 10 à 20 km).
- Martel (18 km).
- Vallée de la Dordogne : du cirque de Montvalent à Souillac (de 17 à 35 km).

Bar
Brasserie

Castelnau-de-Montmiral

La bastide albigeoise de Castelnau-de-Montmiral apparaît à l'arrière-plan de la forêt de Grésigne, dominant la Vère.

Au cœur de la bastide fondée au XIIIe s. par le comte de Toulouse Raymond VII, des maisons des XVIe et XVIIe s. entourent la place à couverts et le vieux puits. L'église N.-D.-de-l'Assomption renferme un retable et une pietà du XVe s., ainsi que la croix reliquaire des comtes d'Armagnac, du XIIIe s., ornée de 354 pierres précieuses.

VISITER

Église N.-D.-de-l'Assomption : tlj 10 h-19 h, sauf dim. matin.
Village : groupes sur RDV (05.63.33.15.11).

SÉJOURNER

HÔTELS

es Consuls** (05.63.33.17.44).
es Arcades (05.63.33.20.88).

CHAMBRES D'HÔTE

1me Geddes*** (05.63.33.94.08).
1me Sordoillet*** (05.63.33.18.46).
1. Camalet (05.63.33.12.02).
1me Galaup (05.63.33.13.87).

GÎTES ET GÎTES D'ÉTAPE

.ens. : 05.63.33.15.11.

VILLAGES DE VACANCES

entre de loisirs Vère-Grésigne (05.63.33.16.00).

CAMPING

e Chêne vert*** (05.63.33.16.10).

DÉGUSTER

RESTAURANTS

es Arcades (05.63.33.20.88).
a Table des Consuls (05.63.40.63.55).

TABLES D'HÔTE

1me Bourgarel (05.63.33.14.56).
1. Camalet (05.63.33.12.02).
1me Sordoillet (05.63.33.18.46).

PRODUITS DU TERROIR

oie gras, confit, magret et cassoulet : ferme des Guys (05.63.33.17.78) ; ferme de Payrade (05.63.33.17.38).
Vins AOC de Gaillac : cave de Técou (05.63.33.11.79) ; Château de Mayragues (05.63.33.94.08) ; domaine de Roucou Cantemerle (05.63.33.18.08) ; domaine de la Tronque, vins biologiques (05.63.33.18.87).
Produits régionaux : Le Relais des Portes de Grésigne (05.63.40.57.44).

• **MARCHÉ**

Mai-sept. : mardi matin, pl. des Arcades.

OFFICE DE TOURISME : 05.63.33.15.11
MAIRIE : 05.63.33.10.18

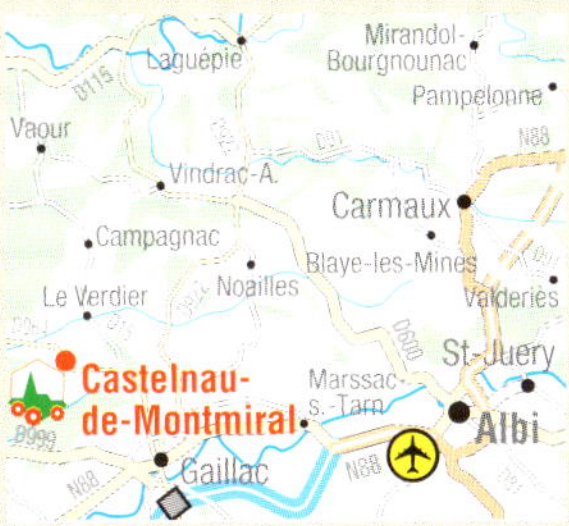

CARTE GÉNÉRALE : P. 17/G4
CODE POSTAL : 81140

ACHETER

Parfumeur : « Les Parfums de Grésigne » (05.63.33.10.19).
Peintre : Yves Goas (05.63.54.52.43).

FÊTER

Juin : feu de la Saint-Jean (24).
15 août : foire au miel et aux produits du terroir, fêtes avec concerts, animations, bals.

RESPIRER

- Base de Vère-Grésigne (05.63.33.16.00) : baignade, pêche, pédalo (05.63.33.12.65).
- Mini-golf.
- Randonnée pédestre : GR 36, 46 et 5 circuits balisés.
- Tennis. VTT.

MUSARDER

- Gaillac (12 km).
- Cordes-sur-Ciel (22 km).
- Albi (34 km).
- Montauban (42 km).

Castelnou

Au pied des Aspres éclairées par le Canigou étincelant, Castelnou est un village typique de l'architecture rurale catalane.

Lorsque son père rejoint le mont Cassin pour se faire moine, le comte de Besalu, héritier des terres de Vallespir, fait construire le castell nou (château neuf) sur le site de l'ancien domaine des seigneurs de Cameles. Le château épouse la disposition naturelle du roc et forme un pentagone. L'abrupt du rocher, les murailles épaisses de 3 m et l'enceinte fortifiée du village du XIIIe s., dont huit tours subsistent, assuraient la défense. Au nord-est du village, une tour érigée sur une colline permettait de guetter les alentours. Le château fut pourtant assiégé en 1286 par Jacques II, roi de Majorque et comte de Roussillon. Allié au roi de France, il revendiqua avec succès le rétablissement de son autorité sur la capitale de la vicomté. En 1321, Castelnou perdit son titre vicomtal. Au nord du village, l'église Santa Maria del Mercadal (du marché) est un édifice roman.

VISITER

- Château : tlj 10 h-20 h sauf janv. (04.68.53.22.91).
- Église Santa Maria del Mercadal : tlj 10 h-18 h de juin à sept.

SÉJOURNER

- **CHAMBRES D'HÔTE**

La Figuera*** (04.68.53.18.42).
Mas del Sola (04.68.52.30.42).
Mas d'en Llinàs (04.68.53.17.50).

- **GÎTES**

Rens. : 04.68.53.43.81. ou 04.68.53.45.72.

DÉGUSTER

- **RESTAURANTS**

L'Hostal (04.68.53.45.42).
Le Patio (04.68.53.23.30).
Le Vicomte (04.68.53.32.08).

- **TABLES D'HÔTE**

Mas del Sola (04.68.52.30.42).

- **PRODUITS DU TERROIR**

Foie gras, conserves : Mme Vassail (04.68.39.44.64).
Miel et produits fermiers : À la Ruche (04.68.53.43.81) ; Canard au miel (04.68.39.49.76).

- **MARCHÉ**

Mi-juin-mi-sept. : mardi matin et après-midi, au pied de l'église.

ACHETER

Artisans-bijoutiers : M. Furet (04.68.53.15.69) ; M. Lamoureux (06.20.41.45.63) ; M. Lazarus (04.68.53.11.54).
Artisan floral : Mme Mayneris, Senteurs de la garrigue.
Atelier-galerie d'artistes : Casa Bourguère « Chris » (06.79.80.44.81).
Brocante : Le Relais des Arts (04.68.53.51.92).
Émaux, bijoux, linge de maison : Sylvie Heilmann (04.68.53.19.85). Ferronnier : M. Delpech (04.68.53.04.29).
Peintre : Chris Peinture (06.79.80.44.81).
Peintre-mosaïste : M. Mach (04.68.53.03.30).
Potiers : Mme Gatau (04.68.53.12.78). Brice Leclerq (04.68.62.08.56).
Tourneur sur bois : Éric Salles (04.68.84.06.87).
Travaux d'art sur coquilles d'œufs : L'Œuf surprise (04.68.53.01.22).

FÊTER

Juin : feu de la Saint-Jean, Course de nuit, les Lucioles de Castelnou (fin juin).
Juin-sept. : expositions dans les salles de la mairie.
Oct. : marché fermier (2e w.-e.).

RESPIRER

- Balades à dos d'âne : le Bariquito (06.10.40.23.02).
- Activités de loisirs.

MUSARDER

- Églises et prieurés de Caixas, Camélas, Fontcouverte, Monastir-del-Camp, Sainte-Colombe (de 4 à 15 km).
- Thuir, Perpignan (21 km).
- Céret et la vallée du Tech (29 km).
- Elne, Collioure (30 km).

POINT i : 04.68.53.43.81
MAIRIE : 04.68.53.45.72

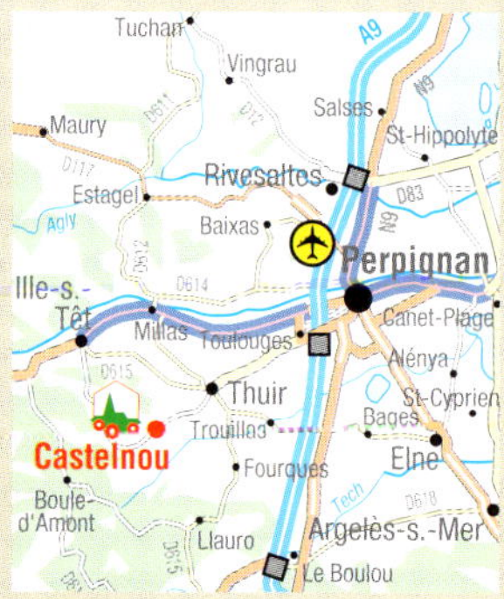

CARTE GÉNÉRALE : P. 17/H6
CODE POSTAL : 66300

Charroux

Au carrefour de voies romaines, Charroux devient une place forte et franche à l'époque des ducs de Bourbon.

L'essor de Charroux est lié à sa charte de franchise obtenue en 1245. Florissante à la Renaissance grâce aux activités de tannerie et de viticulture, la cité fut incendiée lors des guerres de Religion, mais conserva son église St-Jean-Baptiste, au clocher à flèche tronquée. Le village s'organise autour de sa place. De la « cour des dames », les ruelles passent devant la maison du prince de Condé et vont mourir aux portes des remparts, comme celle d'Occident, qui reçut l'horloge de la ville au XVIe s.

VISITER

- **Musée de Charroux et son canton** (arts et traditions populaires) : tlj sauf mardi 14 h 30 - 18 h 30 en juillet - août, les w.-e. et jours fériés 14 h 30 - 18 h 30 en mai et juin. (04.70.56.87.71).
- **Maison des Horloges** : tlj 15 h-19 h en saison, sur RDV hors saison (04.70.56.87.39).
- **Église St-Jean-Baptiste** : tlj 9 h-18 h (19 h en été).
- **Village** : visite guidée sur RDV (04.70.56.87.71).

POINT i : 04.70.56.87.71

CARTE GÉNÉRALE : P. 17/H1
CODE POSTAL : 03140

ACHETER

Antiquaire-brocanteur :
June Pegand (06.99.48.67.41).
Artisan nacrier :
Pascal Michelot.
Céramiste :
Valérie Talmont (04.73.63.50.77).
Éditeur :
Les Cahiers bourbonnais (04.70.56.80.61).
Enlumineur :
Atelier Van Schirin (06.11.49.54.65).
Fleurs pressées :
Monique Ferrier (04.73.33.58.24).
Fabricante de vitraux, fusing :
Sylvie Thomas (04.70.41.98.73).
Graveur sur verre :
Marcel Martel (04.70.56.83.59).
Peintre :
Louis Adolphe Tellier (04.70.56.73.67).
Savonniers :
Emmanuel et Joana Abbé (04.70.56.85.57).
Sculpture sur bois :
Au Bois de Charroux, Jean-Paul Loubat (04.70.56.87.14).

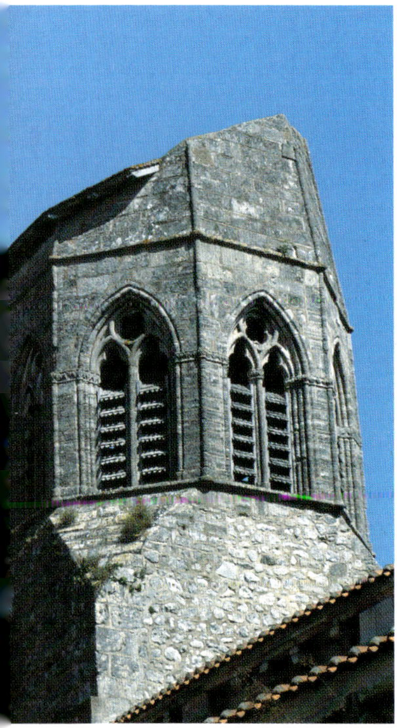

SÉJOURNER

• CHAMBRES D'HÔTE

La Maison du Prince de Condé****
M. Speer (04.70.56.81.36).
Le Relais de l'Orient***
Mme Thys (04.70.56.89.93).
La Grange du Belvédère***
M. et Mme Sharpe (04.70.56.80.02).

• GÎTES ET MEUBLÉS DE TOURISME

Rens. : 04.70.56.87.71.

DÉGUSTER

• RESTAURANTS

Côté Cour (04.70.56.82.05).
La Ferme Saint-Sébastien (04.70.56.88.83).
Rose-Thé, salon de thé (04.70.56.83.26).

• PRODUITS DU TERROIR

Huile de noix, noisette et moutarde :
M. et Mme Maenner (04.70.56.87.61).
Cave et produits régionaux :
La Remise (06.77.25.19.79)

FÊTER

Avril : foire à la brocante (dern. dim.).
Juin : Bourse d'échange d'artisanat de tranchée (2e w.-e.).
Juillet : marché nocturne de produits locaux (2e sam.).
Août : fête des Artistes et Artisans (1er dim.).
Déc. : marché de Noël (w.-e. av. Noël).

RESPIRER

- Promenade en calèche : Jean-Paul Loubat (04 70 56 87 14).
- Randonnée : 2 circuits balisés.

MUSARDER

- Villages de Bellenaves (château, Musée automobile), Chantelle (abbaye, musée), Jenzat (Maison du Luthier) (de 5 à 7 km).
- Gannat (13 km).
- Gorges de la Sioule (22 km).
- Vignoble et musée du Vin de Saint-Pourçain-sur-Sioule (25 km).
- Vichy (30 km).

Château-Chalon

Dominant la vallée de la Seille et la plaine de Bresse, Château-Chalon veille sur son vignoble, berceau du célèbre vin jaune.

Entre les herbages ou les forêts du plateau jurassien et les vignes plongeant sous sa falaise, le village est né autour d'un château, dont subsistent les vestiges du donjon, et d'une abbaye de bénédictines, dont témoigne l'église romane St-Pierre, couverte de « laves » calcaires. Bordée de solides maisons vigneronnes souvent flanquées d'un perron et percées de larges ouvertures en plein cintre, chaque rue ou presque de Château-Chalon conduit à l'un des quatre belvédères surplombant le vignoble, où le savagnin règne en maître. De ce cépage typique, les vignerons ont su tirer, dans le secret de leurs caves, le vin jaune, breuvage vieilli en fût de chêne durant au moins six ans et trois mois. Au cœur du village, l'ancienne fromagerie revit pour livrer les clefs de la fabrication et de l'affinage du comté alors que l'école, reconstituée comme en 1928, ravive la nostalgie de la « communale » d'autrefois.

VISITER

- Église St-Pierre : tlj 9 h-19 h.
- École d'autrefois, relais culturel du Froid-Pignon et village (rens. : 03.84.44.62.47).
- Ancienne fromagerie (03.84.44.92.25).

SÉJOURNER

• DEMEURE D'HÔTE

La Maison d'Eusebia (c.c.) (03.84.44.66.58).

• CHAMBRES D'HÔTE

Le Relais des Abbesses*** (03.84.44.98.56).

• GÎTES

Rens. : 03.84.44.62.47.

OFFICE DE TOURISME : 03.84.44.62.47

CARTE GÉNÉRALE : P. 15/E6
CODE POSTAL : 39210

DÉGUSTER

• RESTAURANTS

L'Atelier des Saveurs (03.84.44.66.58).
Les Seize Quartiers (03.84.44.68.23).
La Taverne du Roc (03.84.85.24.17).

• TABLE D'HÔTE

Le Relais des Abbesses (03.84.44.98.56).

• PRODUITS DU TERROIR

Fromages : Fruitière à comté Vagne (03.84.44.92.25).
Vins AOC Château-Chalon, Côtes du Jura, Crémant et Macvin : Jean Berthet-Bondet (03.84.44.60.48) ; Jean-Claude Credoz (03.84.44.64.91) ; domaine Geneletti (03.84.44.95.06) ; Franck Guigneret (03.84.44.67.97) ; Jean Macle (03.84.85.21.85) ; Michèle Mutiaux (03.84.44.64.10) ; Gabrielle Rizzi (03.84.85.24.99) ; Marie-Ange et Jean-Pierre Salvadori (03.84.44.62.86) ; fruitière vinicole (03.84.85.21.29).

FÊTER

Avril : fête de la Saint-Vernier (3e dim.).
Juin-sept. : animations autour des compagnons du Devoir, initiation à la dégustation, expositions...

RESPIRER

- Randonnée pédestre : GR 59 et 5 circuits balisés de découverte du vignoble.
- VTT : 2 circuits.

MUSARDER

- Cirque de Ladoye (6 km).
- Villages du vignoble (de 5 à 10 km).
- Château d'Arlay (12 km).
- Poligny et Arbois (de 12 à 20 km).
- Lons-le-Saunier (15 km).

Châteauneuf

À la proue du village, le château reflète dans les eaux du canal de Bourgogne son architecture militaire médiévale.
Destinée à commander l'ancienne route de Dijon à Autun, la forteresse fut édifiée à la fin du XIIe s. par Jean de Chaudenay. Elle doit sa sévérité à ses tours massives et à ses larges fossés. Dans la cour intérieure, le donjon primitif s'entoure de deux corps de logis du XVe s. En contrebas du château, l'église abrite une Vierge à l'oiseau du XIVe s. Face à l'édifice, la maison Blondeau est l'une des nombreuses demeures d'anciens marchands des XIVe, XVe et XVIe s.

VISITER

- Château : tlj sauf lundi 10 h-12 h/ 14 h-19 h du 16 mai au 14 sept. ; 10 h-12 h 10/14 h-18 h du 15 sept. au 15 mai (03.80.49.21.89).
- Église St-Jacques et St-Philippe : dim. 10 h-18 h, en semaine sur RDV (03.80.49.21.59).
- Village : sur RDV (03.80.49.21.59).

SÉJOURNER

- **HÔTEL**

Hostellerie du Château** (03.80.49.22.00).

- **CHAMBRES D'HÔTE**

Mme Bagatelle*** (03.80.49.21.49).
M. Lepiarski (03.80.49.25.32).

- **GÎTES ET MEUBLÉS**

Rens. : 03.80.90.74.24.

DÉGUSTER

- **RESTAURANTS**

Le Grill du Castel (03.80.49.26.82).
Hostellerie du Château (03.80.49.22.00).
Au Marronnier (03.80.49.21.91).
L'Orée du Bois (03.80.49.25.32).

ACHETER

Antiquaire :
La Malle aux chimères (06.19.35.31.14).
Brocanteuse :
Marie Cardon (03.80.49.21.50).
Céramistes, sculpteurs :
Harry Armstein et Jeanine Stoll (06.08.81.76.66).
Peintre :
Yann Debreux.
Tourneur sur bois :
Siècle à mains (03.80.90.66.04).

FÊTER

Juillet (années paires) : marché médiéval (dern. w.-e.).
Nov. : messe de la St-Hubert (dim. apr. la Toussaint).
Déc. : messe de Noël avec crèche vivante, d'après une peinture du XVe s. de Flémalle (24).

RESPIRER

- Équitation (03.80.49.24.78).
- Pêche.
- Randonnée tour des lacs de l'Auxois, sentier des chapelles romanes. VTT.

MUSARDER

- Châteaux en Auxois : Chailly-sur-Armançon, Commarin, Mont-St-Jean (de 8 à 30 km).
- Pouilly-en-Auxois et le canal de Bourgogne : promenade en bateau (10 km).
- Abbaye de La Bussière et vallée de l'Ouche (12 km).
- Beaune et le vignoble bourguignon (35 km).
- Dijon (43 km).

OFFICE DE TOURISME DE POUILLY-EN-AUXOIS : 03.80.90.74.24

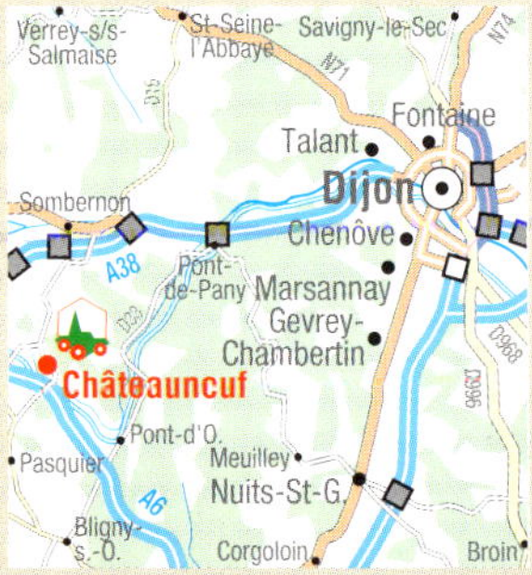

CARTE GÉNÉRALE : P. 15/E6
CODE POSTAL : 21320

Coaraze

À deux pas du parc national du Mercantour, Coaraze est un village médiéval baigné de lumière.

Au milieu des oliviers, les ruelles pavées de Coaraze mènent à l'église du XIIIe s., ornée au XVIIe s., sous l'influence du baroque italien, de 118 angelots dans un décor polychrome. La chapelle Bleue, décorée de fresques par Ponce de Léon, est un oratoire dédié à la Vierge. La chapelle St-Sébastien, ornée de fresques du XVIe s., borde l'ancien chemin muletier qui reliait le bourg à Nice. De nombreux artistes ont signé les cadrans solaires de Coaraze : Jean Cocteau, Mona Christie, Ponce de Léon, Valentin, Henri Goetz et Douking.

VISITER

- **Chapelle Bleue** : tlj sauf lundi (clefs à l'office de tourisme ou au Bar des Arts).
- **Chapelle St-Sébastien** (clefs à l'office de tourisme ou chez M. et Mme Di Tommaso).
- **Église St-Jean-Baptiste** : (ouverte ou clefs à l'office de tourisme).
- **Musée Figas** (L'Engarun) : sam. et dim. 14 h 30 - 17 h 30 (04.93.79.31.87).
- **Village** : visite guidée sur RDV (04.93.79.37.47).

SÉJOURNER

• HÔTELS

Auberge du Soleil (04.93.79.08.11).
Relais de la Feuilleraie (04.93.79.39.90).

• CHAMBRES D'HÔTE

L'Alivu (04.93.80.86.68).

• GÎTES RURAUX, GÎTES COMMUNAUX ET GÎTES D'ÉTAPE

Rens. : 04.93.79.37.47.

DÉGUSTER

• RESTAURANTS

Auberge du Soleil (04.93.79.08.11).
Relais de la Feuilleraie (04.93.79.39.90).
Le Jouncas, pizzeria (04.93.79.39.2).

• PRODUITS DU TERROIR

Marché aux légumes : mercredi et dim. matin.
Fromages et produits de la ferme : dim. matin.
Huile d'olive : produits en vente à l'office de tourisme.

ACHETER

Artisanat local en vente à l'office de tourisme.

FÊTER

Mai : journée de la brocante (1er) ; Printemps des Arts.
Juin : course de carrioles ; fête de la Saint-Jean et des Cadrans solaires (24 et 25).
Juillet : jeu du Pilou.
15 août : fête de l'Olivier.
Sept. : stages et concerts de musique médiévale ; trail du Férion.
Déc. : Noël d'Ici et d'Ailleurs.

RESPIRER

- Canyoning. Randonnée : 10 circuits balisés (04.93.79.37.47).

MUSARDER

- Ancien village de Rocca Sparviera (panorama).
- Chapelle St-Sébastien, fresques du XVIe s. (2 km).
- Villages perchés de Berre-les-Alpes, Contes, Lucéram, Peillon (de 9 à 20 km).
- Nice et la Côte d'Azur (25 km).
- Peira-Cava, forêt et col de Turini (27 km).

OFFICE DE TOURISME : 04.93.79.37.47
MAIRIE : 04.93.79.34.80

CARTE GÉNÉRALE : P. 19/G4
CODE POSTAL : 06390

Collonges-la-Rouge

À la rencontre du Limousin et du Quercy, le rouge des grès de Collonges se marie au vert des treilles courant sur ses façades.
Né autour d'un prieuré bénédictin fondé au VIIIe s. et ceint de remparts dont subsistent deux portes, le village devient au XIIIe s. châtellenie de la puissante vicomté voisine de Turenne et lieu de résidence de ses officiers. Collonges se pare alors des castels Renaissance de Maussac, Vassinhac, Benge ou Beauvirie ceinturant le cœur médiéval du village.

VISITER

- Chapelle des Pénitents : tlj 10 h-18 h.
- Église St-Pierre : tlj 10 h-18 h.
- Ferme de La Veyrie et Grange aux oies : tlj 14 h - 18 h de mars à la Toussaint 10 h - 19 h 30 en juillet-août. Fermé le mercredi hors saison (05.55.25.31.40).
- Maison de la Sirène : tlj 15 h-18 h de Pâques à la Toussaint, 10 h 30-12 h/15 h-18 h en juillet-août (05.55.84.08.03 ou 05.55.25.42.48).
- Village : visite guidée (rens. : 05.55.25.47.57 ou 05.55.25.32.25).

SÉJOURNER

• HÔTEL
Le Relais Saint-Jacques** (05.55.25.41.02).

• CHAMBRES D'HÔTE
Maison Jeanne**** (05.55.25.42.31).
La Raze* (05.55.25.48.16).
La Vigne Grande** (05.55.25.39.20).
Domaine de Peyrelimouse (05.55.84.07.17).

• GÎTES ET MEUBLÉS
Rens. : 05.55.25.47.57.

• VILLAGE DE VACANCES
Les Vignottes (05.55.25.30.91).

• CAMPING
Moulin de la Valane*** (05.55.25.40.20).

• CLUB NATURISTE
Natco** (05.55.25.48.43).

OFFICE DE TOURISME : 05.55.25.47.57
MAIRIE : 05.55.25.41.09

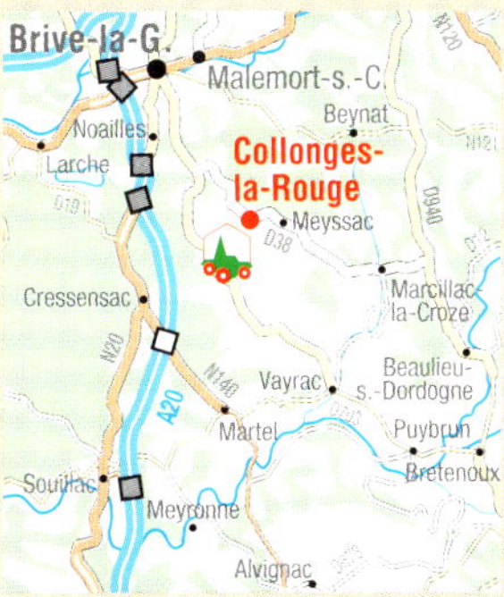

CARTE GÉNÉRALE : P. 17/G3
CODE POSTAL : 19500

DÉGUSTER

• RESTAURANTS
L'auberge de Benges (05.55.85.76.68).
Le Cantou (05.55.84.25.15).
Le Collongeois (05.55.84.59.16).
L'Auberge du Prieuré (05.55.25.41.00).
Le Relais Saint-Jacques (05.55.25.41.02).
La Ferme de Berle Sur réservation (05.55.25.48.06).
Le Pèlerin et la Sorcière, crêperie (05.55.84.14.27).
Le Tourtou, crêperie (05.55.25.34.15).

• PRODUITS DU TERROIR
Canards et noix : ferme de la Gondronne (05.55.25.46.34). Distillerie Denoix (05.55.25.44.72).
Noix : ferme de La Veyrie et grange aux Oies, mars à la Toussaint, fermé le mercredi hors saison (05.55.25.31.40).

ACHETER

Artisans du cuir : L'Atelier du cuir (05.55.25.41.98). L'Arbre à souhait (05.65.40.21.99).
Coutellerie : Le Couteau de Corrèze (05.55.25.38.29).
Linge de maison : Mirjam (05.65.10.67.32).
Peintres : M. et Mme Boutang (05.55.25.44.54).
Peinture sur soie, céramique, poterie : Le Vieux Porche (05.55.25.39.71).

FÊTER

Mai : fête votive (3e dim.).
Juillet : festival de la Bande dessinée (2e dim.).
Mi-juillet-mi-août : Théâtrales les mardis (05.55.25.41.19).
Août : marché d'antan (1er dim.), concours de peinture (3e dim.).

RESPIRER

- Piscine, tennis (05 55 25 41 59).
- Randonnée pédestre : GR 480 et 4 circuits balisés.

MUSARDER

- Églises de Ligneyrac, Noailhac, Saillac (de 3 à 10 km).
- Brive-la-Gaillarde (23 km).
- Vallée de la Dordogne (25 km).
- Souillac (34 km).

Conques

Haut lieu de l'art roman, Conques recèle les richesses artistiques nées de la foi des hommes du Moyen Âge.
Au cœur d'un village aux rues bordées de maisons à colombages et de fontaines, l'abbatiale de Conques (xie-xiie s.) renferme un trésor de la sculpture et de l'orfèvrerie romanes. Abritant sous ses voûtes 250 chapiteaux magnifiés par la lumière des vitraux contemporains de Pierre Soulages, elle met en scène sur le tympan de son portail occidental 124 personnages figés dans la pierre illustrant le jugement dernier. Représentée en Majesté, sainte Foy veille de son énigmatique regard sur un ensemble unique de reliquaires recouverts d'or, d'argent, d'émaux et de pierres précieuses. Avec le pont des Pèlerins, l'abbatiale de Conques est classée au patrimoine mondial au titre des chemins de Compostelle.

VISITER

- **Abbatiale Ste-Foy** : visite guidée du tympan et des tribunes tlj en juillet-août (horaires au 0.820.820.803) ; visite accompagnée des tribunes en nocturne avec orgue et lumières tlj à 21 h 30 ou 22 heures de mai à sept. ; visite de groupes toute l'année sur RDV (0.820.820.803).
- **Trésor de Ste-Foy** : tlj 9 h 30-12 h 30/14 h-18 h 30 d'avril à sept., 10 h-12 h/14 h-18 h d'oct. à mars (0.820.820.803 ou 05.65.72.85.00).
- **Centre culturel et touristique, bibliothèque, centre de documentation historique** (expositions en haute saison) : ouverts toute l'année mardi et sam. 14 h-18 h, mercredi 9 h-12 h/14 h-18 h (0.820.820.803).
- **Centre européen d'art et de civilisation médiévale** (exposition permanente « Conques autrement », expositions temporaires, accueil de colloques, séminaires et conférences, concerts et spectacles) : ouvert toute l'année du lundi au vendredi (05.65.71.24.00).

SÉJOURNER

- **HÔTELS**

Sainte-Foy**** (05.65.69.84.03).
Domaine de Combelong « Le Moulin »*** (05.65.72.84.77).
Auberge Saint-Jacques** (05.65.72.86.36).
Auberge du Pont romain* (05.65.69.84.07).

- **CHAMBRES D'HÔTE**

La Maison de la source*** (05.65.69.80.71).
Les Chambres de l'Acanthe** (05.65.72.83.87).
Les Chambres de Montignac** (05.65.69.84.29).
Chez Charles et Alice** (05.65.72.82.10).
Les Grangettes de Calvignac (c.c.) (05.65.67.86.70).
Laila Hart, Pressoires (05.65.72.93.44).

- **GÎTES ET MEUBLÉS**

Rens. : 0.820.820.803 ou 05.65.72.85.00.

- **MAISON FAMILIALE DE VACANCES**

Relais Cap France (05.65.69.86.18).

- **HÉBERGEMENTS DE GROUPES**

Centre d'accueil de l'abbaye Sainte-Foy (05.65.69.85.12).
Gîte d'étape communal (0.820.820.803 ou 05.65.72.82.98).

- **CAMPING**

Le Beau Rivage*** (location de mobile homes), Le Faubourg (05.65.69.82.23).

DÉGUSTER

- **RESTAURANTS**

Auberge du Pont romain (05.65.69.84.07).
Auberge Saint-Jacques (05.65.72.86.36).
Domaine de Cambelong « Le Moulin » (05.65.72.84.77).
Sainte-Foy (05.65.69.84.03).
Le Charlemagne, crêperie, glacier (05.65.69.81.50).
Au Parvis, crêperie, brasserie (05.65.72.82.81).

La Couvertoirade

Au cœur des grands espaces du causse du Larzac, La Couvertoirade est l'œuvre des Templiers et des Hospitaliers.

Édifié au XIIe s., le château de La Couvertoirade est l'une des commanderies du réseau tissé par les Templiers dans tout l'Occident et en Terre sainte. Déclarés hérétiques au début du XIVe s. par Philippe le Bel, les Templiers, dont le grand maître est condamné au bûcher, cèdent la place aux Hospitaliers, qui héritent de tous leurs biens. Eux aussi moines soldats, les Hospitaliers enferment la cité dans une couronne de remparts au XVe s., pour la protéger des attaques des compagnies de routiers et des épidémies. Du haut du chemin de ronde, la vue s'étend sur le Larzac et l'ensemble du village : au pied de l'église du XVe s., de massives fermes-bergeries couvertes de lauses et flanquées d'escaliers extérieurs côtoient de belles demeures des XVIe et XVIIe s., comme la maison de la Scipione ou l'hôtel de Grailhe.

VISITER

- Village : visite libre ou visite payante, audioguidée ou accompagnée. Tlj 10 h-12 h/14 h-18 h, de mars à juin, en oct. et du 1er au 11 nov. ; 10 h-19 h en juillet-août (05.65.58.55.59).

SÉJOURNER

- **CHAMBRES D'HÔTE**

L'Auberge du Père Roussel (05.65.62.28.25).
Ferme de la Salvetat (05.65.62.22.65).
Le Relais des Infruts (05.65.62.76.89).

- **GÎTES**

Rens. : 05.65.58.55.59.

- **CAMPING À LA FERME**

Les Canoles (05.65.62.15.12).
Ferme de la Salvetat (05.65.62.22.65).

DÉGUSTER

- **RESTAURANTS**

L'Auberge (05.65.62.21.43).
L'Auberge du Père Roussel (05.65.62.28.25).
Le Médiéval (05.65.62.27.01).
Café des Remparts (05.65.62.11.11).
Café Montès, crêperie (05.65.58.10.71).
Larzac'Café (05.65.62.18.23).
Tour Valette (05.65.62.09.69).
Les Fées des Causses, salon de thé (05.65.58.14.23).
L'Hospitalier, salon de thé (05.65.58.85.01).

- **AUBERGE À LA FERME**

Ferme de la Salvetat (05.65.62.22.65).

- **PRODUITS DU TERROIR**

Volailles, foie gras et confit : ferme de la Salvetat (05.65.62.22.65).

ACHETER

Rens. : 05.65.58.55.59.

FÊTER

Juillet : Estivales du Larzac.

RESPIRER

- Randonnée pédestre : GR 71 et 1 circuit balisé. VTT.

MUSARDER

- Saint-Jean-du-Bruel (Noria, espace de l'eau), Nant et les gorges de la Dourbie (de 20 à 25 km).
- Sites templiers et cisterciens de La Cavalerie, Sainte-Eulalie-de-Cernon, Viala-du-Pas-de-Jaux et St-Jean-d'Alcas (de 20 à 30 km).
- Cirque de Navacelles (25 km).
- Caves de Roquefort (40 km).

POINT i : 05.65.58.55.59

CARTE GÉNÉRALE : P. 17/H4
CODE POSTAL : 12230

Crissay-sur-Manse

Ancien Crisseium, « lieu où se dresse une forteresse », Crissay conserve son château, ses logis, ses jardins et deux lavoirs bordant la Manse, qui serpente sous les peupliers.

D'abord châtellenie appartenant à L'Île-Bouchard et à l'archevêché de Tours, Crissay devient pendant près de cinq siècles le fief de Guillaume de Turpin et de ses descendants. C'est sur les fondations de la forteresse que le château de Crissay est bâti au xve s. De cette demeure seigneuriale, qui n'a jamais été achevée ni habitée, il ne reste que le corps principal et le donjon des xie et xiie s. Construite en 1527 sur commande des Turpin, l'église renferme deux statues en bois du xvie s. représentant saint Jean et la Vierge, ainsi qu'une piscine aux rinceaux fleuris dans le chœur. C'est aussi là que se trouve le tombeau de Catherine du Bellay, cousine du poète. Sur la place haute, des logis du xve s. rappellent l'âge d'or de la cité en mariant fenêtres à meneaux cruciformes et lucarnes à pinacles : Grand Logis du notaire, maison de justice du comté de Crissé et logis Charles VII.

VISITER

- Château : sur RDV (02.47.58.54.03).
- Église St-Maurice : tlj 9 h-18 h.
- Village : visite guidée sur RDV (02.47.58.54.03).

SÉJOURNER

• HÔTEL

L'Hôtentyque Gay Resort*** (02.47.58.58.11).

• CHAMBRES D'HÔTE

M. Guérin (02.47.97.07.81).

• GÎTES

Rens. : 02.47.58.54.05.

DÉGUSTER

• RESTAURANTS

L'Hotentyque, bar à vins, restaurant (02.47.58.58.11).

• PRODUITS DU TERROIR

Fromages de chèvre : M. Ondet (02.47.95.23.84).

Miel, nougat et pain d'épice : M. Laubigeau (02.47.95.22.81).

Vins (AOC de Chinon et vin de pays) : M. Ricotier (02.47.58.58.42).

Vins, épicerie fine : L'Hotentyque.

MAIRIE : 02.47.58.54.05

CARTE GÉNÉRALE : P. 13/F6
CODE POSTAL : 37220

FÊTER

Dim. de Pentecôte : foire aux « vieilleries ».

Août : théâtre classique et moderne dans la cour du château (2e quinz.).

RESPIRER

- Pêche.
- Randonnée pédestre : 2 circuits balisés.

MUSARDER

- Collégiale des Roches Tranchelion (2 km).
- Vallée de la Vienne : de L'Île-Bouchard à Chinon (de 7 à 22 km).
- Azay-le-Rideau et vallée de l'Indre (20 km).
- Richelieu (23 km).

Curemonte

Rythmée par les tours de ses trois châteaux, la silhouette de Curemonte se dessine au-dessus des vallées de la Sourdoire et du Maumont. C'est sur un long éperon de grès que le village s'est bâti. Du haut du bourg, son architecture médiévale étonne. Proche des trois châteaux (St-Hilaire, aux tours carrées, Plas, aux tours rondes, et La Johannie), l'église romane St-Barthélemy recèle un retable de 1672 et des autels de saint Jean-Baptiste et de la Vierge des XVIIe et XVIIIe s. La halle du XVIe abrite un pied de calvaire gothique et des sculptures romanes. En dehors du bourg, l'église romane St-Genest est décorée de peintures du XVe s. et celle de La Combe est l'une des plus anciennes de Corrèze.

VISITER

- Église St-Barthélemy : tlj 9 h-18 h.
- Église de La Combe (expositions) : tlj 9 h-19 h en juillet-août.
- Église St-Genest (musée d'objets religieux) : tlj 9 h-18 h.

SÉJOURNER

- **CHAMBRE D'HÔTE**

Mme Raynal*** (05.55.25.35.01).

- **GÎTES ET MEUBLÉS**

Rens. : 05.55.25.34.76 ou 05.55.84.04.79.

DÉGUSTER

- **RESTAURANTS**

La Barbacane, Lucette Conchon (05.55.25.43.29).
Plaisance (05.55.25.30.86).

MAIRIE : 05.55.25.34.76
POINT i : 05.55.84.04.79

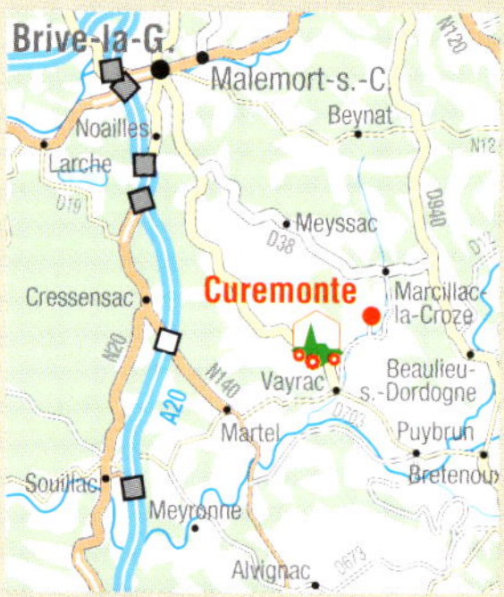

CARTE GÉNÉRALE : P. 17/G3
CODE POSTAL : 19500

- **AUBERGE À LA FERME**

La Grotte, Fernande Raynal (05.55.25.35.01).

- **PRODUITS DU TERROIR**

Ails et échalotes : M. Agolin (05.55.25.40.49).
Fraises et confitures : Mlle Gironde (05.55.25.32.74).

- **MARCHÉ**

Juillet-août : produits régionaux tous les mercredis à 16 h.

FÊTER

Juin : feu de la Saint-Jean et randonnée nocturne.

RESPIRER

- Chasse.
- Pêche.
- Randonnée pédestre : GR 480 et 2 circuits balisés.

MUSARDER

- La Chapelle-aux-Saints : site préhistorique, musée (3 km).
- Vallée de la Dordogne : Beaulieu et Argentat (de 10 à 35 km).
- Châteaux de Castelnau, Montal et Saint-Céré (de 17 à 26 km).
- Brive-la-Gaillarde (40 km).

Domme

Au bord d'une vertigineuse falaise, Domme offre sur la vallée de la Dordogne un panorama exceptionnel.
Ceinte de remparts, la bastide du XIIIe s. raconte un passé tumultueux illustré par ses portes fortifiées et ses tours qui servirent de prison. Le visiteur découvrira également la maison du batteur de monnaie et celle des consuls, la vieille halle et l'hôtel du gouverneur. Fière aussi de ses pierres dorées et de ses grottes à concrétions, Domme offre la verte douceur de ses jardins suspendus au-dessus de la vallée de la Dordogne.

VISITER

- Église N.-D.-de-l'Assomption : tlj.
- Grottes à concrétions : tlj 10 h-19 h en juillet-août, 10 h-12 h/14 h-18 h de fév. à oct. et vacances de Noël.
- Musée des arts et traditions populaires : tlj 10 h 30-19 h en juillet-août, 10 h 30-12 h 30/14 h 30-18 h d'avril à juin et sept.
- Tour des Templiers (collection de graffitis) et village : tlj en juillet-août, sur RDV hors saison (05.53.31.71.00).

OFFICE DE TOURISME : 05.53.31.71.00
MAIRIE : 05.53.28.61.00

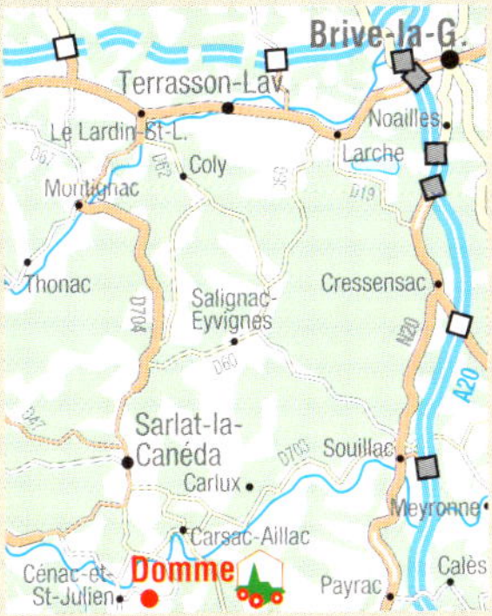

CARTE GÉNÉRALE : P. 17/F3
CODE POSTAL : 24250

SÉJOURNER

- **HÔTELS**

L'Esplanade*** (05.53.28.31.41).
Les Quatre Vents** (05.53.31.57.57).
Nouvel Hôtel** (05.53.28.36.81).

- **CHAMBRES D'HÔTE**

Michel Perrault et Rosa de Macedo (05.53.31.64.35 ou 06.12.56.58.93).
M. et Mme Borde (06.81.03.39.46 ou 05.53.28.23.36).

- **MEUBLÉS**

Rens. : 05.53.31.71.00.

- **VILLAGES DE VACANCES**

Village du Paillé (05.53.31.27.70 ou 06.23.23.11.11).
Les Ventoulines (05.53.28.36.29).
La Combe (05.53.29.77.42).

- **CAMPINGS**

Perpetuum*** (05.53.28.35.18).
Le Bosquet** (05.53.28.37.39).
La Rivière de Domme** (05.53.28.33.46).
Le Bras de Caudon* (05.53.28.34.20).
Moulin de Caudon* (05.53.31.03.69).

DÉGUSTER

- **RESTAURANTS**

Auberge de la Rode (05.53.28.36.97).
L'Esplanade (05.53.28.31.41).
La Flambée (05.53.29.14.36).
Nouvel Hôtel (05.53.28.36.81).
La Poivrière (05.53.28.32.52).
Le Pot de fer (05.53.59.52.85).
Cabanoix et Châtaignes (05.53.31.07.11).

- **AUBERGE À LA FERME**

La Borie blanche (05.53.28.11.24).

- **PRODUITS DU TERROIR**

Oies et noix : ferme de Turnac (05.53.28.10.84).

- **MARCHÉ**

Jeudi matin, pl. de la Halle.

ACHETER

Bijoutier : Charles Duret (05.53.29.17.06).
Sculpteur sur bois : M. Bertincourt, Le Brat (05.53.28.23.12).

FÊTER

Juin : Les Solstices de Domme (2e quinz.).

RESPIRER

- Canoë-kayak.
- Pêche.
- Randonnée pédestre : GR 64 et circuits balisés.
- Sports aériens : aviation légère et ULM.
- Tennis.
- VTT.

MUSARDER

- Église de Cénac (2 km).
- Sarlat (12 km).
- Souillac et la vallée de la Dordogne (22 km).
- Les Eyzies et la vallée de la Vézère (34 km).

Auberge
du
Rempart

Eguisheim

Aux portes de Colmar, le village, berceau du vignoble alsacien, s'enroule en cercles concentriques autour de son château.
Autour du château qui, au cœur du village, vit naître le futur pape saint Léon IX, comme au long des remparts qui l'encerclent, Eguisheim invite à tourner en rond. De cour en fontaine, de ruelle en placette, la courbe toujours présente renouvelle à chaque pas le regard sur des façades colorées, parées de fleurs et de colombages ou d'oriels. À ce plaisir des yeux, Eguisheim ajoute ceux de la table et des grands crus de son vignoble.

VISITER

- **Chapelle du Château St-Léon :** tlj 9 h-19 h du 1er avril au 1er nov.
- **Église St-Pierre et St-Paul :** tlj 9 h-19 h.
- **Parc des Cigognes :** accès libre.
- **Vignoble :** visite guidée du sentier viticole suivie d'une dégustation commentée des vins d'Alsace sam. à 15 h 30 du 15 juin au 31 juillet et du 1er au 15 sept., mardi et sam. à 15 h 30 en août (03.89.23.40.33).
- **Village :** visite guidée jeudi à 17 h du 1er juillet au 15 sept. et toute l'année pour les groupes (03.89.23.40.23) ; visite commentée en petit train tlj 10 h-18 h (sauf 13 h) en juillet, août et sept., les w.-e. et jours fériés en mai, juin et oct. (03.89.73.74.24).

SÉJOURNER

• HÔTELS

Auberge alsacienne*** (03.89.41.50.20).
Hostellerie du Château*** (03.89.23.72.00).
Hostellerie du Pape*** (03.89.41.41.21).
Hôtel Saint-Hubert*** (03.89.41.40.50).
Auberge des Comtes** (03.89.41.16.99).
Auberge des Trois Châteaux** (03.89.23.70.61).
Auberge du Rempart (03.89.41.16.87).
À la Ville de Nancy (03.89.41.78.75).

• RÉSIDENCE DE TOURISME

Résidence*** Pierre et Vacances : (03.89.30.41.20).

• CHAMBRES D'HÔTE

M. Alleman (03.89.41.40.25).
M. et Mme Bombenger Albert (03.89.23.71.19).
M. Bombenger Jean-Pierre (03.89.23.13.12).
M. Dirringer (03.89.41.71.87).
M. Forny (03.89 23.75.31).
Mme Freudenreich (03.89.23.16.44).
Mme Gaschy (03.89.23.69.09).
M. Harau (03.89.41.99.36).
M. Hebinger Antoine (03.89.41.14.56).
M. Hebinger Léon (03.89.23.36.59).
M. Meyer (03.89.23.12.11).
Mme Schneider (03.89.23.17.66).
M. Schoepfer (03.89.23.53.70).
Mme Stoffel (03.89.41.01.89).

Eguisheim

M. Theiller (03.89.24.78.60).
Mme Vonthron (03.89.41.10.31).

• **GÎTES ET MEUBLÉS**

Rens. : 03.89.23.40.33.

• **CAMPING**

Les Trois Châteaux*** (03.89.23.40.33).

DÉGUSTER

• **RESTAURANTS**

Auberge alsacienne (03.89.41.50.20).
Auberge des Comtes (03.89.41.16.99).
Auberge du Rempart (03.89.41.16.87).
Auberge des Trois Châteaux (03.89.23.70.61).
Belle Vue (03.89.41.39.53).
Caveau Bacchus (03.89.23.34.13).
Caveau des Douceurs (03.89.23.10.01).
Caveau d'Eguisheim (03.89.41.08.89).
Caveau Heuhaus (03.89.41.85.72).
Au Dagsbourg (03.89.41.51.90).
La Grangelière (03.89.23.00.30).
Hostellerie du Pape (03.89.41.41.21).
Le Pavillon gourmand (03.89.24.36.88).
Au Vieux Porche (03.89.24.01.90).
À la Ville de Nancy (03.89.41.78.75).
Wistub-bierstub Kas Fratz (03.89.41.87.66).

• **PRODUITS DU TERROIR**

Bretzels et spécialités alsaciennes : Gilbert Marx (03.89.41.32.56).
Charcuterie alsacienne : A. Edel et Fils (03.89.41.22.40) ; Chez Thierry (06.87.43.95.13).
Vins AOC Alsace et grands crus Eichberg et Pfersigberg : François Bannwarth (03.89.41.32.48) ; Armand-Charles Baur EARL (03.89.41.32.49) ; Léon Baur (03.89.41.79.13) ; Léon Beyer Domaine (03.89.21.62.30) ; maison Émile Beyer (03.89.41.40.45) ; Bombenger-Baur (03.89.23.18.93) ; Henri Brecht (03.89.41.96.34) ; Brobecker SCEA (03.89.41.55.93) ; cave vinicole Wolferger (03.89.22.20.20) ; cellier du Pape Saint-Léon (03.89.23.41.18) ; Robert Dreyer et Fils GAEC (03.89.23.12.18) ; Jean-Luc Freudenreich (03.89.41.44.29) ; Joseph Freundenreich et Fils (03.89.41.36.87) ; Paul Gaschy (03.89.41.67.34) ; Paul Ginglinger (03.89.41.44.25) ; Pierre-Henri Ginglinger (03.89.41.32.55) ; Joseph Gruss et Fils (03.89.41.28.78) ; Henri Gsell (03.89.41.96.40) ; Jean-Paul Haeffelin et Fils (03.89.41.77.85) ; Hubert et Heidi Hausherr (03.89.23.40.67) ; Christian et Véronique Hebinger (03.89.41.19.90) ; Albert Hertz (03.89.41.30.32) ; Bruno Hertz (03.89.41.81.61) ; Jean-Louis et Fabienne Mann (03.89.24.26.47) ; Jean-Luc Meyer (03.89.24.53.66) ; André Schneider et Christian Successeur (03.89.41.37.27) ; Paul Schneider et Fils (03.89.41.50.07) ; Paul Schoepfer (03.89.41.42.61) ; Bruno Sorg (03.89.41.80.85) ; Léon Sorg (03.89.41.16.87) ; Antoine Stoffel (03.89.41.32.03) ; Odile et Danielle Weber (03.89.41.35.56) ; Paul et Philippe Zink (03.89.41.19.11).

OFFICE DE TOURISME : 03.89.23.40.33

CARTE GÉNÉRALE : P. 15/G4
CODE POSTAL : 68420

ACHETER

Atelier d'artiste : Claude Geissler (03.89.41.33.71).
Brocante : La Brocante du Rempart (03.89.24.90.31).
Galerie d'art contemporain : Arthena (03.89.23.83.35).
Tapissier-décorateur : André Kuster et Fils (03.89.41.18.24).

FÊTER

Juillet : Semaine des vins d'Eguisheim et Nuit des grands crus (2e quinz.).
Août : fête des Cigognes (1er dim.) ; dégustation commentée des vins, ronde du veilleur de nuit ; fête des Vignerons (dern. w.-e.).
Oct. : fête du Vin nouveau (1er et 2e w.-e.) ; fête du champignon (dernier w.e.).
Nov.-déc. : marché de Noël (les 4 w.-e. de l'avent).

RESPIRER

• Randonnée pédestre : 12 circuits balisés.
• Tennis (réservation : 03.89.23.40.33).

MUSARDER

• Route des vins d'Alsace.
• Vallée de la Secht et col de la Schlucht (de 5 à 30 km).
• Colmar (6 km).
• Turckheim (8 km).
• Rouffach (11 km).
• Kaysersberg (13 km).
• Guebwiller (21 km).
• Neuf-Brisach (21 km).

Estaing

Au pied d'un imposant château, la Coussane, venue des monts d'Aubrac, mêle ses eaux à celles du Lot.

De l'an 1000 à la Révolution, les seigneurs d'Estaing n'ont pas seulement marqué l'histoire de leur village. Pour avoir sauvé le roi à Bouvines en 1214, Pierre-Tristan offre des lis royaux aux armes de sa famille. En 1368, Pierre est nommé cardinal et gouverneur des États pontificaux. Sous Louis XVI, le vice-amiral Charles-Henri se distingue outre-Atlantique dans la guerre de l'Indépendance américaine. Le château des comtes d'Estaing domine les lauses en écailles des hôtels Renaissance. Face au château, un porche gothique flamboyant précède l'église du XVe s.

VISITER

- **Château**: visite libre (cours et terrasse) et visite guidée (intérieur) (rens.: 05.65.44.72.24).
- **Église St-Fleuret**: tlj 9 h-19 h.
- **Village**: visite guidée sur RDV (05.65.44.03.22).

SÉJOURNER

- **HÔTELS**

Aux Armes d'Estaing** (05.65.44.70.02).
Auberge Saint-Fleuret* (05.65.44.01.44).

- **CHAMBRES D'HÔTE, GÎTES D'ÉTAPE ET MEUBLÉS**

Rens.: 05.65.44.03.22.

- **CAMPING**

La Chantellerie* (05.65.44.70.32 ou 72.77).

- **CAMPING À LA FERME**

La Cavalerie (05.65.44.18.45 ou 71.94).

SYNDICAT D'INITIATIVE: 05.65.44.03.22

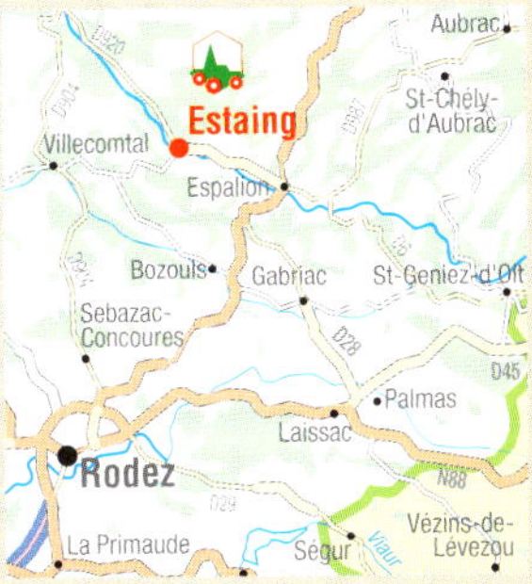

CARTE GÉNÉRALE: P. 17/H3
CODE POSTAL: 12190

DÉGUSTER

- **RESTAURANTS**

Aux Armes d'Estaing (05.65.44.70.02).
Auberge Saint-Fleuret (05.65.44.01.44).
Le Bel Horizon (05.65.44.70.90).
Manon, crêperie-saladerie (05.65.44.16.85).

- **PRODUITS DU TERROIR**

Miel: Manon (05.65.44.16.85). **Vins** blancs, rosés, rouges (VDQS): Mme Alaux (05.65.48.05.17); Mme Fages (05.65.44.06.84); Les Vignerons d'Olt (05.65.44.04.42).
Spécialités: Le Chai du Château (05.65.48.09.36).

- **MARCHÉ**

Juillet-août: produits régionaux, quai du Lot.

ACHETER

Bijoutiers: Les bijoux d'Estaing (05.65.48.27.44).
Coutelier: Christophe Lacaze (05.65.48.03.09).

FÊTER

Fin juin-mi-sept.: Son et lumière au château (mercredi soir).
Juillet: procession en l'honneur de l'évêque saint Fleuret (1er dim.).
15 août: illumination de la cité aux chandelles.
Sept.: Les Médiévales d'Estaing (2e w.-e.).

RESPIRER

- Canoë-kayak, canyoning et escalade.
- Pêche (parcours de pêche à la truite).
- Piscine.
- Randonnée pédestre: GR 65 et 7 circuits balisés.
- Tennis.

MUSARDER

- Chapelle de l'Ouradou, églises de Saint-Geniez-des-Ers, Sébrazac et Vinnac (de 1 à 5 km).
- Rocher du Rocous et cascades du Moulin du Gachou (8 km).
- Espalion (10 km).
- Vallée du Dourdou et trou de Bozouls (13 km).
- Gorges du Lot et de la Truyère (25 km).
- Laguiole et l'Aubrac (27 km).

Eus

Eus embaume les arômes des vergers, des anciennes oliveraies et de la garrigue. Construit en terrasses abritées du vent, il tient son nom des chênes verts (yeuses) qui le bordent.

Conçu pour la défense, Eus a repoussé en 1598 les Français et, en 1793, l'armée espagnole qui dominait alors le Conflent. L'église St-Vincent, du XVIIIe, se dresse à l'emplacement du camp romain qui surveillait la voie allant de Terrenera à la Cerdagne, et de N.-D.-de-la-Volta, ancienne chapelle du château bâtie au XIIIe s. À l'entrée d'Eus, la chapelle romane est dédiée au patron des vignerons et à saint Gaudérique. Elle s'ouvre sur un porche du XIIIe s. en marbre rose de Villefranche-de-Conflent.

VISITER

- **Chapelle romane** (du bas), XIe, XIIe et XIIIe s. classée Monument Historique.
- **Église St-Vincent** (du haut) : tlj, sauf le lundi 14 h 30-19 h.
- **Musée La Solana** (traditions populaires) : tlj sauf le mardi 15 h-19 h. Juillet, août, sept.
- **Village** : visite guidée sur RDV (04.68.96.22.69).

SÉJOURNER

- **HÔTEL**

Auberge d'Eus** (04.68.96.35.29).

- **GÎTES ET MEUBLÉS**

Rens. : 04.68.68.42.88 ou 04.68.05.41.02.

DÉGUSTER

- **RESTAURANT**

Le Vieux Chêne d'Eus (04.68.96.35.29).

Des Goûts et des Couleurs, salon de thé (06.09.53.32.47).

- **PRODUITS DU TERROIR**

Fruits et légumes du Conflent : Coopérative « La Payse » (04.68.96.45.02) ; M. Argelès (04.68.96.07.71) ; M. Banet (04.68.96.47.83) ; Mme Tubert (04.68.05.34.70) ;

Miel : M. Hamoniaux, Cact'eus (04.68.96.16.22) ; M. Illes, Vargas (04.68.96.40.24) ; M. Irla, Tubert (04.68.05.34.70) ; Mme Julia (04.68.96.41.00) ; M. Fabre (04.68.96.47.75) ; M. Tostivint (04.68.05.74.17).

ACHETER

Artisanat : Galerie Cova Les Voltes (04.68.96.41.56).

Ferronnier : M. Scroux (04.68.05.35.22).

Galerie d'Art : M. Charbit, collages (06.89.48.17.73).

Mouleur sur étain et bronze : M. Valette (04.68.96.26.77).

Peintres : M. Reverte (04.68.96.24.72) ; Racou del Món, M. Lask (06.31.64.84.34).

Peintre-verrier : M. Milon (04.68.96.06.21).

Produits régionaux : La Caseta (04.68.96.50.21 ou 06.16.43.53.59) ; Fragrance d'Amour : herbes, huiles et parfums : (04.68.05.31.95).

M. Bachès : pépiniériste, spécialités agrumes et oliviers (04.68.96.42.91).

M. Hamoniaux, Cact'eus : cactus, miel... (04.68.96.16.22).

FÊTER

Janv. : Fête pâtronale de la Saint-Vincent (22).

Lundi de Pâques : « Goig dels ous » animés par la chorale Cant'Eus.

Août : festival Boris Vian, « Nits de cancó i musicà », « Course des lézards » (dern. dim.).

RESPIRER

- Randonnée : 5 circuits balisés.

MAIRIE : 04.68.96.06.27

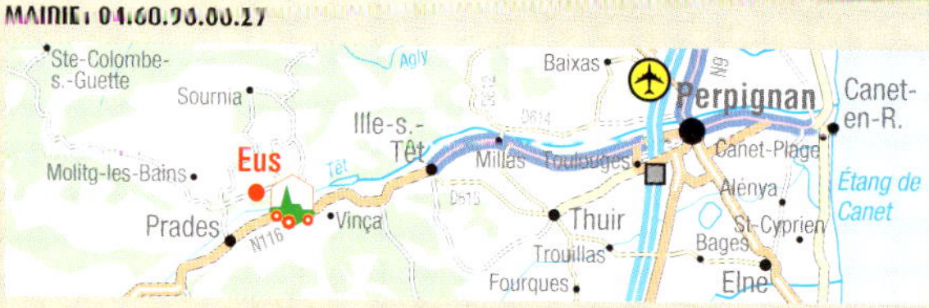

CARTE GÉNÉRALE : P. 17/G6   **CODE POSTAL : 66500**

MUSARDER

- Prades et Saint-Michel-de-Cuxa (6 km).
- Prieuré de Serrabone (23 km).
- Vallée de la Têt et Perpignan (44 km).
- Rivesaltes et le fort de Salses (56 km).

Evol

Sur les contreforts du massif du Madrès, au flanc d'un vallon, le hameau d'Evol fut longtemps le siège d'une vicomté.
Pour le chantre du pays catalan Ludovic Massé, qui y était né en 1900, Evol « loin de partout » était « un morceau du ciel sur la montagne » qui « ne reçoit d'ombre que du nuage ». Surplombé par l'ancienne forteresse des vicomtes de So et le clocher de son église romane, Evol est toujours en communion parfaite avec la montagne qui fait encore vivre ses bergers et reste présente dans les schistes des murs et les lauses des toits du village.

VISITER

- À Evol : Cabinet littéraire Ludovic-Massé ; chapelle St-Étienne (XIVe s.) ; église St-André (XIVe s.) ; musée des Arts et Traditions populaires : visites guidées sur RDV, association Evol la médiévale (04.68.97.09.72).

Château vicomtal (XIIIe s.) : visite guidée sur RDV, association Castell d'Evol-Vicomté de So (04.68.97.16.25).

- À Olette : Église St-André, Olette (XIIe- XVIIe s.).

SÉJOURNER

• HÔTEL

La Fontaine, Olette (04.68.97.03.67).

• GÎTES COMMUNAUX ET MEUBLÉS

Rens. : 04.68.51.52.70 ou 04.68.97.08.62 ou 04.68.96.09.87.

DÉGUSTER

• RESTAURANTS

La Fontaine (04.68.97.03.67).

• PRODUITS DU TERROIR

Produits régionaux : Casa del Sol, Evol (04.68.97.10.45) ; M. et Mme Kouba, Maison du terroir, Olette (04.68.97.04.79) ; M. et Mme Germain, épicerie Vival, Olette (04.68.96.40.22).

• MARCHÉ

Marché traditionnel à Olette jeudi 8 h-13 h, pl. du village.

FÊTER

Juin : fête de la Transhumance (1er w.-e.).
14 juillet : feu d'artifice.
Août : fête du village (1er w.-e.).
Nov. : foire d'ovins, de bovins et de produits du terroir (1er w.-e.).

RESPIRER

- Pêche à la truite : plans d'eau de La Bastide (06.22.92.01.80).
- Promenades à dos d'âne : Evol (04.68.97.08.62).
- Randonnée pédestre : Cami Ramader, ancien chemin de transhumance (5 h).

MUSARDER

- Train jaune (ligne Villefranche-de-Conflent à Latour-de-Carol) : gare d'Olette (2 km).
- Village de Jujols (7 km).
- Gorges de la Carança (8 km).
- Hameau de Flassa (8 km).
- Village d'Escaro : musée de la Mine (13 km).
- Prades (18 km).
- Saint-Thomas-les-Bains (10 km).
- Mont-Louis (22 km).

SYNDICAT D'INITIATIVE : 04.68.97.08.62
MAIRIE : 04.68.97.02.86

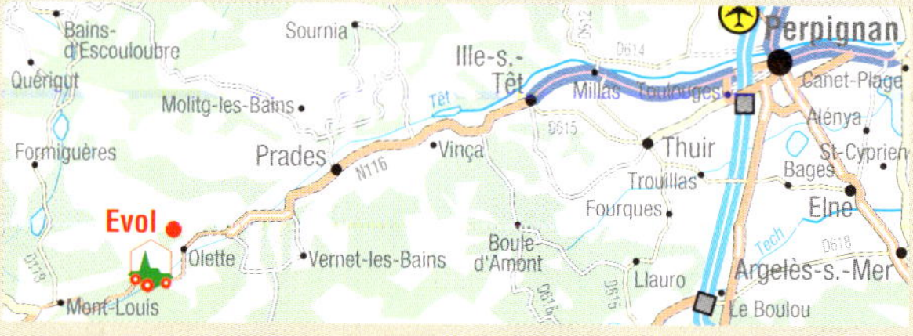

CARTE GÉNÉRALE : P. 17/G6 **CODE POSTAL : 66360**

Le Faou

Entre l'Armor et l'Argoat, Le Faou marie la Bretagne maritime à la Bretagne terrienne en reliant la presqu'île de Crozon aux landes sauvages des monts d'Arrée.

Porte ouverte sur le parc d'Armorique et la forêt du Cranou, Le Faou a su tirer profit de ses richesses naturelles. Dès la création de l'arsenal de Brest en 1631, l'exploitation de la forêt de hêtres (dont le village porte le nom breton) intensifie l'activité portuaire du Faou. Lieu d'embarquement du bois de charpente, le port exploite aussi les engrais marins, qu'il expédie à l'intérieur des terres. Autour de leur motte féodale, les vicomtes de Léon établissent une « paroisse urbaine », où s'installera un relais de poste. Au XVIe s., le village connaît son âge d'or, comme en témoignent les maisons de la rue Centrale. Sur la place des Résistants, une prison servit d'étape jusqu'en 1868 aux condamnés envoyés au bagne de Brest. En passant par la place et la rue des Cendres, on découvre le chevet à pans coupés et le clocher Renaissance à lanterneau de l'église St-Sauveur, du XVIe s.

VISITER

- Maison de pays : de mardi à sam. 10 h-12 h/14 h-19 h, dim. et lundi 15 h-19 h, en juillet-août.
- Village : visite guidée sur RDV (02.98.81.06.85).

SÉJOURNER

- **HÔTELS**

Hôtel de Beauvoir*** (02.98.81.90.31).
Relais de la Place** (02.98.81.91.19).

- **CHAMBRES D'HÔTE ET MEUBLÉS**

Rens. : 02.98.81.06.85.

- **CAMPING MUNICIPAL**

(02.98.81.90.44).

- **AIRE NATURELLE DE CAMPING**

(02.98.81.06.85).

DÉGUSTER

- **RESTAURANTS**

Relais de la Place (02.98.81.91.19).
La Vieille Renommée (02.98.81.90.31).
La Frégate, crêperie (02.98.81.09.09).
Ty An Arvorig, pizzeria (02.98.81.91.17).
Ty Bihan, crêperie (02.98.81.05.44).

- **PRODUITS DU TERROIR**

Cidre : ferme de Goarimic (02.98.81.91.76).
Fruits de mer : viviers de Terenez (02.98.81.90.68).

OFFICE DE TOURISME : 02.98.81.06.85
MAIRIE : 02.98.81.90.44

CARTE GÉNÉRALE : P. 12/B4
CODE POSTAL : 29580

FÊTER

Mai ou juin (Trinité) : pardon à N.-D.-de-Rumengol.
Juillet : festival Noz An Ster Goz, musique et danses bretonnes (dern. w.-e.).
Août : pardon à N.-D.-de-Rumengol (15), brocante d'été (mi-août).

RESPIRER

- Kayak de mer (02.98.81.90.68).
- Randonnée : GR 34, 37 et sentiers de la forêt domaniale du Cranou.
- Tennis.

MUSARDER

- Châteaulin et le Menez-Hom (de 18 à 34 km).
- Pleyben et les monts d'Arrée (de 20 à 30 km).
- Camaret-sur-Mer et la presqu'île de Crozon : pointes des Espagnols et de Penhir (de 27 à 47 km).
- Brest (31 km).
- Le Conquet et la pointe St-Mathieu (55 km).

Flavigny-sur-Ozerain

Née d'une abbaye, la cité de Flavigny doit à la foi des hommes une activité religieuse toujours vivante et une dragée à l'anis dégustée dans le monde entier !

La silhouette du village est rythmée par les volumes de ses édifices religieux. Après les Bénédictins, fondateurs au VIIIe s. de l'abbaye St-Pierre, actuel lieu de production des anis, les Ursulines puis les Dominicains s'implantent aux XVIIIe et XIXe s. L'église paroissiale St-Genest, dont la nef et les bas-côtés sont en partie surmontés d'une galerie du XIIIe s., renferme des stalles de facture compagnonnique du XIVe s. et une riche statuaire bourguignonne des XIVe et XVe s. Flavigny est aussi une cité d'artisans et de commerçants dont la prospérité passée est attestée par la maison au Donataire (Point **i**). De ses fortifications médiévales, Flavigny a conservé les portes du Val et du Bourg ; de l'ancien chemin de ronde, la vue s'étend sur les vertes collines de l'Auxois.

VISITER

- Crypte de l'abbaye St-Pierre : tlj 8 h 30-11 h 30/14 h-17 h.
- Église St-Genest : tlj du 1er mai au 31 oct., 13 h 30-17 h 30 en semaine (18 h 30 le dim.).

Fabrique d'anis : tous les matins des jours ouvrables 8 h 30-10 h 30 (03.80.96.20.88).

- Village : visite guidée sur RDV (03.80.96.25.34 ou 21.73).

SÉJOURNER

- **HÔTEL**

Le Relais de Flavigny (03.80.96.27.77).

- **CHAMBRES D'HÔTE ET GÎTES**

Rens. : 03.80.96.25.34

DÉGUSTER

- **RESTAURANTS**

Le Relais de Flavigny (03.80.96.27.77).

L'Auberge du Clocher, crêperie-salon de thé (03.80.96.25.77).

- **AUBERGE À LA FERME**

La Grange (03.80.96.20.62).

- **PRODUITS DU TERROIR**

Charcuterie, fromages et vins de Bourgogne : La Grange (03.80.96.20.62).

Vins de pays des Coteaux de l'Auxois : vignoble de Flavigny (03.80.96.25.63).

- **SPÉCIALITÉ**

Anis de l'abbaye de Flavigny, spécialités de confiseries (vente à la boutique de l'abbaye).

- **MARCHÉ**

Marché des Quatre Saisons : de Pâques à Noël le dim. matin.

ACHETER

Antiquaire : M. et Mme Rety (03.80.96.21.59).

Artisanat du vêtement : Antoilaine, tricots (03.80.96.22.10).

Ébéniste, restaurateur de meubles : M. Bondivena (03.80.96.20.45).

Galeries d'art : Imagine (03.80.96.20.40) ; La Licorne bleue (03.80.96.20.59).

Imprimeur en lithographie : Atelier La Licorne bleue (03.80.96.20.59).

FÊTER

Ascension : « Musiques à Flavigny ».

Juin-sept. : concerts en l'église St-Genest.

Oct. : marché de la St-Simon – Semaine du goût (2e quinz.).

RESPIRER

- Chasse. Pêche.
- Randonnée pédestre et équestre de Bibracte à Alésia et 5 circuits balisés.
- Tennis. VTT.

MUSARDER

- Site d'Alésia et château de Bussy-Rabutin (de 5 à 10 km).
- Venarey-les-Laumes : canal de Bourgogne, location de bateaux (8 km).
- Semur-en-Auxois (17 km).
- Montbard, forge de Buffon, abbaye de Fontenay (de 20 à 25 km).

POINT i : 03.80.96.25.34
MAIRIE : 03.80.96.21.73

CARTE GÉNÉRALE : P. 15/E5 **CODE POSTAL : 21150**

Glacier

La Flotte-en-Ré

Face au pertuis breton et au continent, La Flotte-en-Ré, baignée de lumière océane, fait cercle autour de son port.

Devenue presqu'île au bout d'un pont, Ré n'a pas perdu pour autant la magie de ses lumières changeant avec les marées, la douceur de ses paysages mêlant à fleur d'océan vignes et marais salants, champs de primeurs et parcs à huîtres, l'éclatante blancheur de ses maisons blanches aux volets verts. Sur cet « îlot sablonneux balayé par le vent », comme l'appelait Richelieu, La Flotte ajoute, dans un environnement naturel protégé de façon exemplaire, les émouvants vestiges de l'abbaye des Châteliers, érigée par les moines cisterciens au XIIe s., l'imposant fort de La Prée, édifié au XVIIe s. face aux invasions anglaises et à la protestante La Rochelle, le dédale de ses venelles restaurées et fleuries autour de l'église Ste-Catherine et du vieux marché couvert de tuiles rondes, un pittoresque port animé toute l'année par les bateaux de pêche et de plaisance. Au large de sa double jetée, l'Océan sépare toujours, n'en déplaise au pont, l'« île blanche » du continent.

VISITER

Fort de La Prée : visite guidée sur RDV (06.82.44.41.95).
La Maison du Platin (la vie rétaise) : tlj de Pâques à la Toussaint (05.46.09.61.39).
Vestiges de l'abbaye cistercienne des Châteliers : tlj (visite libre).
Village : visite guidée sur RDV (05.46.09.61.39).

SÉJOURNER

HÔTELS

e Richelieu**** (05.46.09.60.70).
e Français** (05.46.09.60.06).
a Jolie Brise*** (05.46.09.77.00).
Hippocampe** (05.46.09.60.68).

RÉSIDENCE DE TOURISME

es Hauts de Cocraud** (05.46.68.29.21).

CHAMBRES D'HÔTE

a Bougainvillée (05.46.35.71.36).
e Château de Sable (05.46.01.75.60).
me Clavé (05.46.09.66.52).
aniel Fayaud (05.46.09.88.34).
me Jambut (05.46.09.61.49).
me Michelet (05.46.09.56.25).
me Pele (05.46.09.63.97).
. et Mme Plaud (05.46.01.21.98).
lle Priouzeau (05.46.09.60.43).
me Tivenin (05.46.09.62.12).
me Tournoys (05.46.09.43.15).
me Vanoost (05.46.09.12.89).
me Wyart (05.46.09.63.93).

GITES, MEUBLÉS ET CAMPINGS

ens. : 05.46.09.60.38.

DÉGUSTER

RESTAURANTS

e Richelieu (gastronomique) (05.46.09.60.70).

La Poissonnerie du Port (05.46.09.04.14).
Le Nautic (05.46.09.60.50).
Le Français (05.46.09.60.06).
La Fiancée du Pirate, crêperie, pizzeria (05.46.09.52.46).
La Plancha (basque) (05.46.01.75.56).
La Croisette (05.46.09.06.06).
Le Poséidon (05.46.09.52.43).
Bistrot de La Flotte (05.46.09.46.46).
Il Gabbiano (05.46.09.60.08).
Les Pieds dans l'eau, crêperie (05.46.09.45.68).
Le Pinocchio, pizzeria (05.46.09.13.13).
L'Escale, brasserie (05.46.05.65.39).
Le Saint-Georges (05.46.09.60.18).
Autour de Midi (05.46.01.06.59).
L'Escapade (05.46.09.50.01).
L'Écailler (05.46.09.56.40).

• **PRODUITS DU TERROIR**

Huîtres de Ré : Jean-Claude Bourdejeau (05.46.09.56.65) ; La Cabane océane (05.46.35.68.42) ; Michelle Casseron (05.46.09.62.64) ; Hubert Le Corre (05.46.09.90.87) ; Jacky Favreau (05.46.09.56.44) ; Établissements Lévêque (05.46.09.80.48) ; Hubert Manguis (05.46.09.43.94) ; Michel Pay (05.46.09.85.30) ; Christian Rapin (05.46.09.53.84) ; Jean-Paul Rousseau (05.46.09.62.81).
Légumes primeurs, pineau, vins et sel de Ré : rens. 05.46.09.60.38

• **MARCHE**

Marché médiéval tlj 8 h-13 h, rue du Marché.

ACHETER

Faïences et broderie : Atelier Faïences Mme Mairé (05.46.09.64.20).
Galeries d'art : Laurent Jamault (05.46.09.28.66) ; Jupiter (sculpteurs) (05.46.09.53.20) ; Marine (05.46.09.55.90) ; Sénac de Meilhan (05.46.09.97.71).

OFFICE DE TOURISME : 05.46.09.60.38
MAIRIE : 05.46.09.60.13

CARTE GÉNÉRALE : P. 16/D1 **CODE POSTAL : 17630**

La Flotte-en-Ré

Peintres : Chantal Crestant (05.46.67.44.25) ; Patrick Plattier (05.46.09.45.20).
Peintre-décorateur : Art'icule, Benoît Collet (05.46.01.51.86).

FÊTER

Mai : fête du Port et de la Mer, journée « Brocante et produits régionaux » (1re quinz.).
Juin : « Le complet salé » : concours de dressage, obstacle et cross équestre (1re quinz.).
Juillet : festival international de guitare classique (1re quinz.), les Quinze Kilomètres pédestres de la mer (2e quinz.).
Juillet-août : régates nautiques, animations musicales (mercredi-dim.).
1er juillet-15 sept. : concerts en l'église Ste-Catherine, Eurochestries.
Août : rassemblement de vieux gréements (1re quinz.), feu d'artifice (15), foire Bio (mi-août).

RESPIRER

- Baignade surveillée : plage de l'Arnérault.
- Équitation : Les Écuries de l'Abbaye (06.30.37.40.19) ; Les Écuries du Moulin Moreau (05.46.09.32.34).
- Navigation de plaisance : capitainerie du port (05.46.09.67.66) ; cercle nautique (05.46.09.97.34).
- Pêche à pied.
- Promenade à bicyclette (location) : M. Chauffour (05.46.09.60.25) ; Cycland (05.46.09.65.27) ; Cyclo-Surf (05.46.09.51.60).
- Randonnée pédestre.
- Sports nautiques (natation, voile, planche et char à voile) : Centre de plein air (05.46.09.50.57).
- Tennis.
- Thalassothérapie : Le Richelieu (05.46.09.60.70).

MUSARDER

- La Rochelle (15 km).
- Les îles d'Aix, Madame et d'Oléron (de 30 à 45 km).
- Rochefort (40 km).

Fourcès

Dans une boucle de l'Auzoue, au bout d'un pont, Fourcès fait la ronde autour de sa place centrale ombragée de platanes.
Le village s'est développé sous la protection d'un château, qui occupait sa place centrale, et de remparts, dont subsiste la porte de l'Horloge. Dans un décor théâtral d'arcades et de façades à colombages, la place accueille chaque année un exceptionnel marché aux fleurs. Au bord de l'Auzoue, le château de la fin du XVe s. a échappé à la ruine en devenant hôtel-restaurant.

VISITER

Arboretum : accès libre.
Églises St-Laurent et Ste-Quitterie.
Musée des Arts et des Traditions locales : tlj 8 h 30-19 h.

SÉJOURNER

HÔTELS
e Château de Fourcès*** (05.62.29.49.53).
'Auberge (05.62.29.40.10).

CHAMBRES D'HÔTE
nne Carter, Château du Garros*** (05.62.29.47.89).
hantal et Robert Estrade, La Grange** (05.62.29.45.19).
olange et Pierre Mondin, Bajolle** (05.62.29.40.65).

GÎTES ET MEUBLÉS
ens. : 05.62.29.40.85.

CAMPING À LA FERME
line et René Sourbes, Lamolère (05.62.29.40.62).

OFFICE DE TOURISME DE MONTRÉAL-DU-GERS : 05.62.29.40.85

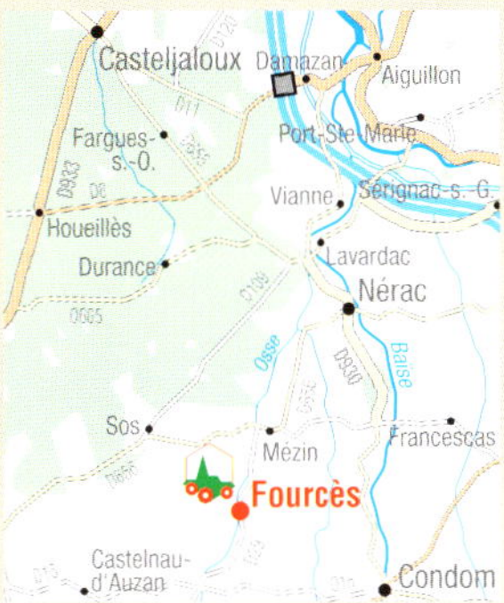

CARTE GÉNÉRALE : P. 17/E4
CODE POSTAL : 32250

DÉGUSTER

RESTAURANTS
.e Château de Fourcès (05.62.29.49.53).
'Auberge (05.62.29.40.10).

PRODUITS DU TERROIR
rmagnac : Yves Duflo (05.62.29.42.59) ; René Lassus (05.62.29.43.83) ; Christian Massartic (05.62.29.42.51) ; André Riu (05.62.29.40.17) ; Jean Sommabère (05.62.29.40.59).
Bougainvillées et dipladenia : Jean-Paul Berjou, Massecohé (05.62.29.40.02).
Foie gras, magrets et confits : Bernadette Esquerre (05.62.29.42.79).
Vins AOC des Côtes de Gascogne : Pierre Esquerre (05.62.29.42.79) ; Estrade Père et Fils (05.62.29.43.51) ; Jean-Pierre Labenne (05.62.29.41.04) ; Jean-Marie Terraube (05.62.29.45.40).

ACHETER

Antiquaires-brocanteurs : Hélène et Philippe Braem (06.70.16.10.98) ; Dany et Raymond Raigné (05.58.44.35.33).
Artisans d'art : Boutique des artisans créateurs (05.53.40.00.14).
Horticulteur-pépiniériste : Jean-Paul Berjou (05.62.29.40.02).

FÊTER

Avril : marché aux fleurs (dern. w.-e.).
Mai-nov. : marché à la brocante (2e dim. de chaque mois).
Juin : « Les peintres dans la rue » (dern. dim.).
Juillet : marché aux livres anciens (3e dim.) ; apéritif-concert et marché nocturne (3e jeudi).
Août : « Marciac in Fourcès » : concert de jazz (mi-août) ; fête locale et marché nocturne (3e w.-e.).
Nov. : La Flamme de l'Armagnac : allumage des alambics (3e w.-e.) ; randonnées cycliste, équestre et pédestre dans les vignobles (3e w.-e.).

RESPIRER

- Chasse. Pêche. Pétanque.
- Randonnée pédestre.
- Tennis (05.62.29.40.64).

MUSARDER

- Bastide de Mézin (9 km).
- Condom (13 km).
- Abbaye de Flarans (18 km).
- Trésor d'Eauze (21 km).
- Cité de Nérac (24 km).

La Garde-Adhémar

Sur son éperon calcaire, La Garde-Adhémar est un balcon ouvert sur la vallée du Rhône, belvédère idéal pour découvrir le Tricastin.

La Garde-Adhémar a conservé sa structure médiévale : remparts, château féodal, rues étroites et habitat ancien, aujourd'hui en grande partie restauré. À l'extrémité du village se trouvent les vestiges du château Renaissance, construit par Antoine Escalin. L'église romane St-Michel, témoin de l'architecture du XIIe s., possède trois nefs et une abside occidentale. À proximité, l'ancienne chapelle des Pénitents-Blancs est le siège d'une exposition consacrée au patrimoine du Tricastin. À moins de 2 km, le val des Nymphes fut un lieu de culte celte, romain, puis chrétien dont ne subsiste que la chapelle Notre-Dame, du XIIe. Les habitants désertèrent ce vallon fertile au début du XIIe s. pour se réfugier derrière les remparts de La Garde-Adhémar.

VISITER

- Église St-Michel : tlj 9 h-18 h.
- Jardin des Herbes : tlj.
- Site du val des Nymphes : tlj.
- Village : visite guidée sur RDV (04.75.04.41.31).

SÉJOURNER

• HÔTEL

Le Logis de l'Escalin** (04.75.04.41.32).

• CHAMBRES D'HÔTE

M. et Mme Andruejol*** (04.75.04.44.54).
M. et Mme Girard*** et ** (04.75.04.72.81).
M. et Mme Roth (04.75.04.45.08).
Chez Mamette (04.75.04.40.48).
Mas Bella Cortis (04.75.04.04.15).
Le Logis des Arts (04.75.98.12.55).
M. et Mme Betton (04.75.04.43.29).

• GÎTES

Rens. : 04.75.04.40.10.

DÉGUSTER

• RESTAURANTS

Le Logis de l'Escalin (04.75.04.41.32).
Le Prédaïou (04.75.04.40.08).
Le Tisonnier (04.75.04.44.03).
L'Absinthe, bistrot de pays (04.75.04.44.38).

• TABLE D'HÔTE

M. et Mme Andruejol (04.75.04.44.54).

• PRODUITS DU TERROIR

Fromages de chèvre : M. Gerfand (04.75.04.44.25).
Fruits : M. Andruejol (04.75.04.44.54).
Miel : M. Bérard (04.75.04.44.57).
Aromates : M. Milhaud (04.75.04.42.72).
Vins : domaine Bonetto-Falrol (04.75.04.42.01) ; domaine du vieux Micocoulier (04.75.04.02.72).

ACHETER

Céramiste :
Mme Arcucci (04.75.04.41.95).
Éditeur d'art contemporain :
M. Linard (04.75.04.44.68).
Émailleurs :
C. et M. Michel (04.75.04.41.34).
Peintre :
Mme Cluzel-Martinot (04.75.04.41.13).

FÊTER

Juillet-août : concerts au val des Nymphes.

RESPIRER

- Randonnée pédestre : 3 circuits balisés.
- Tennis.
- VTT.

OFFICE DE TOURISME :
04.75.04.40.10

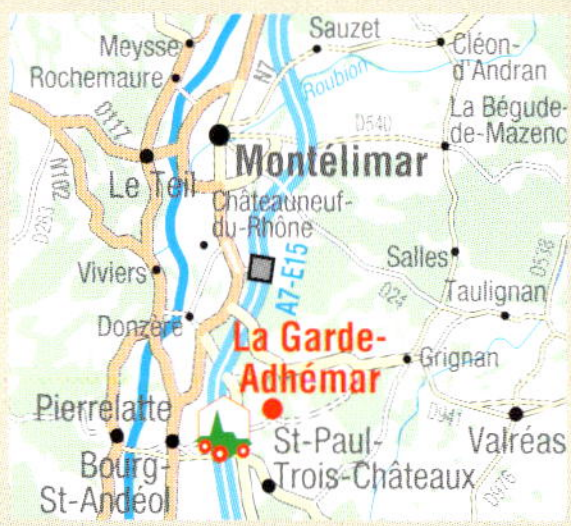

CARTE GÉNÉRALE : P. 19/E4
CODE POSTAL : 26700

MUSARDER

- Villages du Tricastin : Barry, Clansayes, Saint-Paul-Trois-Châteaux, Saint-Restitut (de 7 à 15 km).
- Pierrelatte : Ferme aux crocodiles (7 km).
- Château de Grignan, Valréas (de 17 à 27 km).

La Garde-Guérin par Prévenchères

Archétype du village fortifié, La Garde-Guérin a conservé sa structure du XIIe s.

Du haut de son plateau, La Garde-Guérin domine les impressionnantes gorges de Chassezac (belvédère) et occupe un point stratégique sur l'axe nord-sud qui menait les pèlerins à Saint-Gilles-du-Gard, à Rome et en Terre sainte.
Au Moyen Âge, une communauté laïque de chevaliers indépendants assurait la sécurité de cette voie appelée « chemin de Regordane ». Derrière les remparts s'élèvent encore la haute tour de guet et la chapelle, et le visiteur découvre trente et une maisons fortes, reprises au XVIe s., dans lesquelles logeaient les chevaliers veillant sur la Regordane.

VISITER

- Village : visite guidée tlj ; sur RDV pour les groupes (04.66.46.93.08).

SÉJOURNER

- **HÔTEL**

Auberge Regordane**
(04.66.46.82.88).

- **CHAMBRES D'HÔTE ET GÎTES**

M. et Mme Galland***
(04.66.46.06.47).
Chez Chiffe (04.66.46.01.53).

DÉGUSTER

- **RESTAURANT**

Auberge Regordane
(04.66.46.82.88).

ACHETER

Pôle d'animation artisanale
(04.66.46.87.57).

RESPIRER

- Canyoning : Grandeur Nature (04.66.46.80.62).
- Escalade et randonnée pédestre : GR 72 et 10 circuits balisés (04.66.46.69.26 de mai à sept. et vacances scolaires).
- Golf 9 trous (04.66.46.91.90).
- Kartingcross.
- Tennis.

MUSARDER

- Église de Prévenchères (6 km).
- Plan d'eau de Villefort (7 km).
- Mas de La Barque et mont Lozère (25 km).
- Langogne (35 km).
- Mende (56 km).

OFFICE DE TOURISME : 04.66.46.87.30
POINT i : 04.66.46.69.26

CARTE GÉNÉRALE : P. 18/D4
CODE POSTAL : 48800

Gargilesse-Dampierre

Refuge de George Sand, le village romantique aux maisons harmonieuses, dominé par le château et l'église, s'étire sur un promontoire pentu noyé dans la verdure.

En 1844, George Sand découvrit et décrivit son village dont « les maisons se groupent autour de l'église plantée sur le rocher central, et s'en vont en pente, par les ruelles étroites, jusque vers le lit d'un délicieux petit torrent dont, à peu de distance, les eaux se perdent encore plus bas dans la Creuse ». Du château médiéval détruit en 1650 au moment de la Fronde et rebâti au XVIIIe s., il ne subsiste qu'une poterne et deux tours rondes. L'église romane des XIe et XIIe s., au bel appareillage de calcaire blanc, y est accolée. Elle possède dans sa nef un ensemble de chapiteaux historiés, dont les 24 vieillards de l'Apocalypse à la croisée et des scènes de l'Ancien et du Nouveau Testament dans les absides. La crypte est ornée de fresques du XIIe et du XVIe s. d'une rare beauté, représentant les instruments de la Passion et diverses scènes de la vie du Christ et de Marie. Après Claude Monet, de nombreux peintres perpétuent la vocation artistique du village et exposent leurs toiles inspirées du site.

VISITER

- **Château** (rens. horaires d'ouverture 02.54.47.76.16).
- **église romane**: visite commentée tlj en saison (02.54.47.85.06), visite libre hors saison.
- **Maison George-Sand « Algira »**: tlj 9 h 30-12 h 30/14 h 30-19 h du 1er avril au 30 sept. (02.54.47.84.14).
- **Musée Serge-Delaveau**: collection d'œuvres de ce peintre ayant vécu à Gargilesse. Rens. horaires d'ouverture : 02.54.47.85.06 ou 02.54.47.83.11.

SÉJOURNER

• HÔTEL

Les Artistes (02.54.47.84.05).

• CHAMBRES D'HÔTE

Le Haut-Verger*** et ** (02.54.47.76.95).

• GÎTES ET GÎTES COMMUNAUX

Rens. : 02.54.47.83.11.

• CAMPING

La Chaumerette** (02.54.47.73.44).

• CHALETS

La Chaumerette (02.54.47.84.22).

DÉGUSTER

• RESTAURANTS

Les Artistes (02.54.47.84.05).
Le George-Sand (02.54.47.83.06).
La Chaumerette (02.54.47.73.44).
Chez Bernadette, Dampierre (02.54.47.84.16).

• PRODUITS DU TERROIR

Fromage de chèvre (Gargilesse) : Françoise Floury, La Grand'Lande (02.54.47.86.65).

ACHETER

Artisanat : Thérèse Baudat (02.54.47.86.28).
Encadreuse : Catherine Liénard (02.54.47.86.79).
Ferronnier : Dominique Labbaye (02.54.47.72.16).
Fondeur : Carco (05.53.46.71.39).
Galeries : Atelier Serge Delaveau (en saison) ; Atelier Detroy (02.54.47.86.79) ; Galerie d'art du Château (02.54.47.76.16) ; Galerie Images ; Salle du conseil municipal (02.54.47.83.11).
Poterie et cuir : Guy Baudat (02.54.01.45.45).
Sculpteur : Jean Claeys (02.54.47.76.13).
Sculpteur sur bois : Alain Bonithon (02.54.47.80.97).

FÊTER

Mai : marché aux fleurs et aux produits fermiers (2e dim.).
Août : exposition d'art (dim. av. le 15), festival de harpe et de musique de chambre (3e sem.).
Sept. : Journées du livre (dern. w.-e.).
Mai-nov. : divers concerts de harpe et expositions.

RESPIRER

- Baignade. Pêche.
- Randonnée pédestre : GR Pays val de Creuse et 654, et 4 circuits balisés.

MUSARDER

- Gorges de la Creuse (2 km).
- Lac d'Éguzon (11 km).
- Argenton-sur-Creuse (14 km).
- Crozant (18 km).
- Nohant-Vic (39 km).

OFFICE DE TOURISME : 02.54.47.85.06
MAIRIE : 02.54.47.83.11

CARTE GÉNÉRALE : P. 17/G1
CODE POSTAL : 36190

Gassin

De sa crête encerclée de vignes et de forêts, Gassin offre un panorama unique sur la presqu'île et le golfe de Saint-Tropez.
Au mérite de la protection de ses paysages, Gassin a su ajouter celui de son extension récente, reconnue exemplaire par plusieurs prix internationaux. À l'intérêt de cette découverte se mêle ainsi le plaisir de la flânerie, accompagnée du parfum des lauriers-roses et des bougainvillées, dans le labyrinthe des ruelles tortueuses du vieux village aux façades patinées par le temps. De la terrasse Deï Barri, la vue s'étend des îles d'Hyères au massif des Maures et, lorsqu'a soufflé le mistral, jusqu'aux sommets enneigés des Alpes.

VISITER

• **Village**: visite guidée gratuite mercredi à 16 h de Pâques à la Toussaint, 18 h en juillet-août; RDV à la table d'orientation (04.94.55.22.00).

SÉJOURNER

• HÔTELS

Le Domaine de l'Astragale****, chemin de Gassine (04.94.97.48.98).
Le Mas de Chastelas****, quartier Bertaud (04.94.56.71.71).
Villa Belrose****, La Grande Bastide (04.94.55.97.97).
La Bastide d'Antoine***, domaine du Treizain (04.94.97.70.08).
Le Brin d'Azur***, quartier Malleribes (04.94.97.46.06).
Les Capucines***, domaine du Treizain (04.94.97.70.05).
Le Provençal***, chemin Saint-Bonaventure (04.94.97.00.83).
La Villa**, route de Saint-Tropez (04.94.97.70.14).
Bello Visto**, pl. Deï Barri (04.94.56.17.30).
Les Lavandes, montée Saint-Joseph (04.94.56.20.10).

• RÉSIDENCES DE TOURISME

Caesar Domus, Les Lisières de Saint-Tropez (04.94.55.86.55).
Le Clos Bonaventure Odalys (04.42.97.58.00).
Les Jardins d'Artémis Odalys, chemin Saint-Bonaventure (04.94.97.73.34).
Les Marines de Gassin, Maeva (04.94.49.77.00).
Le Mas de Chastelas, quartier Bertaud (04.94.56.71.71).
Parc résidentiel Oasis (04.94.56.30.20).

• MAISON D'HÔTE

Les Mésanges, allée du Vivier (06.15.77.26.62).

• GÎTES, MEUBLÉS ET CAMPINGS

Rens.: 04.94.55.22.00.

• VILLAGE DE VACANCES

Le Grafionier, CCE Air France (04.94.55.19.81).

DÉGUSTER

• RESTAURANTS

Bello Visto, pl. Deï Barri (04.94.56.47.33).
Le Carpaccio, chemin de Gassine (04.94.97.48.98).
La Ciboulette (04.94.56.25.52).
Le Mas de Chastelas, quartier Bertaud (04.94.56.71.71).
Le Micocoulier, pl. Deï Barri (04.94.56.14.01).
L'Os et l'Arête (04.94.56.14.91).
Le Pescadou, pl. Deï Barri (04.94.56.12.43).
Les Sarments, sentier de Gassin (04.94.56v38.20).
La Verdoyante (04.94.56.16.23).
Au Vieux Gassin, pl. Deï Barri (04.94.56.14.26).

Gassin

Villa Belrose, La Grande Bastide (04.94.55.97.97).
Le Luna Park, rôtisserie (04.94.56.35.64).
Le Parc Montana, pizzeria (04.94.55.20.20).

• **PRODUITS DU TERROIR**

Confitures : La Maison des Confitures, route du Bourrian (04.94.43.41.58).
Pâtisseries (spécialités : croustillants au chocolat, nougats, pralines) : M. Bonneau (04.94.56.03.01).
Vins AOC des Côtes de Provence : château Barbeyrolles, chemin de la Berle (04.94.56.33.58) ; château Minuty, chemin de la Berle (04.94.56.12.09) ; domaine de Bertaud-Belieu, route de Ramatuelle (04.94.56.16.83) ; domaine du Bourrian (04.94.56.16.28) ; Domaine de Chausse, chemin de Grafonier (04.94.79.60.57) ; Domaine du Moulin Brulat, chemin de Transsbarry (06.88.23.74.45) ; domaine du Pin Pinon, route du Bourrian (04.94.56.16.28) ; domaine de la Rouillère, route de Ramatuelle (04.94.55.72.60) ; domaine Tropez-Béraud, route de la Croix-Valmer (04.94.56.27.27).
Vins et produits régionaux : Le Petit Village des Maîtres Vignerons (04.94.56.32.04).

MAISON DU TOURISME :
04.94.55.22.00

CARTE GÉNÉRALE : P. 19/G5
CODE POSTAL : 83580

ACHETER

Ateliers d'art : Josiane et Gérard Abrial (04.94.43.46.68) ; Klaus Meister (04.94.54.38.83) ; Gharapeti Nercessian (04.94.54.24.97).
Galerie d'art : Galerie Deï Barri (04.94.56.13.52).

FÊTER

Avril-oct. : expositions au Foyer des Campagnes.
Juin : course de côte, Jumping International au haras de Gassin.
Juillet-sept. : bals, revues, concerts classiques, messe provençale, aïoli, fête patronale de la Saint-Laurent, Tournoi international de polo au haras de Gassin et Polo Master de Gassin au domaine du Bourriaw.
Déc. : Noël des enfants, messe de minuit avec crèche vivante.

RESPIRER

• Golf : practice de La Vernatelle (04.94.56.15.32) ; Golf Country Club (04.94.55.13.44) ; mini-golf : Tropical Golf (04.94.56.48.39).
• Parc d'attractions Azur Park (04.98.12.62.90).
• Remise en forme : Sport Home Fitness (06.09.60.42.80).
• Tennis de La Vernatelle (04.94.56.15.32) ;
• Voile : école La Moune (04.94.97.71.05).

MUSARDER

• Ramatuelle, Saint-Tropez (de 6 à 10 km).
• Massif des Maures : La Garde-Freinet, Grimaud (de 13 à 23 km).
• Corniche des Maures (34 km).
• Le Lavandou (40 km).
• Fréjus, Saint-Raphaël (40 km).

Gerberoy

À la frontière de deux régions autrefois rivales, les maisons gerboréennes allient traditions normande et picarde dans leurs torchis à colombages et leurs hourdis de briques.

En pays de Bray, le village se dote en 922 d'un château fort, sous l'impulsion du vicomte de Fulco, premier seigneur de Gerberoy. Son fils et successeur, le vidame Francon, complète l'ensemble d'un donjon, d'un hôtel-Dieu, puis d'une collégiale en 1015. Très vite, par sa position stratégique au carrefour de deux royaumes, le village de Gerberoy est convoité et disputé. Assiégée successivement par Jean sans Peur, Bourguignons et Ligueurs, la cité fortifiée échoit finalement aux seigneurs de Beauvais. La tour carrée qui commandait l'enceinte est le seul vestige du château, qui autrefois jouxtait la collégiale St-Pierre. Reconstruite au XVe s. après avoir été incendiée par les Anglais, celle-ci continue d'abriter un trésor dans sa salle capitulaire. À côté de la sacristie, où se trouve un chapier du XVIIIe en demi-lune, les stalles du XVe s'ornent de miséricordes sculptées. De l'église, la promenade des remparts permet de faire le tour de Gerberoy et d'apercevoir à l'est le logis qui accueillit en 1592 le roi Henri IV, blessé à la bataille d'Aumale.

Séduit par « Gerberoy la silencieuse », le peintre post-impressionniste Henri Le Sidaner y composa de beaux jardins à l'italienne, toujours visibles depuis les remparts, et contribua à faire de Gerberoy la cité des roses, fêtées chaque année depuis 1928.

VISITER

- **Collégiale St-Pierre :** tlj 9 h-19 h.
- **Musée municipal** (archéologie, artisanat, et peintures, dessins de Le Sidaner).
- **Village :** groupes du lundi au vendredi sur RDV (03.44.82.33.63).

SÉJOURNER

• CHAMBRES D'HÔTE

Le Logis de Gerberoy (c.c.) (03.44.82.36.80).

DÉGUSTER

• RESTAURANTS

Ambassade de la république de Montmartre en Picardie (03.44.82.16.50).
Le Vieux Logis (03.44.82.71.66).
La Terrasse, salon de thé (03.44.82.68.65).
Les Jardins du Vidamé, salon de thé (03.44.82.45.32).

MAIRIE : 03.44.82.33.63

CARTE GÉNÉRALE : P. 13/G3
CODE POSTAL : 60380

ACHETER

Produits à la rose : Musée municipal.

FÊTER

Avril-sept. : expositions d'art et artisanat.
Juin : fête des Roses (3e dim.).
Oct. : marché au foie gras (3e dim.).

RESPIRER

- Randonnée pédestre : GR 125 et 1 circuit balisé.

MUSARDER

- Pays de Bray : Gournay-en-Bray, Saint-Germer-de-Fly (13 km).
- Picardie verte : Marseille-en-Beauvaisis, Hétomesnil, Auchy-la-Montagne (de 10 à 30 km).

Gordes

Perché au flanc du plateau de Vaucluse, face à la montagne du Luberon, Gordes est le symbole du village provençal.
Dans une parfaite harmonie qui, de Marc Chagall à Pol Mara, séduisit nombre d'artistes, les hautes façades et les jardins en terrasses de Gordes montent à l'assaut, dans un dédale de calades tortueuses, de l'église St-Firmin et de la masse imposante d'un château Renaissance dressés à la cime du village. Au long des chemins bordés de hauts murs de pierres sèches, Gordes ajoute la beauté minérale d'ancestrales bories couvertes de lauses et, au creux d'un vallon que colore la lavande, l'austère simplicité de l'abbaye cistercienne de Sénanque.

VISITER

- **Abbaye de Sénanque**: tlj sauf vendredi saint et dim. 10 h-12 h/ 14 h-18 h, dim. et jours de fête 14 h-18 h du 1er fév. au 10 nov.; du lundi au vendredi 14 h-17 h, w.-e. 14 h-18 h du 11 nov. au 31 janv. sauf Noël et Caves du palais St-Firmin: tlj sauf mardi 11 h-18 h d'avril à oct., tlj 10 h 30-19 h en juillet-août.
- **Musée du Vitrail et moulin à huile**: tlj sauf mardi 10 h-12 h/ 14 h-18 h du 1er avril au 30 oct.; groupes toute l'année, sauf du 15 déc. au 15 janv., sur RDV (04.90.72.22.11).
- **Musée Pol-Mara**: tlj sauf Noël et 1er janv. 10 h-12 h/14 h-18 h.
- **Village des Bories**: tlj de 9 h au coucher du soleil (04.90.72.03.48).
- **Village de Gordes**: visite guidée sur RDV en anglais, allemand, français ou italien (04.90.72.14.71).

SÉJOURNER

• HÔTELS

La Bastide**** (04.90.72.12.12).
Les Bories**** (04.90.72.00.51).
Domaine de l'Enclos**** (04.90.72.71.00).
Le Gordos*** (04.90.72.00.75).
Le Mas de la Sénancole*** (04.90.76.76.55).
Les Romarins*** (04.90.72.12.13).
Auberge de Carcarille** (04.90.72.02.63).
Ferme de la Huppe (04.90.72.12.25).
Le Provençal (04.90.72.10.01).

• CHAMBRES D'HÔTE

3 chambres****.
6 chambres***.
3 chambres**.
14 chambres.
Rens.: 04.90.72.02.75.

OFFICE DE TOURISME: 04.90.72.02.75

CARTE GÉNÉRALE: P. 19/E4
CODE POSTAL: 84220

• GÎTES ET MEUBLÉS

Rens.: 04.90.72.02.75.

• RÉSIDENCES DE TOURISME

La Bastide des chênes (04.90.72.73.74).
Les Bastidons (04.90.72.71.70).
L'Orée du bois (04.90.72.08.87).

• CAMPING

Les Sources** (04.90.72.12.48).

DÉGUSTER

• RESTAURANTS

Auberge de Carcarille (04.90.72.02.63).
Les Bories (04.90.72.00.51).
Le Bouquet de basilic (04.90.72.06.98).
Le Clos de Gustave (04.90.72.04.25).
Les Cuisines du Château (04.90.72.01.31).
Domaine de l'Enclos (04.90.72.71.00).
L'Esprit des Ocres (04.90.76.76.55).
L'Estellan (04.90.72.04.90).
La Farigoule (04.90.76.92.76).
Ferme de la Huppe (04.90.72.12.25).

Gordes

Le Mas Tourteron (04.90.72.00.16).
Le Provençal (04.90.72.10.01).
Le Renaissance (04.90.72.02.02).
Les Sources (04.90.72.12.48).
Le Temps des saveurs (04.90.72.01.36).
Les Terrasses (04.90.72.12.12).
L'Artégal (04.90.72.02.54).
Cannelle, snack.
Le Jardin, snack (04.90.72.12.34).
La Pause, snack (04.90.72.11.53).

• **PRODUITS DU TERROIR**

Miel : Francis Bourgue (04.90.72.26.49) ; Patrice Grimoud (04.90.72.35.36) ; Michel Marie (04.90.72.04.81) ; Marc Peyron (04.90.72.00.18).
Vin AOC des Côtes du Ventoux : Domaine Saint-Heyries (04.90.72.07.08) ; Domaine Pelisson (04.90.72.23.91).

• **MARCHÉ**

Mardi matin, pl. du Château.

€ ACHETER

Créations bijoux : Le Parfum des pierres (04.90.72.66.90).
Galeries d'art : Aumônerie Saint-Jacques ; Chapelle des Pénitents-Blancs ; Charité Saint-Eutrope ; Galerie Despierres (04.90.72.04.84) ; Espace des Arts ; La Galerie (04.90.72.10.98) ; Galerie du Luberon (04.90.72.00.31) ; Radu Focsa (04.90.72.06.32) ; Virginie Robinson (04.90.72.05.18) ; Anne Virlange (04.90.72.15.39).
Graveur : M. Rivaud (04.90.72.02.16).
Joaillier : Hervé Siroux.
Potiers : Atelier Herbes folles, S. et P. Voelkel (04.90.76.72.10).
Sculpteur : Yves Philippe (04.90.76.98.96).
Tissage : Annie Sotinel (04.90.72.05.71).

FÊTER

Janv. : fête de la Saint-Vincent (2e quinz.).
Mars : fête de l'Amandier (1er ou 2e w.-e.).
Pâques : marché des tisserands.
Avril-oct. : expositions de peinture et de sculpture.
Juillet : marché potier (2e quinz.).
Août : festival Les Soirées d'été (1re quinz.), fête du vin des Côtes du Ventoux (1er dim.).
Déc. : veillée calendale – chants de Noël, dégustation des treize desserts (1re quinz.).

RESPIRER

Balnéothérapie : La Maison d'Ennéa, Les Bories (04.90.72.00.51).
• Randonnée pédestre : GR 6 et 2 circuits balisés.
• Spa : La Bastide (04.90.72.12.12).
• Tennis (04.90.72.01.36).
• VTT (04.90.72.12.48).

MUSARDER

• Moulins de Véroncles (1,5 km).
• Murs (9 km).
• Fontaine-de-Vaucluse (12 km).
• Avignon (38 km).

Gourdon

Perché à 760 m d'altitude au-dessus de la vallée du Loup, Gourdon est un balcon ouvert sur la Méditerranée.

Construit sur son rocher pour se défendre des invasions sarrasines du VIIIe au Xe s., Gourdon a souvent servi de place forte. Protégé par le vide au sud, le village s'est fortifié vers la montagne. Une première forteresse est bâtie au IXe s. Au XIIe s., le château est édifié, dominant toute la vallée. Une muraille infranchissable est élevée du côté nord, dernier point accessible, tandis que l'entrée était gardée par une porte romane aujourd'hui disparue…

Site stratégique imprenable, Gourdon a traversé les épreuves du temps ainsi que les guerres qui ont ensanglanté le Midi. À la fin du XIXe s., le village s'est étendu au hameau de Pont-du-Loup, au pied du rocher, dans la vallée du Loup, où le climat était plus propice aux cultures des plantes à parfum… Un chemin muletier en lacets, le chemin du Paradis, permettait d'accéder de Pont-du-Loup au rocher.

VISITER

- Château (IXe, XIIe et XVIIe s.) ; musée historique (armes anciennes, tableaux, antiquités XVIe et XVIIe s.) ; musée des Arts décoratifs et de la Modernité ; jardins dessinés par A. Le Nôtre : tlj 11 h-13 h / 14 h-19 h de juin à sept., tlj sauf mardi 14 h-18 h d'oct. à mai (04 93 09 68 02).
- Église romane St-Vincent (XIIe) : tlj 10 h-18 h.
- Place Victoria : belvédère de la Côte d'Azur.
- Galerie de la mairie : expositions (rens. : 04.93.09.68.25).

OFFICE MUNICIPAL DE TOURISME : 04.93.09.68.25

CARTE GÉNÉRALE : P. 19/G4
CODE POSTAL : 06620

- Lavanderaies de la Source parfumée : tlj 10 h-18 h/19 h. en été (04.93.09.68.23).
- Le Saut du Loup (Gorges du Loup) : de juin à fin sept., tlj 10 h-18 h (04.93.09.68.88).

SÉJOURNER

• GÎTES ET MEUBLÉS

Rens. : 04.93.09.68.25.

DÉGUSTER

• RESTAURANTS

Auberge de Gourdon (04.93.09.69.69).
La Fringale du petit Indien (04.93.77.66.21).
Le Logis sarrazin (04.93.09.68.27).
Le Nid d'aigle (04.93.77.52.02).
La Taverne provençale (04.93.09.68.22).
Au Vieux Four (04.93.09.68.60).

• PRODUITS DU TERROIR

Épicerie fine : Sainte Catherine (04.93.09.68.89).
Nougats et calissons : Galerie de Provence (04.93.09.68.64).
Pain d'épice : La Marquisette (04.93.09.68.29).

ACHETER

Création en soie et en pierres naturelles : Mme Tudoi (04.93.09.68.74).

Ébénistes (mobilier de style) : Au hameau de Pont-du-Loup : M. Ambre, Arts et traditions du bois, (04.93.09.41.68) ; M. Priolo (04.93.42.43.15).

Parfumeurs : Les Parfums Allongue (04.93.09.68.21) ; Savonnerie Mele (04.93.09.68.39) ; La Source parfumée (04.93.09.68.23).

Verrier : M. Balembois (04.93.09.68.66).

FÊTER

Août : festival de théâtre en plein air (pl. Victoria).

RESPIRER

- Parapente : école professionnelle Ascendance (04.93.09.44.09) ; école Cumulus (hameau de Pont-du-Loup 04.93.42.91.18).
- Randonnées pédestres : GR 51 et nombreux sentiers balisés.

MUSARDER

- Gorges du Loup (8 km).
- Grasse (14 km).
- Villages de Valbonne, Biot, Tourrettes-sur-Loup, St-Paul-de-Vence (de 15 à 30 km).
- Côte d'Azur : Cannes, Antibes, Nice (de 27 à 36 km).
- Corniche de l'Esterel (de 35 à 70 km).

La Grave-la-Meije

Entre mélèzes et neiges éternelles, le pays de la Meije invite à la découverte d'une montagne spectaculaire.

À 1 450 m d'altitude, La Grave serre ses robustes maisons de pierre couvertes d'ardoises au long d'étroites ruelles montant vers la cime du village. Depuis l'église N.-D.-de-l'Assomption de style romano-lombard, qui jouxte la chapelle des Pénitents-Blancs, la vue s'étend par-dessus la Romanche sur le massif des Écrins, dominé par les 3 983 m de la Meije. Sa mythique face nord a fait de La Grave un haut lieu de l'alpinisme et, dans le cimetière adossé à l'église, reposent sous de simples croix de bois les naufragés de la montagne. Séduisant toujours les adeptes de l'escalade et de la randonnée estivale, le village attire aussi, depuis la mise en service des téléphériques des glaciers de la Meije, les fanatiques du ski sauvage. Avec le Derby de la Meije, compétition emblématique dont les concurrents dévalent chaque printemps à tombeau ouvert une pente de 2 150 m de dénivelée, La Grave a acquis auprès des virtuoses de la glisse une renommée mondiale. Alignés sur un balcon dominant le bourg, les hameaux de La Grave perpétuent au milieu des alpages et face à la Reine Meije l'activité pastorale du village.

VISITER

- Église Notre-Dame (rens. : 04.76.79.90.05).
- Glaciers de la Meije et grotte de glace (3 200 m) par téléphérique : tlj de mi-juin à mi-sept. (rens. : 04.76.79.91.09).

SÉJOURNER

• HÔTELS

Les Chalets de la Meije*** (04.76.79.97.97).
Le Castillan** (04.76.79.90.04).
L'Edelweiss** (04.76.79.90.93).
La Meijette** (04.76.79.90.34).
Le Sérac** (04.76.79.91.53).
Le Relais d'Emparis* (04.76.79.90.10).
La Chaumine (04.76.79.90.28).
Le Relais des Campeurs (04.76.79.90.17).
• Hôtel des Alpes (04.76.11.03.18).

• CHAMBRES D'HÔTE

Chalet Dorothea (04.76.79.62.47).

• RÉSIDENCES HÔTELIÈRES

Résidences des Alpes****
La Traverse****
Jouffrey R.****
Centrale de réservation : « Meije Tours » 04.76.79.97.72.

• GÎTES, GÎTES D'ÉTAPE, MEUBLÉS, MAISONS FAMILIALES DE VACANCES ET CAMPINGS

Rens. : 04.76.79.90.05. Centrale de réservation : « Meije Tours » 04.76.79.97.72.

• REFUGES DE MONTAGNE

Évariste Chancel, alt. 2 500 m (04.76.79.92.32. ou 04.76.79.97.05).

DÉGUSTER

• RESTAURANTS

Le Castillan (04.76.79.90.04).
La Chaumine (04.76.79.90.28).
L'Edelweiss (04.76.79.90.93).
La Meijette (04.76.79.90.34).
La Pierre Farabo (04.76.79.95.25).
Lou Ratel (04.76.79.92.10).
Le Relais d'Emparis (04.76.79.90.10).
Le Relais des Campeurs (04.76.79.90.17).
Le Sérac (04.76.79.91.53).
Les Glaciers (04.76.79.90.07).
Hôtel des Alpes (04.76.11.03.18).
Au Vieux Guide (04.76.79.90.75).
Alp'bar, crêperie (04.76.79.96.67).
Auberge Chez Baptiste (04.76.79.92.09).
Le Chalet des Plagnes, crêperie pizzeria (04.76.79.95.23).
La Meije, pizzeria (04.76.79.83.02).

• PRODUITS DU TERROIR

Fleurs de montagne : Pascale Mielle (04.76.79.92.71).
Fromages de chèvre : Jean-Michel Juge (06.67.21.76.18).

• MARCHÉ

Jeudi matin, pl. du Téléphérique (hors saison) ou pl. de la Salle-des-Fêtes (en saison).

ACHETER

Créateurs et fabricants d'étoffes : Legend'enhaut, Thierry Fabre (04.76.79.99.07).

FÊTER

Janv. : Rendez-vous nordique au pays de la Meije (2e w.-e.), rencontres expéditions « De la Meije à l'Himalaya » (3e w.-e.).

OFFICE DE TOURISME : 04.76.79.90.05

CARTE GÉNÉRALE : P. 19/F3
CODE POSTAL : 05320

La Grave-la-Meije

Fév. : Swallowmania (1er w.-e.).
Avril : Derby de la Meije (1re semaine).
Juin : Trophée de la Meije (2e w.-e.).
Juillet : La Grave'y cimes (1er w.-e.), la FatWheels (2e w.-e.), festival Olivier Messiaen au pays de la Meije (dernière dizaine).
Août : Rencontres de la haute Romanche (1re quinz.), fête du Pain du Chazelet (2e w.-e.), fête des Guides et de la Montagne (15 août), tour du plateau d'Emparis – course pédestre et VTT (3e dim.).
Déc. : rencontres Cascades de glaces et Dry Tooling (2e w.-e.).

RESPIRER

En été

- Balade commentée sur glacier, via ferrata, alpinisme, escalade, parapente : Bureau des guides (04.76.79.90.21).
- Randonnée pédestre, VTT, pêche, tennis : office de tourisme (04.76.79.90.05).
- Rafting : No limit (04.76.79.91.93).

En hiver

- Domaine skiable (1 500-3 550 m) des glaciers de la Meije (hors-piste) et du Chazelet (3 téléskis, 1 télésiège) : ski alpin, de fond, hors piste et de randonnée, monoski, kiteboarding, surf, télémark, raquettes, alpinisme, cascades de glaces, École de neige et de glace : Bureau des guides (04.76.79.90.21) ou École de ski français (04.76.79.92.86). Location de matériel : Objectif Meije (04.76.79.97.40) ; Olym' Pic Sport (04.76.79.90.51) ; Twinner (04.76.79.92.21).

MUSARDER

- Jardin botanique alpin du Lautaret (10 km).
- Col du Galibier (17 km).
- Musée de la Faune et des Minéraux, Bourg-d'Oisans (28 km).
- Musée de l'Alpinisme, Saint-Christophe-en-Oisans (40 km).
- Maison du parc national des Écrins ; Briançon, ville fortifiée (40 km).

Hell-Bourg par Salazie

Au flanc du cirque de Salazie, Hell-Bourg cultive, au cœur de « l'île intense », l'art de vivre et l'hospitalité créoles.

Le cirque de Salazie, creusé dans le piton des Neiges, plante le décor d'Hell-Bourg : ravines plongeant dans la rivière du Mât, cascades jaillissant de parois couvertes d'une végétation luxuriante entretenue par l'humide alizé soufflant de l'océan Indien. Longtemps paradis des chasseurs ou pêcheurs et refuge des esclaves marrons fuyant les plantations de la côte, le « quartier » d'Hell-Bourg n'est colonisé qu'à partir de 1830 par de « petits Blancs » chassés du littoral par une série de cyclones. Avec la découverte, en 1832, de sources aux vertus thérapeutiques, Hell-Bourg devient une station thermale à la mode où les grandes familles de l'île se donnent rendez-vous chaque été. Aux paillotes succèdent cases et villas ornées de frontons et lambrequins, flanquées de varangues ouvertes sur des jardins où, à l'ombre des kiosques et « guettalis », murmurent de fraîches fontaines. Après le tarissement de ses sources thermales, provoqué par un cyclone en 1948, Hell-Bourg rénove le patrimoine architectural hérité de cette période fastueuse et s'attache à revenir aux sources de son identité créole. Les sentiers de randonnée où vous entraînent ses savoureux guides « peï » sont aussi les chemins d'une mémoire retrouvée.

VISITER

- Villa Folio : tlj 9 h-11 h/13 h 30-18 h sauf le mercredi et du 1er au 15 fév. ainsi que du 1er au 15 juin.
- Village : circuit organisé par l'Écomusée (02.62.47.86.86).

SÉJOURNER

• HÔTEL

Relais des Cimes** (02.62.47.81.58).
L'Orchidée rose (02.62.47.87.22).

• CHAMBRES D'HÔTE, GÎTES ET MEUBLÉS

Rens. : 02.62.90.78.78.

• CAMPING À LA FERME

Mme Grondin (02.62.47.86.28).
Mme Techer (02.62.47.83.06).

DÉGUSTER

• RESTAURANTS

Relais des Cimes (02.62.47.81.58).
Chez Alice (02.62.47.86.24).
Chez Laurent (02.62.47.80.60).
Ti Chouchou (02.62.47.80.93).
M. de Keyser (02.62.47.87.22).
Thierry Charlemagne, bar (02.62.47.84.82).
Legall, crêperie.

• TABLES D'HÔTE

Yvette Boyer (02.62.47.71.62).
Mme Grondin (02.62.47.86.28).

• PRODUITS DU TERROIR

La Cazanou (02.62.47.88.23).
Truites : parc piscicole (02.62.47.80.16).

POINT i : 02.62.47.89.89
MAIRIE : 02.62.47.58.00

CODE POSTAL : 97433

ACHETER

Artisanat de pays : boutique Maham (02.62.47.82.82) ; La Cazanou (02.62.47.88.23).
Artisanat du bambou : M. Boyer (06.92.82.94.11) ; Marius Deville (02.62.47.64.24).

FÊTER

Fin juillet-début août : Rando Gadiamb.
Fin août : Trans Ci-Ma-Sa-Lazienne (course de montagne).
Début sept. : Boucle des Salazes (course de montagne).
Fin oct. : Le Grand Raid (course de montagne).
Nov. : fête de la Saint-Martin (11), les Foulées de Salazie (12).
Fin nov.-début déc. : fête de la Pêche.
20 déc. : fête de l'Abolition de l'esclavage.

RESPIRER

- Canyoning. Pêche.
- Randonnée : 100 km d'itinéraires balisés.
- VTT.

MUSARDER

- Bras-Panon : maison de la Vanille (25 km).
- Grand-Îlet : église St Martin (30 km).
- Saint-André : temple tamoul, usine de canne à sucre (40 km).
- Saint-Denis (50 km).

Hunawihr

Situé sur la route des vins d'Alsace, serti dans un écrin de vignes, Hunawihr est un village alsacien typique, particulièrement fleuri.
Hunawihr doit son nom à la sainte lavandière Huna, qui, selon la légende, y aurait vécu au VIIe s. avec son époux, le seigneur franc Hunon. L'église, des XVe et XVIe s., abrite des fresques du XVe s. retraçant la vie de saint Nicolas. Entourée d'un cimetière fortifié de six bastions, elle est bâtie sur la colline qui domine le village, aux curiosités à découvrir : la fontaine Ste-Hune avec son lavoir, la mairie (ancienne halle aux blés), la maison Schickhart, de style Renaissance, les maisons à colombages et les demeures bourgeoises, datant des XVIe et XIXe s.

VISITER

- Église et cimetière fortifiés : tlj 8 h-19 h d'avril à oct. ; visite guidée les mercredi et vendredi à 18 h en juillet-août (RDV devant l'église).
- Centre de réintroduction des cigognes et des loutres : tlj 10 h-12 h 30/14 h-17 h d'avril à oct. (03.89.73.72.62).
- Jardins des papillons : tlj 10 h-17 h d'avril à oct. (03.89.73.33.33).
- Visite du vignoble et du village : sentier et circuit de découverte permanents.

SÉJOURNER

• CHAMBRES D'HÔTE
M. Eckert (03.89.73.71.56).
Mme Fischer (03.89.73.68.05).
M. Jordy (03.89.73.65.79).
Mme Loos (03.89.73.67.27).
M. et Mme Meyer (06.09.49.00.33).
M. Mittnacht (03.89.73.86.51).
Mme Richter (03.89.73.71.61).
Mme Schwach (03.89.73.62.15).
Mme Seiler (03.89.73.60.68 ou 70.19).
Sipp-Mack (03.89.73.61.88).

• GÎTES ET MEUBLÉS
Rens. : 0.820.360.922.

DÉGUSTER

• RESTAURANTS
Auberge du Tonnelier (03.89.73.74.25).
Caveau du Vigneron (03 89.73.70.15).
Wistub Suzel (03.89.73.30.85).

• PRODUITS DU TERROIR
Eaux-de-vie : M. Ermel (03.89.73.65.41) ;
Vins AOC d'Alsace et grand cru Rosacker (gewurztraminer, riesling, tokay-pinot gris) :
André Bucher (03.89.73.68.65) ;
cave vinicole (03.89.73.61.67) ;
M. Ermel (03.89.73.61.71) ;
M. Kuhlmann (03.89.73.60.33) ;
vins Mader (03.89.73.80.32) ;
M. Mallo (03.89.73.61.41) ;
M. Mittnacht (03.89.73.62.01) ;
M. Schwach (03.89.73.62.15) ;
domaine Sipp-Mack (03.89.73.61.88) ;
Roland Leininger (03.89.73.79.04) ;
M. Vielweber (03.89.73.62.63) ;
M. Winter (03.89.73.62.95) ;
M. Ziegler (03.89.73.64.42).

OFFICE DE TOURISME : 0.820.360.922
MAIRIE : 03.89.73.60.42

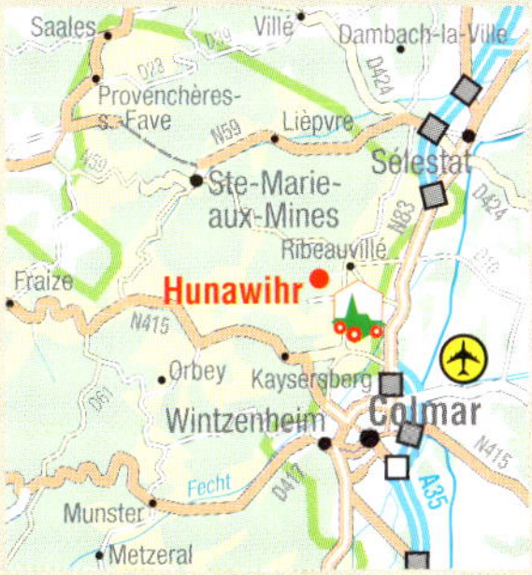

CARTE GÉNÉRALE : P. 15/G4
CODE POSTAL : 68150

RESPIRER

- Cyclotourisme.
- Randonnée pédestre.
- VTT : 1 circuit balisé.

MUSARDER

- Route des vins d'Alsace : Ribeauvillé, Bergheim, Kintzheim (de 2 à 11 km).
- Haut-Kœnigsbourg (14 km).
- Colmar, Sélestat (15 km).

Hunspach

Typique de la région de Wissembourg, Hunspach est un village aux maisons de torchis et de bois où le charpentier reste le maître des lieux.
Pittoresques par leurs colombages, où le noir et le blanc dominent, leurs toits à pans coupés et leurs auvents, les maisons d'Hunspach s'alignent harmonieusement le long de la rue principale, autour du temple au clocher de grès rose. Partout, les géraniums fleurissent généreusement fenêtres ou murets mais, dans ce village où tout est net et clair, le mystère existe pourtant. Les vitres au verre bombé des fenêtres d'Hunspach, tel un miroir déformant, renvoient au passant son reflet déformé et lui interdisent toute vue à l'intérieur. Derrière leurs fenêtres, les habitants voient sans jamais être vus...

VISITER

- Fort de Schœnenbourg (ligne Maginot) : tlj du 1er mai au 30 sept. ; les sam., dim. et jours fériés en avril et oct. Toute l'année pour les groupes à partir de 20 personnes sur réservation (03.88.80.59 39).
- Village : visite guidée pour groupes à partir de 15 personnes sur réservation (03.88.80.59.39).

SÉJOURNER

• CHAMBRES D'HÔTE

Maison Ungerer*** (03.88.80.59.39).

• CHAMBRES CHEZ L'HABITANT

Mme Meissel (03.88.80.58.25).

• GÎTES

Rens. : 03.88.80.59.39.

DÉGUSTER

• RESTAURANTS

Au Cerf (03.88.80.41.59).
À la ligne Maginot (03.88.80.42.32).

• PRODUITS DU TERROIR

Pâtisseries alsaciennes - salon de thé : M. Fischer (03.88.80.42.36).
Produits régionaux : Maison Ungerer, office de tourisme (03.88.80.59.39).

ACHETER

Peintre : Albert Niess (03.88.80.67.44).

FÊTER

Juin : fête du Folklore (dern. w.-e. du printemps).
Juillet : fête champêtre traditionnelle dans la forêt (w.-e. av. le 14).
Juillet-août : animations et soirées folkloriques (03.88.80.59.39).
Déc. : marché de Noël campagnard (2e dim. de l'avent).

RESPIRER

- Boulodrome.
- Tennis 03.88.80.65.46.
- Sentier pédestre autour du village.

OFFICE DE TOURISME : 03.88.80.59.39
MAIRIE : 03.88.80.42.16

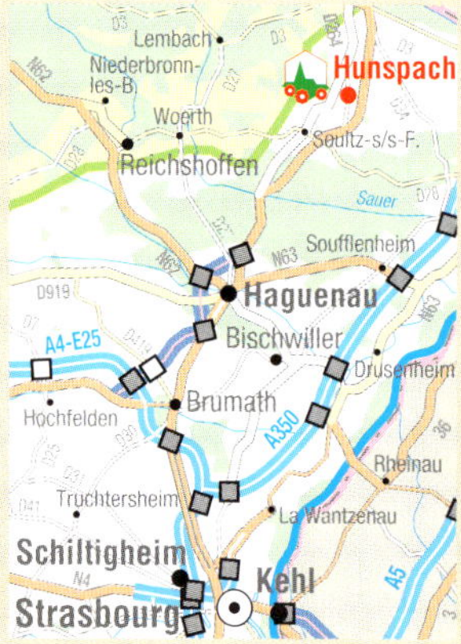

CARTE GÉNÉRALE : P. 15/G3
CODE POSTAL : 67250

MUSARDER

- Route des villages pittoresques : Hoffen, Seebach, Steinselz, Cleebourg (3 à 10 km).
- Route du Vin : Steinselz, Oberjoffen, Rott-Cleebourg (7 km).
- Villages de potiers : Betschdorf et Soufflenheim (8 et 18 km).
- Wissembourg (10 km).
- Allemagne (15 km).
- Haguenau (25 km).
- Niederbronn-les-Bains (35 km).
- Strasbourg (50 km).

BRIA

Île-de-Sein

VISITER

- **Accès à l'île** : compagnie maritime Penn Ar Bed à Audierne (02.98.70.70.70).
- **Musée du Sauvetage** : tlj 10 h-13 h/15 h-18 h en juillet-août.
- **Musée du Souvenir** : tlj 10 h-12 h/14 h-16 h (18 h en juillet-août) de juin à sept.

SÉJOURNER

• HÔTELS

L'Armen** (02.98.70.90.77).
Les Trois Dauphins (02.98.70.92.09).

• CHAMBRES D'HÔTE

Mme Doll (02.98.70.91.14).
Mme Fouquet (02.98.70 90.51).
Mme Spinec (02.98.70.91.83).
Mme Tanguy (02.98.70.90.24).
Mme Thymeur (02.98.70.90.64).

• MEUBLÉS

Rens. : 02.98.70.93.45.

DÉGUSTER

• RESTAURANTS

L'Armen (02.98.70.90.77).
Chez Christine (02.98.70.90.79).
Chez Brigitte (02.98.70.91.83).
Le Men Brial, crêperie (02.98.70.90.87).
O' Crabe qui rit, crêperie (02.98.70.92.42).

FÊTER

Mai ou juin (Trinité) : pardon de Saint-Guénolé.
Juillet : pardon de Sainte-Anne.
Août : pardon de Saint-Corentin (1er dim.).

Radeau sur l'Océan, au large de la pointe du Raz, l'Île-de-Sein est fouettée par les vagues et les tempêtes en hiver.

Composée d'alluvions de sable et de galets, l'île prend parfois l'allure d'un îlot de fin du monde quand la tempête fait rage. Dressées contre le vent, les solides maisons de granit, colorées de bleu vif, s'alignent le long de ruelles très étroites. L'église, du XIXe s., dédiée à saint Guénolé, qui aurait évangélisé l'île au Ve s., doit sa construction à la force et à la persévérance des femmes bretonnes qui en portèrent chaque pierre.

Mais c'est l'exceptionnel élan patriotique dont firent preuve ses habitants durant la Seconde Guerre mondiale qui donne à l'Île-de-Sein son plus grand prestige et une place unique dans l'histoire de France. Répondant, en juin 1940, à l'appel du général de Gaulle, près de 150 Sénans prirent la mer et gagnèrent l'Angleterre pour se mettre au service de la Résistance. L'Île-de-Sein eut ainsi le privilège de recevoir la croix de la Libération des mains du général de Gaulle. Le village est aussi décoré de la croix de guerre et de la médaille de la Résistance.

MAIRIE : 02.98.70.90.35

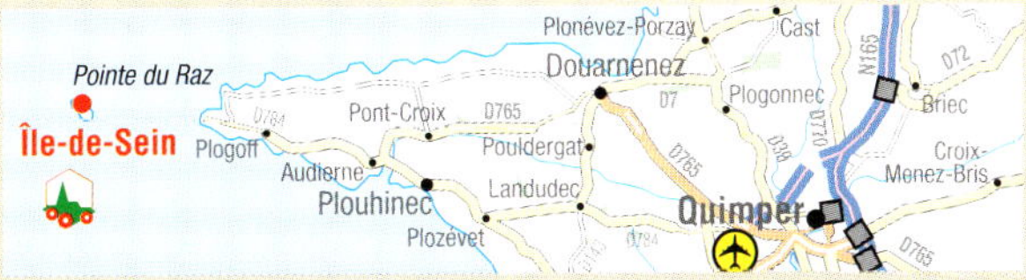

CARTE GÉNÉRALE : P. 12/A4
CODE POSTAL : 29990

Lautrec

Au cœur du pays de cocagne tarnais, la cité médiévale est le berceau de la famille du peintre Toulouse-Lautrec.
Au sommet de la butte de La Salette, d'où le regard découvre la plaine castraise et la Montagne Noire, le château disparu a cédé la place à un calvaire et à un sentier botanique. Longtemps seule place fortifiée entre Albi et Carcassonne, le village a conservé une partie de ses remparts. À partir des promenades ombragées de platanes qui les longent et où se déroulent chaque année les marchés de l'ail rose dont Lautrec est la capitale, la porte de la Caussade conduit directement à la place centrale. Également accessible par la rue du Mercadial, bordée d'un ancien couvent de bénédictines devenu hôtel de ville après la Révolution, la place continue d'accueillir sous la charpente de sa halle le marché traditionnel du vendredi matin. Elle reste aussi, avec son puits et ses couverts supportant les belles façades à colombages de demeures en encorbellement, un lieu magique de Lautrec.
De la place, la rue de l'Église mène à la collégiale St-Rémy, édifiée au XIVe s. avant d'être agrandie puis, plus récemment, peinte de ce bleu pastel qui fit longtemps la richesse du Lautrecois et lui valut sa réputation de pays de cocagne.

VISITER

- Atelier du sabotier : tous les après-midi en saison, sur RDV hors saison (05.63.75.31.40).
- Circuit des cartes postales anciennes : circuit libre et permanent de découverte de Lautrec à travers un voyage dans le temps.
- Collégiale St-Rémy : tlj 9 h-19 h.
- Fournil du couvent et maquette du village : horaires au 05.63.75.31.40.
- Moulin à vent de La Salette : horaires au 05.63.75.31.40. Sur RDV pour les groupes hors saison.
- Musée archéologique : horaires au 05.63.75.93.14.
- Sentier botanique de La Salette : circuit libre de découverte de la flore depuis la porte en pierre au bas du moulin jusqu'au sommet du calvaire (table d'orientation).
- Village : visite commentée tlj pour groupes sauf dim. et lundi matin (10 personnes au minimum) sur RDV (05.63.75.31.40).

SÉJOURNER

• CHAMBRES D'HÔTE

La Terrasse de Lautrec****, rue de l'Église (05 63 75 84 22).
Alain Rouquier***, Cadalen (05 63 75 30 02).
Françoise Vene***, château de Montcuquet (05 63 75 90 07).
Anne et André Pouilhe, pl. du Monument (05 63 75 98 77).

• GÎTES ET MEUBLÉS, GÎTES DE GROUPES

Rens. : 05 63 75 31 40.

• CAMPING À LA FERME

Gilles Clauzel**, Les Bories (05 63 75 90 52).

DÉGUSTER

• RESTAURANTS

Auberge Le Garde-Pile, Combelasse, sur réservation (05.63.75.34.58).
Le Moulin gourmand, route de Castres (05.63.75.30.13).
Le Jardin de Cocagne, crêperie, montée du Moulin (05.63.75.98 77).

OFFICE DE TOURISME : 05.63.75.31.40

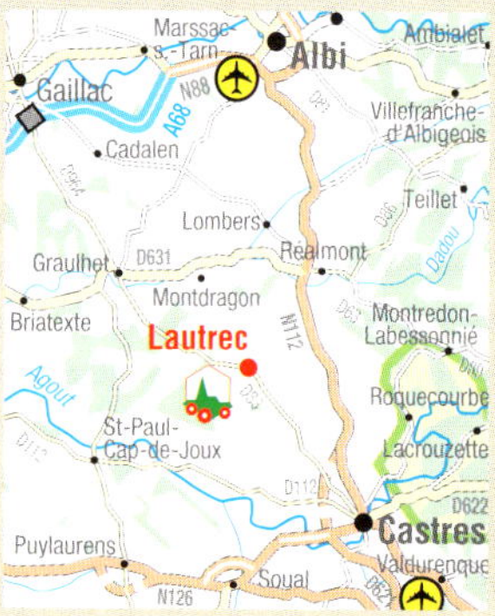

CARTE GÉNÉRALE : P. 17/G5
CODE POSTAL : 81440

Lautrec

• **MARCHÉS**

Marché traditionnel vendredi 8 h-12 h, pl. centrale.

Marché de l'Ail rose du 15 juillet au 15 fév., vendredi 8 h-10 h, sur les promenades.

€ ACHETER

Céramiste :
La Passiflore (05.63.75.98.80).

FÊTER

Mai : fêtes de Lautrec (dern. w.-e.).

Juin : fête des Moulins et vide-grenier (3e dim.).

Juillet : fête du Sabot et des Métiers du bois (3e dim.), festival « Festivaout » (organisé par l'association Si & Si).

Août : fête de l'Ail rose (13-14-15), fête du Pain (15).

Sept. : fêtes générales de Lautrec (3e w.-e.).

RESPIRER

- Base nautique Aquaval (ouverte de mi-juin à fin août) : baignade, beach-volley, boulodrome, mini-golf, modélisme, pêche, volley sur gazon (05.63.70.52.32).
- Boulodrome : pl. du Mercadial (concours de pétanque les vendredis soir en saison).
- Équitation : ferme équestre de Brametourte (05.63.75.30.31).
- Randonnée cycliste, équestre et pédestre : 16 circuits balisés (8 circuits nature et 8 circuits patrimoine à thème).
- Tennis (réservation : 05.63.75.31.40).

• **TABLE D'HÔTE**

La Terrasse de Lautrec – Résidents seulement (05.63.75.84.22).

• **PRODUITS DU TERROIR**

Ail rose de Lautrec : Coopérative Alinéa (05.63.70.81.81) ; Syndicat de défense du label rouge Ail rose de Lautrec (05.63.75.90.31) ; Jean-François Tournier (visite d'une ferme de production d'ail rose, Brassac – 05.63.75.90.61).

Biscaillets et pain à l'ail : pâtisserie Vialatte, rue du Mercadial (05.63.75.31.40).

Croquants aux amandes : pâtisserie Navarro, pl. des Marronniers (05.63.70.80.21).

Foie gras de canard : Christelle Bouzinac (visite-dégustation), Combeleouse (05.63.75.10.96) ; Daniel Gosselin (dégustation), La Vigorié (05.63.45.57.48).

Gelée de plantes : La Lorien (05.63.75.30.34).

Produits du Lautrecois : La Ferme au village, rue du Mercadial (en saison, (05.63.45.57.48) ; Richesses du Terroir, route de Castres (05.63.75.39.63).

MUSARDER

- Lombers : écomusée du Pigeon (9 km).
- Réalmont : bastide royale (11 km).
- Castres (musée Goya) et le Sidobre (de 15 à 22 km).
- Magrin : musée du Pastel (20 km).
- Albi (30 km).
- Cascade d'Arifat (30 km).
- Pays de cocagne tarnais : circuit de découverte (plan-guide à l'OT).

Lauzerte

Du sommet d'un éperon dont il a épousé la forme, Lauzerte domine vallées et collines du Quercy blanc.

Bastide dont la charte officielle fut octroyée en 1241 par le comte de Toulouse, Lauzerte fut à la fois cité de négoce, place forte, sénéchaussée qui rendait justice à 50 km à la ronde jusqu'au XVIIIe s. et halte au long de l'ancienne via Podiensis sur le chemin de Saint-Jacques-de-Compostelle. De ce prestigieux passé, le bourg a conservé maints édifices qui en content l'histoire. Lauzerte est un pays de cocagne qui produit aussi bien chasselas, melons, prunes, pêches, poires et nectarines que volailles, foie gras et confits. Douceur du climat, charme des soirées sur la place des Cornières et chemins de promenade ravissent le visiteur.

VISITER

- **Église St-Barthélemy** : tlj 9 h-18 h.
- **Jardin du Pèlerin** : accès libre.
- **Village** : visite guidée pour groupes (5 pers. minimum) sur réservation tlj en juillet-août et du lundi au vendredi hors saison (05.63.94.61.94).

SÉJOURNER

- **HÔTELS**

Le Luzerta* (05.63.94.64.43).
Le Quercy* (05.63.94.66.36).

- **CHAMBRES D'HÔTE**

Moulin de Tauran*** (05.63.94.60.68).
Leo Figuiers (05.63.94.61.29).

- **GÎTES, GÎTES DE SÉJOUR ET MEUBLÉS**

Rens. : 05.63.94.61.94.

- **CAMPING**

Melvin** (05.63.94.75.60).

OFFICE DE TOURISME : 05.63.94.61.94

CARTE GÉNÉRALE : P. 17/F4
CODE POSTAL : 82110

DÉGUSTER

- **RESTAURANTS**

Le Luzerta (05.63.94.64.43).
Le Quercy (05.63.94.66.36).
Auberge des Carmes, brasserie (05.63.94.64.49).
L'Etna, pizzeria (05.63.94.18.60).
La Fuite à l'or, été uniquement (05.63.94.72.62).
La Cassolette (05.63.04.90.97).

- **TABLE D'HÔTE**

Moulin de Tauran (05.63.94.60.68).

- **PRODUITS DU TERROIR**

Conserverie artisanale : M. Rey (05.63.95.73.43). Fruits : La Lauzertine (05.63.94.64.74).
Macarons : Mme Bonnefous (05.63.94.66.44).
Produits gras : ferme Borde Basse (05.63.94.66.87) ; moulin de Tauran (05.63.94.60.68).
Raisins de table : Les Hirondelles (05.63.94.72.66).
Volailles : Alain Sicard (05.63.94.66.55).

- **MARCHÉ**

Marché fermier mercredi matin (pl. du Foirail) et sam. matin (pl. des Cornières).

ACHETER

Graveur sur cuivre et bois : M. Mudde (05.63.94.62.81).

FÊTER

Avril : Floralies (3e dim.).
Juillet-sept. : expositions.
Août : Les nuits de Lauzerte (1er w.-e.) ; brocante et festival du Quercy blanc (15).
Nov. : Journée de l'arbre et du bois (4e dim.).

RESPIRER

- Boulodrome.
- Équitation, poney-club et VTT : Domaine équestre (05.63.94.63.46).
- Pêche. Randonnée pédestre : GR 65, GR de pays et 3 circuits balisés.
- Tennis.

MUSARDER

- Saint-Sernin-du-Bosc : chapelle romane (4 km).
- Cazes-Mondenard : musée de l'Attelage et du Corbillard (10 km).
- Montcuq (10 km).
- Bastides de Montjoi, Castelsagrat et Castelnau-Montratier (de 20 à 25 km).
- Moissac (25 km).

Lavardin

Au pays de Ronsard, le village a conservé son château fort, pièce rare qui a traversé les siècles sans perdre sa structure médiévale.
Lavardin s'est illustré en résistant, grâce au système de défense étagé de son château, à l'assaut de Richard Cœur de Lion en 1118. Perchée sur sa falaise de calcaire, la forteresse domine le village. Un pont gothique à huit arches en tuffeau enjambe le Loir. Au cœur du village se dresse l'église romane St-Genest, dont la nef et le chœur s'ornent de peintures murales des XIIe et XVIe s. Toutes les époques ont laissé leur empreinte à Lavardin : le village mêle maisons troglodytiques, gothiques et Renaissance. Ici façades blanches, là pans de bois et tuiles plates brunes. La mairie, en partie romane et en partie gothique, illustre le mariage des époques au fil de ses superbes salles. Lavardin s'enorgueillit aussi de ses grottes druidiques, uniques en France. Chaque année se déroule dans le village le championnat du monde de chouine, un jeu de cartes qui remonte au XVIe s.

VISITER

- Château : tlj sauf lundi 11 h-12 h/15 h-18 h de juin à sept.
- Église St-Genest : tlj.

SÉJOURNER

• CHAMBRES D'HÔTE
Saint-Eloy (02.54.72.65.38).
Jacky et Yvette Noulin (02.54.72.60.12).

• GÎTES
Rens. : 02.54.85.07.74.

DÉGUSTER

• RESTAURANTS
Le Caveau (02.54.85.31.11).
Le Relais d'antan (02.54.86.61.33).

• PRODUITS DU TERROIR
Vins des Coteaux du Vendômois (rens. : 02.54.85.07.74).

ACHETER

Peintre-sculpteur : M. Foucher d'Hubert, Atelier du Donjon.

FÊTER

Mars : championnat du monde de chouine (1er dim.).
Ascension : « Peinture dans la rue ».

RESPIRER

- Parcours santé.
- Randonnée pédestre : GR 35, GR 335 et 3 circuits balisés.

MUSARDER

- Troo (collégiale, village troglodytique) et Couture-sur-Loir (manoir de Ronsard) (de 8 à 15 km).
- Thoré-la-Rochette (train touristique) et Vendôme (de 10 à 20 km).

MAIRIE : 02.54.85.07.74

CARTE GÉNÉRALE : P. 13/F5
CODE POSTAL : 41800

Lavaudieu

En y implantant un monastère, au Moyen Âge, les Bénédictines ont fait de la vallée de la Senouire « la vallée de Dieu » et donné son nom au village.

Robert de Turlande, premier abbé de La Chaise-Dieu et futur saint Robert, fonda en 1057 l'abbaye bénédictine de Lavaudieu. Habité par les religieuses jusqu'à la Révolution, le monastère est le seul, en Auvergne, à avoir conservé son cloître roman. Dans le prolongement des colonnettes simples ou géminées à chapiteaux historiés, le réfectoire présente une peinture murale du XIIe s. d'inspiration byzantine. L'abbaye accueillit le cardinal de Rohan fuyant La Chaise-Dieu après l'affaire du Collier. Contiguë au monastère, l'église, du XIe-XIIe s., perdit à la Révolution la flèche de son clocher. À l'intérieur, une pietà en pierre polychrome du XVe s. voisine avec des peintures murales d'influence italienne du XIVe s. Sur la place centrale du village, ornée de maisons vigneronnes, la maison des Arts et Traditions de Haute-Loire présente au visiteur un intérieur auvergnat.

FÊTER

Juin : Rencontres chorales (dern. w.-e.)
Juillet : fête de la Barrique (dim. ap. le 14).
Août : soirées musicales en l'abbatiale (rens. : 04.71.76.46.00).

RESPIRER

- Équitation : circuit « La Caracolade ».
- Escalade.
- Piscine (Brioude).
- Randonnée pédestre : 3 circuits balisés.

MUSARDER

- Brioude (8 km).
- Abbatiale de La Chaise-Dieu (38 km).
- Vallée et gorges de l'Allier (50 km).

VISITER

- **Abbaye :** durée de la visite 1 h environ ; tlj sauf mardi 10 h-12 h/ 14 h-18 h (jusqu'à 19 h du 16 juin au 15 sept.) de Pâques au 31 oct. ; hors saison et groupes : sur réservation (04.71.76.08.90).
- **Musée des Arts et Traditions populaires :** mêmes horaires que l'abbaye.

SÉJOURNER

• CHAMBRES D'HÔTE

La Buissonnière***, M. et Mme Isabel (04.71.76.49.02).
La Maison d'à côté***, Mme Robert (04.71.76.45.04 ou 50.24.85).
Le Colombier*** (04.71.76.09.86 ou 06.86.17.96.81).
La Ferme de Lugeac, Valérie et Franck Jung (04.71.74.31.72).

DÉGUSTER

• RESTAURANTS

Auberge de l'Abbaye (04.71.76.44.44).
Court la Vigne (04.71.76.45.79).

POINT i : 04.71.76.46.00

CARTE GÉNÉRALE : P. 17/H3
CODE POSTAL : 43100

Limeuil

Au confluent de la Dordogne et de la Vézère, le port de Limeuil, longtemps actif, est devenu une accueillante plage ombragée. Le village a connu des heures troublées en se défendant contre les Vikings, puis contre les Anglais durant la guerre de Cent Ans. De cette époque demeurent trois portes fortifiées, que l'on franchit pour accéder à la cité bâtie en pente raide. Au fil des ruelles, les maisons présentent leurs façades de pierre frappées d'écussons. Au sommet de la butte se dresse l'église Ste-Catherine, dont le chœur date du XIVe s. En contrebas, un double pont enjambe la Vézère et la Dordogne, et dans la vallée se niche la chapelle romane St-Martin, du XIIe s.

VISITER

- Parc du château : de Pâques à la Toussaint. Tous les après-midi et le dim. en avril, mai, juin, sept. et oct., tlj 10 h-19 h en juillet et août. Visite par l'association « Au Fil du Temps ».
- Village : visite aux flambeaux le jeudi à 21 h en saison.

SÉJOURNER

HÔTELS

.es Terrasses de Beauregard** (05.53.63.30.85).
3on Accueil (05.53.63.30.97).

CHAMBRES D'HÔTE

Aichel Beau*** (05.53.08.56.56. ou 06.83.18.44.63).
.e Moulin neuf (05.53.63.30.18).
Mme Quinquis (05.53.73.35.28).

GÎTES ET MEUBLÉS

Rens. : 05.53.63.38.90.

RÉSIDENCE DE TOURISME

Domaine de la Vitrolle** (05.53.61.58.58).

CAMPINGS

.a Ferme de Perdigat** (05.53.63.31.54).
.es Poutiroux** (05.53.63.31.62).

DÉGUSTER

RESTAURANTS

3on Accueil (05.53.63.30.97).
Isabeau de Limeuil (05.53.63.39.19).
.es Terrasses de Beauregard (05.53.63.30.85).
Le Chai, crêperie-pizzeria (05.53.63.39.36).
À l'Ancre de Salut, bar-brasserie (05.53.63.39.29).
Brasserie La Lutine (05.53.57.47.80).
Rencontres paysannes (06.75.37.32.77).

• PRODUITS DU TERROIR

Pommes et vin de pays du Périgord : Domaine de la Vitrolle (05.53.61.58.58).

OFFICE DE TOURISME : 05.53.63.38.90

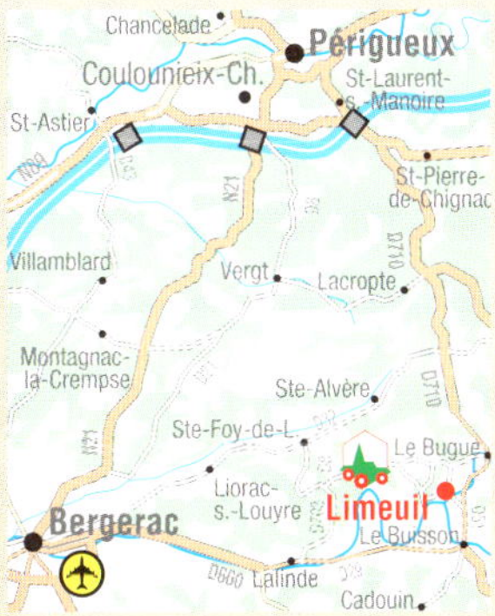

CARTE GÉNÉRALE : P. 17/F3
CODE POSTAL : 24510

ACHETER

Bijoux : Bijoux Sylvie (05.53.63.42.24. ou 05.53.22.94.49).
Forgerons : C. et J. Robert (05.53.63.39.51).
Galerie : Galerie Walaye (05.53.74.15.22).
Orfèvre : Mme Malone (05.53.61.32.83).
Peintre : Mme Olivarès (05.53.73.22.12).
Potiers : C. Robert (05.53.61.04.81) ; M. Nicole (05.53.73.09.75).
Sculpteur sur bois : F. Micoud (05.53.57.64.30).
Souffleurs de verre : L. et A. Mallemouche (05.53.63.38.96).

FÊTER

Juillet-août : concerts à la chapelle St-Martin, Soirées contes et Occitanie tous les mardis par l'association « Au Fil du Temps » (de mi-juillet à mi-août).
Juillet : brocante et fête votive (mi-juillet) ; marché des potiers (fin juillet).
Août : brocante professionnelle (début août).

RESPIRER

- Baignade non surveillée.
- Canoë-kayak : Canoës Perdigat (05.53.63.31.54) et Canoës Rivière Loisirs (05.53.63.38.73).
- Pêche.
- Randonnée pédestre : GR 6 et 4 circuits balisés. VTT.

MUSARDER

- Vallée de la Vézère : Le Bugue, les Eyzies, Lascaux (de 5 à 40 km).
- Cingle de Trémolat, Bergerac (de 10 à 42 km).
- Vallée de la Dordogne, Sarlat (40 km).
- Périgueux (48 km).

Locronan

Ancienne cité tisserande, Locronan doit son nom à saint Ronan, l'ermite qui en fut le fondateur.

Encore habitée du souvenir des cultes druidiques, la forêt de Nevet accueille au IXe s. l'ermitage de Ronan. Grâce aux ducs de Bretagne, Locronan devient au XVe s. l'un des joyaux de l'art ogival breton. L'église priorale est édifiée entre 1420 et 1480. Accolée à l'église, la chapelle du Pénity, des XVe et XVIe s., abrite le gisant de saint Ronan. À la Renaissance, la manufacture de tissage du bourg étend sa renommée : la Compagnie des Indes lui accorde sa préférence, et les toiles de chanvre de Locronan équipent les navires de la Royale. Sur la place du village subsistent l'hôtel de la Compagnie des Indes et les logis XVIIe s. des notaires du roi et des négociants. La chapelle N.-D.-de-Bonne-Nouvelle (XVIe s.), parée de vitraux de Manessier, s'élève dans l'ancien quartier des tisserands.

VISITER

- **Église St-Ronan et chapelle du Pénity** : tlj 9 h-19 h de juin à sept., 9 h-12 h/14 h-18 h le reste de l'année.
- **Chapelle N.-D.-de-Bonne-Nouvelle** : tlj 10 h-18 h de Pâques à la Toussaint.
- **Musée d'art et d'histoire** : 10 h-19 h du 15 juin au 15 sept., 10 h-12 h/ 14 h-17 h du 16 sept. au 14 juin.
- **Village** : visite guidée (rens. : 02.98.91.70.14).

SÉJOURNER

• HÔTELS

Hostellerie du bois de Nevet** (02.98.91.70.67).

Le Prieuré** (02.98.91.70.89).

• CHAMBRES D'HÔTE

Mme Jain*** (02.98.91.70.15).

Mme Henaff* (02.98.91.70.98).

Mme Lemaître (02.98.51.83.84).

• MEUBLÉS

Rens. : 02.98.91.70.14.

• CAMPING MUNICIPAL

(02.98.91.87.76).

DÉGUSTER

• RESTAURANTS

Au Coin du feu (02.98.51.82.44).

Le Grimaldi (02.98.91.70.72).

Le Prieuré (02.98.91.70.89).

• CRÊPERIES

Ar Billig Tom (02.98.91.70.23).

Ar Gueben (02.98.91.76.29).

Breiz Izel (02.98.91.82.23).

Le Temps passé (02.98.91.87.29).

Ty Coz (02.98.91.70.79).

• PRODUITS DU TERROIR

Galettes et kouign amann. A. Le Guillou (02.98.91.70.04) ; R. Le Henaff (02.98.91.70.24).

ACHETER

Aquarelliste : Alain Coadou (02.98.91.70.16).

Céramistes : Stan Brélivet (02.98.91.89.85) ; Françoise de Grailly (02.98.91.79.54).

Maroquinier : Co-Sacs (02.98.91.83.10).

Peintres : Marie Jaouan (02.98.51.80.43) ; Alain Ronan (02.98.91.70.77).

Sculpteurs : Hugo Coroller (06.80.32.20.02) ; Yvon Laouenan (02.98.91.70.10).

Souffleurs de verre : Verrerie de Locronan (02.98.91.74.39).

Tisserand : M. Lafaille (02.98.73.30.83).

FÊTER

Juillet : pardon de la Grande Troménie (pendant 1 sem.).

RESPIRER

- Randonnée : GR 38 et circuits balisés.
- Tennis.

MUSARDER

- Châteaulin (18 km).
- Sainte-Anne-la-Palud, Douarnenez et la pointe du Raz (de 6 à 48 km).
- Quimper, Pont-l'Abbé et le pays bigouden (de 17 à 40 km).
- Presqu'île de Crozon (30 km).

OFFICE DE TOURISME : 02.98.91.70.14

CARTE GÉNÉRALE : P. 12/B4
CODE POSTAL : 29180

Lods

Traversé par la Loue, qui jaillit à quelques kilomètres de là, Lods est un ancien village de vignerons et de forgerons.
Les forges ne sont plus en activité et Lods a dû abandonner la culture de la vigne, mais le village conserve les maisons de vignerons des XVIe et XVIIe s., imbriquées les unes dans les autres. Le musée de la Vigne et du Vin et un parcours ethnologique tracé dans le village content l'histoire de ses anciens forgerons et vignerons.

VISITER

- Musée de la Vigne et du Vin : tlj 14 h 30-18 h 30 en juillet-août, le w.-e. 14 h-18 h en juin et sept. (03.81.60.90.61).

SÉJOURNER

- **HÔTELS**

La Truite d'or** (03.81.60.95.48).
Hôtel de France (03.81.60.95.29).

- **CHAMBRES D'HÔTE*****

Homologuées Gîtes de Pêche
Rens. : 03.81.60.92.21.

- **GÎTES ET MEUBLÉS**

Rens. : 03.81.60.90.11.

- **CAMPING**

Champaloux** (03.81.60.90.11).

DÉGUSTER

- **RESTAURANTS**

La Truite d'or (03.81.60.95.48).
Hôtel de France (03.81.60.95.29).

MAIRIE : 03.81.60.90.11

CARTE GÉNÉRALE : P. 15/F6
CODE POSTAL : 25930

ACHETER

Peintres : Mme Von Lucke, Atelier lodois (03.81.60.91.19) ;
Sylvie Olman (03.81.62.24.66).

RESPIRER

- Canoë-kayak : Syratu Tourisme et Loisirs (03.81.57.10.82).
- Pêche.
- Randonnée pédestre.
- Tennis.

MUSARDER

- Dino-zoo : reconstitution de dinosaures (20 km).
- Vallée de la Loue, Ornans et Besançon (de 12 à 37 km).
- Source de la Loue, Pontarlier, fort de Joux et lac de Saint-Point (de 10 à 50 km).

Loubressac

SÉJOURNER

- **HÔTELS**

Le Relais du Castelnau*** (05.65.10.80.90).
Lou Cantou** (05.65.38.20.58).

- **CHAMBRES D'HÔTE**

Mme Belières (05.65.38.58.50).

- **GÎTES, GÎTES D'ÉTAPE ET MEUBLÉS**

Rens. : 05.65.10.82.18 ou 05.65.38.18.30.

- **CAMPING**

La Garrigue (05.65.38.34.88).

DÉGUSTER

- **RESTAURANTS**

Lou Cantou (05.65.38.20.58).
Le Relais du Castelnau (05.65.10.80.90).
Le Vieux Pigeonnier, crêperie et spécialités marocaines sur réservation (05.65.38.52.09).

- **PRODUITS DU TERROIR**

Fromages cabécous : M. Cazal, Rouquet (05.65.33.61.04) ; SA Verdier, Vailles (05.65.38.24.83).
Produits régionaux : Les marchés de Thénées (05.65.33.82.51).

ACHETER

Artisanat d'art : L'Artisane (05.65.38.13.21).
Peintres : Galerie du Clos (05.65.38.15.79) ; M. Van Hoylandt (05.65.38.03.72).

SYNDICAT D'INITIATIVE : 05.65.10.82.18
MAIRIE : 05.65.38.18.30

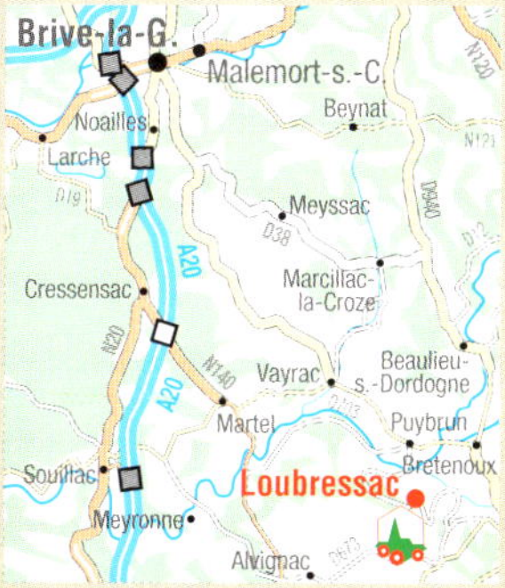

CARTE GÉNÉRALE : P. 17/G3
CODE POSTAL : 46130

Comme posé sur sa falaise, Loubressac offre au visiteur un vaste panorama sur la vallée de la Dordogne.
Les ruelles fleuries de Loubressac convergent sur une place ombragée où s'élève l'église des XIIe et XVIe s. Coiffées de vieilles tuiles, les maisons médiévales de pierre calcaire s'éclairent des chauds reflets du soleil. Dominé par son château, sur un promontoire naturel, le village offre une large vue sur la vallée de la Dordogne et de la Bave. De Loubressac partent de nombreux chemins de randonnée qui relient tous les hameaux environnants. En les sillonnant, le visiteur découvre au hasard fontaines ou dolmens, et débouche sur le Causse, tout proche.

FÊTER

8 mai : fête du Printemps.
Août : foire à la brocante (4e dim.).

RESPIRER

- Randonnée pédestre. VTT.

MUSARDER

- Château de Castelnau (6 km).
- Gouffre de Padirac (6 km).
- Château de Montal, Saint-Céré (9 km).
- Rocamadour (20 km).

Lourmarin

Au débouché d'une gorge qu'un dragon aurait creusée dans le Luberon, Lourmarin séduisit Henri Bosco et Albert Camus, qui reposent à l'ombre des cyprès de son cimetière.
Unique et antique voie franchissant la barrière du Luberon, l'entaille sauvage de l'Aiguebrun, qu'enjambe un vieux pont à coquille, est à l'origine de la naissance de Lourmarin autour d'un modeste monastère bénédictin et d'un château primitif, le Castellas, dépendant des seigneurs des Baux-de-Provence. Entouré d'une plaine parsemée de mas fortifiés, où les vergers d'arbres fruitiers et d'oliviers se mêlent aux vignes, le village enroule aujourd'hui ses rues bordées de fontaines et la cascade de ses toits brunis au soleil autour du Castellas, devenu beffroi-horloge, et de l'église romane St-Trophime et St-André. À deux pas, au-delà du temple rappelant le dramatique massacre des vaudois au XVIe s., dont les survivants se rallièrent au protestantisme, le château de La Colette, construit aux XVe et XVIe s., domine prés et jardins en terrasses. Sauvé de la ruine au début du siècle dernier par le mécène Laurent Vibert, il abrite une riche collection de mobilier et d'objets d'art, et accueille chaque année peintres, sculpteurs, musiciens et écrivains. Henri Bosco, le chantre du Luberon, puis Albert Camus découvrirent ainsi Lourmarin avant de faire du village leur dernière demeure.

VISITER

- Château : tlj du 1er fév. au 31 déc. sauf le 25 déc. et le 1er jan. (04.90.68.15.23).
- Promenades littéraires : tous les mardis à 10 h « Sur les pas d'Albert Camus », tous les mercredis à 10 h « Sur les traces d'Henri Bosco » ou sur RDV (04.90.68.10.77).
- Village : visite commentée, les vendredi à 10 h ou sur RDV (04.90.68.10.77).
- Temple et église romane (dans le cadre de la visite du village).
- Visite de plantations aromatiques « À la découverte de la culture des plantes, leurs propriétés et utilisations » à 17 h (04.90.68.11.83).

SÉJOURNER

• HÔTELS

Le Moulin**** (04.90.68.06.69).
Hôtel Bastide*** (04.90.07.00.70).
Le Mas de Guilles*** (04.90.68.30.55).
Le Paradou – La Cascade** (04.90.68.04.05).
Les Hautes Prairies (04.90.68.27.97).

• CHAMBRES D'HÔTE

La Villa Saint-Louis*** (04.90.68.39.18).
La Luberonne** (04.90.08.58.63).
La Bastide aux oiseaux (04.90.08.51.67).
Au Chemin vert (04.90.68.20.55).
La Colombelle (04.90.68.27.34).
La Cordière (04.90.68.03.32).
Les Oliviers (04.90.68.37.30).
Lou Trelus (04.90.08.58.38).
Mme Wenger (06.63.59.96.73).
Le Casselin (04.90.08.51.78).
Matine Œlhoffen (06.63.81.05.15).
Pierre Mathé (06.22.80.68.52).

• GÎTES, GÎTES D'ÉTAPE ET MEUBLÉS

Rens. : 04.90.68.10.77.

• MAISON FAMILIALE DE VACANCES

Centre Durance Luberon (04.90.68.11.88).

• CAMPING

Les Hautes Prairies*** (04.90.68.02.89).

OFFICE DE TOURISME : 04.90.68.10.77

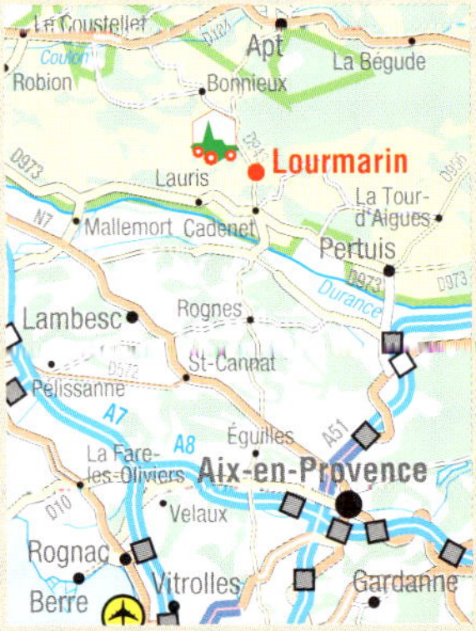

CARTE GÉNÉRALE : P. 19/E4
CODE POSTAL : 84160

DÉGUSTER

• RESTAURANTS

L'Antiquaire (04.90.68.17.29).
Le Bistrot (04.90.68.29.74).
Le Mas de Guilles (04.90.68.30.55).
Michel-Ange (04.90.68.02.03).
Le Moulin de Lourmarin (04.90.68.06.69).
L'Oustalet (04.90.68.07.33).
Le Paradou – La Cascade (04.90.68.04.05).

Les Hautes Prairies (04.90.68.27.97).
La Récré (04.90.68.23.73).
La Louche à beurre, crêperie (04.90.68.00.33).
Le Râtelier, pizzeria (04.90.68.23.33).
Les Cerisiers (04.90.68.14.07).

• **SALONS DE THÉ**

La Luce d'Angeuse (04.90.68.89.45).
Le Thé dans l'Encrier (04.90.68.88.41).
La Calade (04.90.68.84.43).

• **PRODUITS DU TERROIR**

Plantes aromatiques : ferme de Gerbaud (04.90.68.11.83).
Vins AOC des Côtes du Luberon : La Cave à Lourmarin, Coopérative de Lourmarin-Cadenet-Lauris (04.90.68.02.18) ; Château Fonvert (04.90.68.35.83) ; Château Constantin Chevalier (04.90.68.38.99).
Vins et produits régionaux : Château La Dorgenne (04.90.68.28.19) ; le jardin d'Ugo (04.90.68.21.62).

• **MARCHÉ**

Vendredi 8 h-13 h, pl. Henri-Barthélemy et avenue Philippe-de-Girard.

ACHETER

Artisanat du bois : Ligné Bois (04.90.68.81.09).
Bijoutier : Guy Hospital (04.90.68.24.22).
Créateurs de vêtements : Bénédicte Créations (04.90.68.22.14) ; Catherine (04.90.09.53.08) ; La Mercerie (04.90.68.80.91) ; La Place (04.90.68.85.52) ; Zen A (04.90.68.29.33).
Encadreur : Vu sous sept angles (04.90.68.13.56).
Faïencier : Les Terres du Sud (04.90.68.84.45).
Forgeron : Les Forges du Luberon (04.90.68.38.97).
Galeries d'art : voir le site www.lourmarin.com.
Librairie d'auteurs : Le Thé dans l'Encrier (04.90.68.88.41).
Linge de maison : La Boutique du Moulin (04.90.68.82.97) ; La Cousine des Lilas (04.90.68.84.03) ; Les Étoffes de la Pierre et de Feu (04.90.08.57.85).
Sculpteurs : Au Cœur de l'Arbre (04.90.68.31.55) ; Le Parc d'Ariane (04.90.68.38.40).

FÊTER

Juin-sept. : festival au château (concerts, conférences, spectacles).
Juillet : foire artisanale (3e dim.).
Juillet-août : Rencontres méditerranéennes Albert Camus (rens. : 04.90.68.10.77).

RESPIRER

- Mini-golf : Les Cerisiers (04.90.68.14.07).
- Piscine en saison : camping des Hautes Prairies (04.90.68.02.89).
- Randonnée pédestre autour de Lourmarin.
- Tennis (04.90.08.54.67).
- Tir à l'arc.

MUSARDER

- Villages du Luberon par la combe de Lourmarin (Bonnieux, Buoux), la Forêt des Cèdres et Apt (de 11 à 17 km).
- Vallée de la Durance (abbaye de Silvacane, gorges du Régalon) et Cavaillon (de 10 à 34 km).
- Château de La Tour-d'Aigues (17 km).
- Aix-en-Provence (33 km).
- Avignon (60 km).

Lyons-la-Forêt

Au cœur d'une forêt, Lyons est un village-clairière. De hêtres ou de chênes, la forêt est présente jusque dans les colombages de ses façades. Du Bout-de-Bas, berceau gallo-romain du village, jusqu'à La Rigole, Lyons-la-Forêt s'étire le long de la Lieure, que dominent l'église St-Denis (XIIe-XVIe s.), puis les anciens couvents des bénédictines et des cordeliers. Dans sa partie centrale, le village fait cercle autour des vestiges du château, où mourut Henri Ier d'Angleterre, fils de Guillaume le Conquérant. Il fait aussi triangle autour de ses halles du XVIIIe s. Un triangle animé des commerces et services d'un chef-lieu de canton, paré de torchis colorés, de briques, de colombages et de fleurs. Le Vieux Logis, la Sergenterie, la maison de Benserade, poète de la cour de Louis XIV, le Fresne, où composa Maurice Ravel, et l'ancien siège du bailliage, devenu mairie, en sont les fleurons. Plus grand massif forestier de Normandie, la forêt de Lyons est l'une des plus belles hêtraies d'Europe.

€ ACHETER

Antiquaires : M. de Longcamp (02.32.49.61.43) ; Les Lions de Beauclerc (02.32.49.18.90) ; Art Gallia (02.32.49.41.85).

Artisan floral : Jardin des Fleurs (02.32.49.54.45).

Décorateur sur meubles : L'Empreinte (02.32.48.23.01).

Décoration : Création Nattibe (02.32.49.98.19).

VISITER

- **Hôtel de Ville** (cachot et salle du tribunal du XVIIIe s.) : visite libre toute l'année 10 h-12 h/14 h-17 h (sauf le lundi).
- **Village :** visite guidée pour les groupes sur RDV (02.32.49.31.65).

SÉJOURNER

• HÔTELS

La Licorne*** (02.32.49.62.02).
Le Domaine Saint-Paul** (02.32.49.60.57).
Le Grand Cerf ** (02.32.49.60.44).

• AUBERGE DE PAYS

Les Lions de Beauclerc (02.32.49.18.90).

• CHAMBRES D'HÔTE ET GÎTES

Rens. : 02.32.49.31.

• CAMPING

Saint-Paul**** (02.32.49.42.02).

DÉGUSTER

• RESTAURANTS

Le Commerce (02.32.49.49.92).
Le Domaine Saint-Paul (02.32.49.60.57).
Le Grand Cerf (02.32.49.60.44).
La Halle (02.32.49.49.92).
Le Kilt, salon de thé (02.32.49.84.06).
Le Petit Lyons (02.32.49.61.71).
Villa à Thèmes (02.32.49.61.14).

• PRODUITS DU TERROIR

Épiceries fines : Le Kilt (02.32.49.84.06) ; Villa à Thèmes (02.32.49.61.14).
Pâté de Lyons : M. Duguet (02.32.49.60.68).
Produits régionaux : Les 4 Fermières (02.32.49.19.73).

• MARCHÉ

Jeudi, sam. et dim. 8 h 30-13 h.

FÊTER

1er mai : foire à tout.
Pentecôte : fête artisanale.
Juillet : fête de la Fleur (1er w.-e.).
Oct. : fête de la Saint-Denis (mi-oct.).

RESPIRER

- Équitation.
- Piscine.
- Randonnée cycliste et pédestre (randonnées organisées par l'office de tourisme).
- Tennis.

MUSARDER

- Abbaye de Mortemer, collégiale d'Écouis et Château-Gaillard – Les Andelys (de 5 à 20 km).
- Château de Martainville et Vascœuil, abbaye de Fontaine-Guérard et Rouen (de 11 à 35 km).

OFFICE DE TOURISME : 02.32.49.31.65/
MAIRIE : 02.32.49.60.87

CARTE GÉNÉRALE : P. 13/G3 **CODE POSTAL : 27480**

Ménerbes

Perchées sur une crête arrimée au flanc du Luberon, les façades de Ménerbes dominent une houle de garrigues et de vignes.
Du dolmen de la Pitchoune à l'abbaye St-Hilaire et aux vieilles demeures alignées au fil de ses ruelles, depuis la citadelle jusqu'à l'église et son cimetière, Ménerbes ajoute à la richesse de son patrimoine la beauté de ses horizons lumineux et le partage d'un art de vivre symbolisé par la Maison de la Truffe et du Vin.

VISITER

- Abbaye St-Hilaire : tlj 9 h-19 h en été, 10 h-18 h en hiver.
- Maison de la Truffe et du Vin : tlj sauf lundi 10 h-13 h/15 h-19 h en été ; jeudi, vendredi et sam. 10 h-13 h/14 h-18 h en hiver.
- Musée du Tire-bouchon : tlj 9 h-12 h/14 h-19 h du 1er avril au 31 oct. ; 9 h-12 h/14 h-18 h, sam. 9 h-12 h du 1er nov. au 31 mars.

SÉJOURNER

• HÔTEL

Le Roy-Soleil*** (04.90.72.25.61).

• CHAMBRES ET MAISONS D'HÔTE

La Bastide de Marie**** (04.90.72.30.20).
Les Douze Oliviers**** (04.90.72.23.80).
La Magnanerie**** (04.90.72.42.88).
Les Peirelles**** (04.90.72.23.42).
La Bastide de Soubeyras (04.90.72.94.14).
M. et Mme Boffredo (04.90.72.20.09).
Les Chozeaux (Rens. : La Bastide de Marie).
Le Galoubet (04.90.72.36.08).
M. et Mme Helas (04.90.72.36.72).
Le Mas du Magnolia (04.90.72.48.00).

• GÎTES ET MEUBLÉS

Rens. : 04.90.72.22.05.

MAIRIE : 04.90.72.22.05

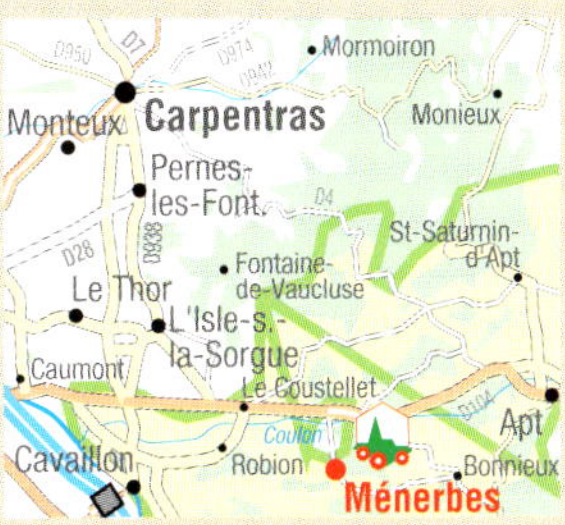

CARTE GÉNÉRALE : P. 19/E4
CODE POSTAL : 84560

DÉGUSTER

• RESTAURANTS

La Bastide de Marie (04.90.72.30.20).
Café Véranda (04.90.72.33.33).
Clémentine (04.90.72.32.81).
Le Galoubet (04.90.72.36.08).
La Rabasse (04.90.72.44.79).
Le Roy-Soleil (04.90.72.25.61).
Saveurs et Bien-Être (04.32.50.20.53).

• PRODUITS DU TERROIR

Escargots : M. Aparicio (04.90.72.22.26).
Charcuterie : M. Mamessier (04.90.72.23.06).
Miel : M. Thédenat (04.90.72.31.03).
Produits régionaux : Arômes (04.90.72.27.36) ; Épicerie du Luberon (04.32.50.12.86) ; Lou Passantié (04.90.72.24.04).
Vins AOC des Côtes du Luberon : Domaine des Cancelades (04.32.50.12.45) ; Domaine de la Citadelle (04.90.72.41.58) ; Domaine AD Fines (01.44.18.32.13) ; Domaine de la Garelle (04.90.72.31.20) ; Domaine de Marie (04.90.72.30.20) ; Domaine Ruffinatto (04.90.72.39.76).

• MARCHÉS

Avril : marché du fromage de chèvre, du pain et du vin (2e w.-e.).
Mai : Floralies de Ménerbes (1er).
Déc. : marché de la truffe (dern. w.-e.).

ACHETER

Antiquaires : Sacha Décoration (04.90.72.41.28) ; À Saint-Germain Antiquités (04.90.72.23.86) ; La vie est belle (04.90.72.36.87).
Peintres : M. Downing (04.90.72.33.63) ; M. Ganas (04.90.72.27.29) ; M. Roubaud (04.90.72.21.51).
Potier : Mme Gresse (04.90.72.30.58).

FÊTER

Août : fête votive de la Saint-Louis (3e w.-e.).
Oct. : vide-grenier (1er dim.).

RESPIRER

- Randonnée pédestre : 10 circuits balisés.
- VTT.

MUSARDER

- Villages perchés du Luberon : Bonnieux, Lacoste, Oppède-le-Vieux (de 4 à 10 km).
- Cavaillon, Apt et Avignon (de 16 à 40 km).

Minerve

Tapi sur un promontoire modelé par deux canyons creusés dans le calcaire, Minerve est un vaisseau de pierre échoué dans la garrigue languedocienne.

Le village viticole doit la force de son site au Brian et à la Cesse confluant à ses pieds et le cernant de gorges profondes. Vicomté au Moyen Âge, Minerve édifie son église romane St-Étienne et s'entoure de remparts prenant appui sur un château fort. Ce système de défense permet aux Minervois convertis à l'hérésie cathare de résister sept semaines à l'armée des croisés de Simon de Montfort. La rue des Martyrs et une stèle près de l'église conservent le souvenir des 180 cathares brûlés sur le bûcher après la capitulation, le 22 juillet 1210. Du château démantelé au XVIIe s. subsiste une tour octogonale. Au bas du village, un chemin conduit de la poterne sud au lit de la Cesse et emprunte son parcours souterrain sur quelque 300 m sous de larges voûtes calcaires.

• **PRODUITS DU TERROIR**

Fromages de chèvre, produits fermiers : Mme Calvel, M. Becker (04.67.97.29.99).

Vins AOC du Minervois :
M. Abad (04.68.91.22.94) ;
M. Caffort (04.68.91.11.27) ;
M. Cavaillès (04.68.91.12.60) ;
M. Fraisse (04.68.91.30.66) ;
M. Taillades (04.68.91.26.77) ;
Les Trois Blasons, cave-coopérative (04.68.91.22.61) ;
M. Vordy (04.68.91.80.39).

VISITER

- Musée archéologique et paléontologique : tlj 10h30-18h d'avril à nov.
- Musée Hurepel d'histoire cathare : tlj 13h-18h d'avril à oct.
- Village : visite guidée pour groupes uniquement et sur réservation (04.68.91.81.43).

SÉJOURNER

• **HÔTEL**

Relais Chantevent (04.68.91.14.18).

• **CHAMBRES D'HÔTE ET GÎTES**

Rens. : 04.68.91.81.43

DÉGUSTER

• **RESTAURANTS**

Relais Chantevent (04.68.91.14.18).
Céline et Thierry, crêperie-pizzeria (04.68.91.16.38).
La Table des Troubadours, grill (04.68.91.27.61).
La Terrasse (06.30.32.41.22).

• **AUBERGE À LA FERME**

M. et Mme Poumayrac (04.67.97.05.92).

ACHETER

Artisanat local : Philippe Gresle et Magali Severec (04.68.91.25.30) ; Galerie SEPIA (04.68.91.12.50).
Librairie : Paroli (04.68.49.82.54)
Santonnier : Senteurs et Couleurs du Sud (04.68.91.81.80).

FÊTER

Août : « Minerve au cœur de la pierre » – animations, créations (1er dim.).

RESPIRER

- Baignade.
- Randonnée pédestre : GR 77 et 2 circuits balisés.

MUSARDER

- Caunes-Minervois, Lastours et Carcassonne (de 25 à 45 km).
- Montagne Noire (30 km).
- Narbonne (32 km).
- Oppidum d'Ensérune et Béziers (45 km).

SYNDICAT D'INITIATIVE : 04.68.91.81.43

CARTE GÉNÉRALE : P. 17/H5
CODE POSTAL : 34210

Mirmande

Mirmande monte à l'assaut de l'église Ste-Foy, d'où l'on découvre la vallée du Rhône et les monts du Vivarais.

Encastrées dans les remparts ou imbriquées les unes dans les autres pour se protéger du mistral, les façades de Mirmande escaladent le versant du massif de Marsanne. Le village est un labyrinthe de ruelles, de calades et d'escaliers avec, tout en haut, la belle église Ste-Foy (XIe-XVe s.). Après la disparition, à la fin du XIXe s., de l'élevage du ver à soie, dont plusieurs magnaneries conservent le souvenir, Mirmande renaît grâce à ses productions fruitières, mais aussi grâce au peintre et écrivain André Lhote, qui y vécut, et à Haroun Tazieff, qui en fut maire de 1979 à 1989.

VISITER

- Verger de fruits sauvages et village botanique : tlj.
- Village : visite guidée, rens. : 04.75.63.10.88.

SÉJOURNER

• HÔTELS

La Capitelle*** (04.75.63.02.72).
L'Hôtel de Mirmande (04.75.63.13.18).

• CHAMBRES D'HÔTE

M. Blanc*** (04.75.63.22.52).
Mme Brun*** (04.75.63.02.92).
Mme Goriou*** (04.75.63.01.15).
Chez Margot (04.75.63.08.05).
M. Foucault (04.75.63.02.51).
Domaine des Fougères (04.75.63.01.66).
Mme Gadenne (04.75.63.15.88).

• GÎTES ET MEUBLÉS

Rens. : 04.75.63.10.88.

• CAMPING

La Poche** (04.75.63.10.88).

DÉGUSTER

• RESTAURANTS

La Capitelle (04.75.63.02.72).
Chez Margot (04.75.63.08.05).

• PRODUITS DU TERROIR

Jus de fruits, fruits et légumes de saison : M. Jeune (04.75.63.00.97) ; M. Rouveyre (04.75.63.22.07).

ACHETER

Ébéniste d'art, sculpteur : M. Noilly (04.75.63.22.48).
Ferronnier d'art : François Privat.
Galeries d'art et artisanat : Sapet (04.75.63.10.82) ; La Porte des Gaultiers (04.75.63.13.29).
Peintres : Célibe Bari (06.74.45.69.38) ; M. Marandet (04.75.63.08.10) ; M. Poncet-Duquaire (04.75.42.97.54) ; Marianne Verga (04.75.63.05.84).
Potiers : Calicot (04.75.63.21.86) ; Ibarra (04.75.63.02.65).
Sculpteurs : M. Chtcherbakoff (04.75.63.08.33) ; M. Goriou (04.75.63.01.15).

FÊTER

Mai-sept. : expositions et concerts à l'église Ste-Foy.
Août : fête de Mirmande (av.-dern. w.-e.).
Oct. : foire aux plantes rares et de collection (2e dim.).

RESPIRER

- Randonnée : 3 circuits balisés.
- VTT.

MUSARDER

- Village potier de Cliousclat (3 km).
- Crest (18 km).
- Montélimar (18 km).

OFFICE DE TOURISME : 04.75.63.10.88
MAIRIE : 04.75.63.03.90

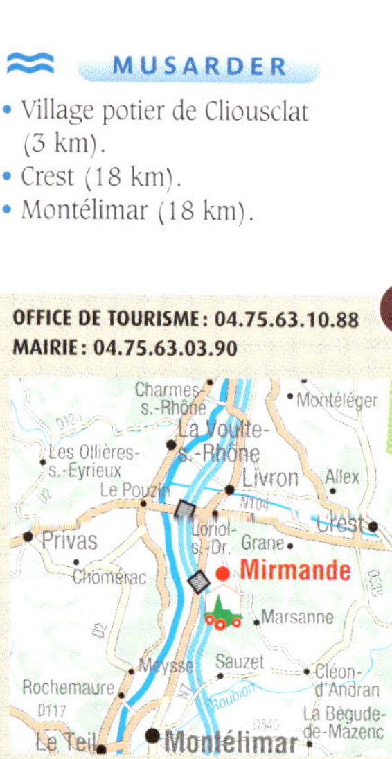

CARTE GÉNÉRALE : P. 19/E3
CODE POSTAL : 26270

Mittelbergheim

VISITER

- Ancien moulin à huile (XVIIIe s.) : tlj.
- Sentier viticole : tlj.
- Village : visite guidée sur RDV (03.88.08.01.66).

SÉJOURNER

• **HÔTEL**

Winstub Gilg** (03.88.08.91.37).

• **CHAMBRES D'HÔTE**

Henri Dietrich (03.88.08.93.54).
Christian Dolder (03.88.08.96.08).
Jacqueline Dolder (03.88.08.15.23).
Marie-Paule Dolder (03.88.08.17.49).
Marie-Thérèse Lauffenburger (03.88.08.99.47).
André Wantz (03.88.08.00.41).

• **GÎTES ET MEUBLÉS**

Rens. : 03.88.08.01.66.

Sur la route des vins d'Alsace, au pied du mont Sainte-Odile, Mittelbergheim ajoute à une remarquable unité architecturale l'art de cultiver ses vignes et son hospitalité.

Né à l'époque franque sur le piémont des Vosges, à proximité du mont dédié à sainte Odile, patronne d'Alsace, Mittelbergheim fut longtemps dépendant de la toute proche abbaye d'Andlau, fondée au IXe siècle par l'épouse de l'empereur Charles le Gros. Le village est voué à la vigne. Parée des multiples couleurs de l'automne ou fleurie au printemps de tulipes sauvages, elle encercle la cité depuis sa partie basse, où commence la plaine du Rhin, jusqu'en haut de la colline du Zotzenberg, où le sylvaner, l'un des cépages du vignoble, atteint les sommets des grands crus. À « Mittel », comme l'appellent plus simplement ses habitants, la vigne a également sa mémoire : derrière son élégante façade Renaissance donnant sur la rue principale, la mairie conserve le Weinschlag, précieux recueil qui contient de multiples informations sur le vignoble et le vin depuis 1510. Omniprésente dans le paysage, la vigne l'est aussi dans l'architecture de Mittelbergheim. Alignées le long des rues en d'harmonieuses perspectives, les façades des demeures du village, datées des XVIe ou XVIIe s. et remarquablement conservées, ornent les rues de leurs imposants porches de grès rose. Grands ouverts dès le matin sur de vastes cours intérieures tout en longueur qu'encadrent les bâtiments liés à l'activité viticole, de massifs portails de bois se referment chaque soir à la nuit tombante sur le secret des caves où vieillissent, avec rieslings, tokays ou autres gewurztraminers, les sylvaners du Zotzenberg, seuls à être classés « grands crus » en Alsace.

DÉGUSTER

• **RESTAURANTS**

Am Lindeplatzel (03.88.08.10.69).
Au Raisin d'or (03.88.08.93.54).
Winstub Gilg (03.88.08.91.37).

• **PRODUITS DU TERROIR**

Confitures : Estelle Watt (03.88.08.44.37).
Vins AOC d'Alsace et grand cru Zotzenberg : Émile Boeckel (03.88.08.91.02) ; Jérôme Brandner (03.88.08.01.89) ; Christian Dolder (03.88.08.96.08) ; Gérard Dolder (03.88.08.02.94) ; Armand Gilg et Fils (03.88.08.92.76) ; Bernard et Daniel Haegi (03.88.08.95.80 ou 91.20) ; Bernard Hansmann (03.88.08.07.44) ; M. Hirtz, Gaec du Rothland (03.88.08.47.90) ; André Kleinknecht (03.88.08.49.46) ; Jean-Christophe Lehner (03.88.08.04.72) ; Georges Mappus et Fils (03.88.08.95.35) ; André-Lucas Rieffel (03.88.08.95.48) ; M. Rietsch (03.88.08.00.64) ; André Rohrer (03.88.08.97.23) ; Patrick Schwob (03.88.08.02.33 ou 55.79) ; Albert Seltz et Fils (03.88.08.92.08) ;

Fernand et Michel Seltz (03.88.08.93.92 ou 97.62) ; Jean Seltz et Fils (03.88.08.00.73 ou 97.52) ; Jean-Marc Wantz (03.88.08.91.43) ; André Wittmann et Fils (03.88.08.95.79 ou 49.39) ; Caves ouvertes, visite et dégustation toute l'année (rens. : 03.88.08.01.66).

ACHETER

Ébéniste : M. Seltz (03.88.58.59.60).
Peintre-sculpteur : Christian Gilg (03.88.08.43.91).

FÊTER

Pâques : expositions de sculpture et de peinture.
Juillet : fête du Vin (dern. w.-e.).
Oct. : fête du Vin nouveau (2e w.-e.).
Déc. : Bredelmarik, marché des gâteaux alsaciens de Noël (1er dim.).

RESPIRER

- Randonnée pédestre : GR 5 et 10, circuits balisés, dont sentier viticole.
- VTT.

MUSARDER

- Barr (2 km).
- Obernai (10 km).
- Mont Ste-Odile (15 km).
- Andlau, Le Hohwald et Champ du Feu (de 2 à 20 km).
- Sélestat (20 km).
- Haut-Kœnigsbourg (28 km).
- Strasbourg (35 km).
- Colmar (40 km).

SYNDICAT D'INITIATIVE : 03.88.08.01.66

CARTE GÉNÉRALE : P. 15/G4
CODE POSTAL : 67140

Monestiès

Aux frontières du Causse et du Ségala, Monestiès est lové dans une boucle du Cérou.

Le village médiéval, autrefois fortifié, s'est développé autour de l'église St-Pierre, siège du pouvoir religieux et politique dès le xe s. De ce passé, Monestiès a conservé le labyrinthe de ses rues et venelles bordées d'anciennes demeures. L'une de ces bâtisses abrite aujourd'hui le musée de peinture Bajèn-Vega, consacré à un couple d'artistes réfugiés politiques espagnols. Aux portes du village, la chapelle St-Jacques n'accueille plus les pèlerins de Compostelle, qui trouvent refuge à l'ancien hôpital, et présente un exceptionnel retable du xve s. Composé de vingt statues polychromes de grandeur nature, il illustre dans la pierre les trois derniers épisodes de la passion du Christ : la crucifixion, la Vierge éplorée (pietà) et la mise au tombeau.

VISITER

- Chapelle St-Jacques (mise au tombeau) : du lundi après-midi au dim.
- Église St-Pierre : tlj 9 h 30-12 h/15 h-19 h.
- Musée Bajèn-Vega : tlj sauf lundi du 16 mars au 30 sept. et du mardi au sam. du 1er oct. au 15 mars.
- Parc du domaine : 10 h-18 h en juillet-août.
- Galerie du Monde : de juin à sept.
- Village (rens. : 05.63.76.19.17).

SÉJOURNER

- **HÔTEL**

L'hostellerie Saint-Jacques (05.63.76.11.72).

- **CHAMBRES D'HÔTE**

Les Voisins** (05.63.76.48.78).
Le Manoir de Raynaudes (05.63.36.91.90).

- **GÎTES, GITES DE GROUPE ET MEUBLÉS**

Rens. : 05.63.76.19.17.

- **CAMPING**

Camping municipal* (05.63.76.19.17).

DÉGUSTER

- **RESTAURANTS**

L'Auberge occitane (05.63.76.11.40).
L'Hostellerie Saint-Jacques (05.63.76.11.72).
Pause des lices, salon de thé (05.63.36.33.33).

- **MARCHÉ**

De juillet à août : marché nocturne 17 h-20 h tous les jeudis.

ACHETER

Luthier-archetier : François Grimaux (05.63.76.67.83).

FÊTER

mai : brocante (début du mois).
Juillet : festival « À plus d'un Titre » (tête d'affiche, scène découverte).
Nov. : brocante (début du mois).

RESPIRER

- Équitation : centre équestre du Cérou (05.63.36.44.90).
- Pêche.
- Promenade avec âne bâté : Ânes et Mômes (05.63.76.11.26 ou 13.04).
- Randonnée : 6 circuits balisés.
- Tennis (05.63.76.19.17).
- Sports nautiques : base nautique du lac de La Roucarié (05.63.36.71.14).
- VTT : 5 circuits (location : 05.63.76.11.51).

MUSARDER

- Cap'Découverte à Blaye-les-Mines (6 km).
- Cordes-sur-Ciel (15 km).
- Albi (20 km).
- Gaillac (27 km).

OFFICE DE TOURISME : 05.63.76.19.17

CARTE GÉNÉRALE : P. 17/G4
CODE POSTAL : 81640

Monflanquin

Entre Agenais et Périgord, le paysage environnant Monflanquin reste, comme l'écrivait Stendhal, celui d'une « petite Toscane ».
Fondé en 1256 par Alphonse de Poitiers, frère de Saint Louis, Monflanquin est l'une des quelque trois cents bastides ou cités nouvelles créées le plus souvent à l'initiative des rois de France et d'Angleterre ou des comtes de Toulouse, qui se disputaient le sud-ouest de la France. Dès la fin du XIIIe s., la cité, devenue siège d'un bailliage, est entourée de remparts, percés de portes fortifiées et surmontés de tours, qui seront démantelés après les affrontements des guerres de Religion sur ordre royal, en 1622. Monflanquin a néanmoins conservé son plan caractéristique en damier et, au cœur du village, la place des Arcades, aux couverts soutenus de piliers de pierre, reste bordée de belles demeures comme la maison du Prince Noir.

VISITER

- **Musée des Bastides (visite ludique et interactive, atelier de calligraphie et jeux)** : du lundi au sam. 10h-19h en juillet-août et 10h-12h/14h-18h le reste de l'année, le dim. 10h-18h en juillet-août et 15h-18h le reste de l'année (05.53.36.40.19).
- **Village** : d'anecdote en rencontre insolite au détour des ruelles, une balade-découverte de la bastide conduite par le guide-bouffon Janouille la Fripouille. Visites en juillet-août lundi, mardi et jeudi à 18h, mercredi et vendredi à 11h, mardi et jeudi à 21h30 aux flambeaux, sur RDV hors saison pour groupes (05.53.36.40.19).
- **Pollen, pôle d'art contemporain et résidence d'artistes** (expositions et conférences), rue Sainte-Marie : du lundi au vendredi 9h-12h/14h-17h (05.53.36.54.37).

SÉJOURNER

• HÔTELS

Monform**, route de Cancon (05.53.49.85.85).
L'Entrecôte, avenue de la Libération (05.53.36.40.01).
Le Moulin de Boulède, Pierre Garcia (05.53.36.16.49).

• RÉSIDENCE DE TOURISME

Résidence du Lac, Pierre et Vacances (05.53.49.72.00).

• CHAMBRES D'HÔTE

Nathalie Bruynel***, Marcou (05.53.36.33.27).
Marc-Eugène Lemaire**, domaine de Roquefère (05.53.36.43.74).
Jacqueline Aarnts, Les Bourdeaux (05.53.49.16.57).
Peter Jones, ferme-auberge de Tabel (05.53.36.30.57).

• GÎTES, VILLAGE DE GÎTES ET MEUBLÉS

Rens. : 05.53.36.40.19.

DÉGUSTER

• RESTAURANTS

Le Bistrot du Prince Noir (05.53.36.63.00).
L'Entrecôte (05.53.36.40.01).
La Grappe de raisin (05.53.36.31.52).
Le Jardin (05.53.36.54.15).
Le Restaurant du Lac (05.53.49.85.86).
La Mercerie (05.53.36.48.74).
Le Moulin de Boulède (05.53.36.16.49).
La Tonnelle (05.53.71.63.54).
Le Saint-Pierre, restaurant-pizzeria (05.53.70.00.06).
Les Encantadas, brasserie (05.53.40.17.53).
La Terrasse des Arts'cades, brasserie (05.53.36.32.18).
La Bastide, crêperie (05.53.36.77.05).
L'Heure du Thé, salon de thé (06.80.52 85.21).

• FERME AUBERGE

Le Tabel (05.53.36.30.57).

Monflanquin

- **PRODUITS DU TERROIR**

Foie gras : Solange Durgueil, visite et dégustation, Les Renardières (05.53.36.45.44).

Vins de pays du haut Agenais : Cave des 7 Monts, Mondésir (05.53.36.33.40).

Produits régionaux : confits, foie gras, fromages fermiers, pruneaux, tourtières, vins de pays et produits biologiques sont également disponibles sur le marché.

- **MARCHÉS**

Marché traditionnel jeudi 8 h-13 h, pl. des Arcades.

Marchés saisonniers en juillet-août, mardi 9 h-12 h 30, pl. des Arcades, et dim. 9 h-12 h 30, Tour de Village.

Marché de producteurs de pays en juillet-août, jeudi 18 h-22 h, pl. des Arcades.

€ ACHETER

Antiquités-brocante : Marie-Agnès Lanteiron, pl. des Arcades (05.53.36.44.58) ; Jean-Marie Marmier (05.53.63.42.92) ; Jean-Claude Pisson (06.12.30.36.19).

Art contemporain : Pollen, résidence d'artistes, rue Sainte-Marie (05.53.36 54.37).

Artisanat du cuir : Annie Delemarle, pl. des Arcades (05.53.01.48.45).

Atelier de reliure-encadrement : Catherine Questiau (05.53.40.61.20).

Céramique : Patrick Sibille (05.53.70.58.99).

Céramique parfumée : Sandrine Moz (06.64.16.51.78).

Dessinateur humoristique : Serge Faval (05.53.36.46.13).

Décoration : Las Encantadas, pl. des Arcades (05.53.40.17.53).

Jouets en bois : Jo Périé, pl. des Arcades (05.53.36.46.13).

Peintres : Atelier Néo-Médicis, stages (05.53.36.54.05) ; Nathalie Bruynel (05.53.36.33.27) ; Guy Fraigneau, aquarelle (05.53.36.40.79) ; Galerie Ocre, aquarelle (05.53.36.53.14) ; Goren (05.53.36.96.41) ; Greg Pelizzari, stages (05.53.36.31.46).

OFFICE DE TOURISME : 05.53.36.40.19

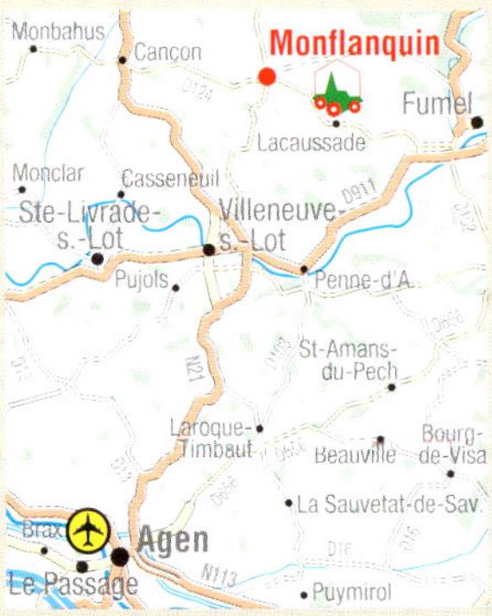

CARTE GÉNÉRALE : P. 17/F4
CODE POSTAL : 47150

Savons : Savonnerie Saponaire (05.53.36.46.15).

Vêtements et bijoux : La Boutique, pl. des Arcades (05.53.36.46.13).

FÊTER

Toute l'année : expositions, concerts et théâtre (rens. : 05.53.36.40.19).

Mai : foire aux vins et fromages.

Juillet : foire à la brocante (mi-juillet), « Les soirées baroques de Monflanquin » (2e quinz.).

Août : Journées médiévales et foire aux produits artisanaux et régionaux (mi-août).

Déc. : foire de la Saint-André (1er w.-e.).

RESPIRER

- Boulodrome, route de Cancon (05.53.36.42.87).
- Équitation : Équi'age, route de Cancon, de juillet à sept. (05.53.36.51.37).
- Mini-golf : 10 h-12 h/14 h-20 h, Monform, route de Cancon (05.53.49.85.85).
- Pêche : cours d'eau de 1re et 2e catégories.
- Piscine : parc des Sports, route de Cancon (05.53.36.41.09).
- Randonnée pédestre et cycliste : topo-guides en vente à l'OT ; location de vélos et VTT : Cycles Monflanquin (05.53.36.42.62).
- Remise en forme (aquagym, hammam, musculation, piscine, sauna) : Monform, route de Cancon (05.53.49 85.85).
- Baptêmes ULM : Régis Faucheux (05.53.41.45.62).

MUSARDER

- Moulin du Cros à Montagnac-sur-Lède (8 km).
- Château fort de Gavaudun (11 km).
- Bastides de Villeréal, Villeneuve-sur-Lot, Castillonnès et Beaumont-du-Périgord (de 12 à 29 km).
- Cités médiévales de Cancon, Penne-d'Agenais et Issigeac (de 12 à 29 km).
- Musée Bernard-Palissy à Saint-Avit (12 km).
- Château de Biron (17 km).
- Château de Bonaguil à Saint-Front-sur-Lémance (23 km).
- Agen (50 km).

Monpazier

Sept siècles après sa création, Monpazier a conservé son plan initial et reste le modèle de la bastide médiévale.
Monpazier a été fondé en 1284 par Édouard Ier d'Angleterre. Le village, traversé de carreyras (rues) et de carreyrous (ruelles), s'orne d'ogives et de fenêtres Renaissance. La place centrale est entourée d'arcades des XIVe et XVIIIe s. et sa halle conserve d'anciennes mesures à grain. Un peu en retrait s'élèvent l'église St-Dominique, des XIIIe et XVe s., et, en face, la maison dite du Chapitre, construite au XIIIe s. et autrefois grange aux dîmes. Non loin, les anciens bâtiments conventuels de l'ordre des Récollets abritent l'atelier des bastides.

VISITER

- **Atelier des Bastides :** tlj 10 h-12 h/15 h-18 h en juillet-août, le w.-e. en avril, mai, juin, sept. et oct.
- **Église St-Dominique :** tlj 10 h-17 h.
- **Village :** visite guidée mardi et vendredi à 14 h 30 en juillet-août, toute l'année pour les groupes sur RDV (05.53.22.68.59).

SÉJOURNER

• HÔTELS
Hôtel Edward Ier*** (05.53.22.44.00).
Hôtel de Londres** (05.53.22.60.64).
Hôtel de France* (05.53.22.60.06).

• CHAMBRES D'HÔTE, GÎTES ET MEUBLÉS
Rens. : 05.53.22.68.59.

DÉGUSTER

• RESTAURANTS
La Bastide (05.53.22.60.59).
Le Croquant (05.53.22.62.63).
Le Pardailhan (05.53.22.60.64).
Le Privilège du Périgord (05.53.22.43.98).
Le Saint-Jacques (05.53.22.60.06).
Chez Minou, pizzeria (05.53.22.46.59).

• MARCHÉS
Foire le 3e jeudi de chaque mois.
Marché le jeudi matin.
Marché aux cèpes (selon pousse) tous les après-midi en automne.

ACHETER

Céramiste : Alain Ménager (05.53.22.61.30).
Création couture : Two Cats (05.53.23.48.91).
Décorateur d'œufs : Œufs de lumière (05.53.23.35.76).
Décoratrice florale : Chantal Pairault (05.53.23.47.12 ou 05.53.07.42.97).
Ébéniste : Philippe Sibilleau (05.53.22.62.57).
Encadreur : Passe-Partout (05.53.74.39.67).
Horloger (horloges anciennes) : M. Beaubatie (05.53.23.98.56).
Marqueteur : Christophe Planchon (05.53.23.20.74).
Peintres : Atelier Jani (05.53.23.44.93) ; M. et Mme Roussel (05.53.22.02.41).
Peintre sur bois : Mme Dessaive (05.53.74.30.07).
Potier : Atelier Terre et Bois, Stéphane Miglierina (06.83.47.98.81).
Souffleur de verre : Verrerie de la Bastide (05.53.74.30.82).
Tissus-ameublement : Karine B (05.53.27.32.38).

FÊTER

Mai : fête des Fleurs (3e dim.).
Juin : brocante (2e w.-e.).
Juillet : vide-grenier (1er dim.), fête médiévale, festival de théâtre (dern. sem.), fête du Livre (4e dim.).
Juillet-août : festival « L'été musical en Bergerac », animations « Art et mémoire » (théâtre).
Août : brocante (2e w.-e.), nocturne cycliste internationale (1er jeudi).
Sept. : Journée des métiers d'art (3e dim.).

OFFICE DE TOURISME : 05.53.22.68.59

CARTE GÉNÉRALE : P. 17/F3
CODE POSTAL : 24540

RESPIRER

- Boulodrome.
- Centre équestre.
- Randonnée pédestre.
- Tennis.

MUSARDER

- Château de Biron (8 km).
- Abbaye de Cadouin, vallée de la Dordogne (22 km).
- Benaguil : château (30 km).
- Issigeac (31 km).
- Bergerac (45 km).
- Monbazillac (46 km).
- Sarlat (50 km).

Montbrun-les-Bains

Entre montagne de Lure et Ventoux, la Drôme devient à Montbrun provençale et se pare de lavandes, de garrigues et de vignes.
Étagées sur le versant escarpé d'une colline, les hautes façades de Montbrun, percées de fenêtres semblables à des meurtrières, se dressent en ultime rempart protégeant les vestiges, encore imposants, d'un ancien château médiéval, reconstruit sous la Renaissance avant d'être pillé durant la Révolution. De la place de l'Horloge et son beffroi jusqu'au portail Ste-Marie, d'étroites calades conduisent, de fontaine en fontaine, à l'église du XIIe s. abritant un remarquable autel baroque et plusieurs tableaux, dont le Couronnement de la Vierge de Parrocel.
Au pied du village, l'établissement thermal valorise à nouveau depuis 1987 les vertus d'une source, déjà exploitée à l'époque romaine, soigne les affections respiratoires ou rhumatismales et propose des séjours de remise en forme.

VISITER

- Église (clefs à la mairie).

SÉJOURNER

- **HÔTEL**

Hôtel des Voyageurs* (04.75.28.81.10).

- **DEMEURE D'HÔTE**

M. et Mme Richebé** (04.75.28.82.97).

- **CHAMBRES D'HÔTE, GÎTES, GÎTES D'ÉTAPE ET MEUBLÉS**

Rens. : 04.75.28.82.49.

- **VILLAGES DE VACANCES**

CCAS (04.75.28.89.00).
VVF, Gîte clair (04.75.28.82.35).

- **CAMPINGS**

Le Pré des arbres** (04.75.28.85.41 en saison).
Mme Roman, La Boucoule.

DÉGUSTER

- **RESTAURANTS**

Le Château des Gipières (04.75.28.88.00).
L'Ô Berge de l'Anary (04.75.28.88.14).
Les Voyageurs (04.75.28.81.10).
La Tentation, pizzeria (04.75.28.87.26).

- **TABLES D'HÔTE**

M. et Mme Richebé (04.75.28.82.97).

- **PRODUITS DU TERROIR**

Charcuterie : Coccinelle (04.75.28.83.62).
Fromage de chèvre : Christine Ardisson (04.75.28.87.34) ; Mathieu et Monique Houssin (04.75.28.82.09) ; Helmut et Danielle Zeidler (04.75.28.81.11).
Miel et aromates : M. Quenin (04.75.28.84.16).

- **MARCHÉ**

Sam. matin, pl. de la mairie.

OFFICE DE TOURISME : 04.75.28.82.49

CARTE GÉNÉRALE : P. 19/E4
CODE POSTAL : 26570

ACHETER

Potière : Brigitte Bocquet (04.75.28.50.20).
Tailleur de pierre-sculpteur : Didier Gonzalez (04.75.28.87.01).
Senteur et herbes aromatiques : M. Quenin (04.75.28.50.20).
Vêtements : Octopus (04.75.28.87.97).

FÊTER

Juin : fête de la Saint-Jean (21).
Sept. : fête patronale et feu d'artifice le sam. soir (2e w.-e.).
Déc. : marché de Noël (dern. dim. de l'avent).

RESPIRER

- Canyoning et escalade (04 75 28 82 49).
- Parapente (04 75 28 51 39).
- Piscine.
- Randonnée : GR et 10 circuits balisés.
- Thermalisme et remise en forme (du 1er avril au 31 oct.).

MUSARDER

- Buis-les-Baronnies (26 km).
- Nyons (30 km).
- Vallée du Toulourenc, Vaison-la-Romaine (32 km).
- Sault et mont Ventoux (38 km).
- Carpentras (45 km).
- Séderon, Sisteron (55 km).

Montpeyroux

Perché sur une butte au sud de Clermont-Ferrand, le village médiéval offre un panorama sur les volcans d'Auvergne.

Situé sur l'ancienne voie Regordane, reliant Auvergne et Languedoc, Montpeyroux affiche un petit air méridional et contrôle, du haut de son donjon, la vallée de l'Allier.

Pendant des siècles, ses habitants ont vécu de la vigne et de sa carrière d'arkose, cette pierre qui donne aux maisons des reflets dorés et a aussi servi à bâtir les églises romanes d'Auvergne, comme St-Austremoine à Issoire ou N.-D.-du-Port à Clermont. La vigne a disparu à cause du phylloxéra à la fin du XIXe s. et la carrière s'est éteinte en 1935, entraînant le déclin du village. Engagée dans les années 1960, la réhabilitation de Montpeyroux se poursuit et le village retrouve sa vitalité par la réimplantation de la vigne et l'installation d'artisans d'art et d'artistes.

Avec ses massives maisons vigneronnes dorées et ses toits couverts de tuiles rondes, Montpeyroux est l'un des fleurons du dauphiné d'Auvergne et des coteaux de l'Allier.

VISITER

- Tour de Montpeyroux (exposition et audiovisuel) : tlj 10 h-12 h/ 14 h 30-17 h 30 du 1er mai au 30 sept., le w.-e. 14 h-18 h du 1er oct. au 31 avril.
- Village : visite guidée pour les groupes sur RDV (04.73.96.62.68).

Visite organisée pour les déficients visuels (maquettes tactiles de la tour, de la porte du XIIe s. et de l'ensemble de Montpeyroux) sur RDV (04.73.96.62.68).

SÉJOURNER

• CHAMBRES D'HÔTE

M. et Mme Boissières*** et **** (04.73.96.69.42 ou 06.08.51.81.82).

Mme Grenot*** et **** (04.73.96.63.40).

M. et Mme Delherme*** (04.73.96.66.71).

M. et Mme Mesguich*** (04.73.96.90.95).

M. Volk*** (04.73.96 92 26).

M. Alassimone (06.83.63.09.78).

• MEUBLÉ DE TOURISME

Alain Prudhomme (04.73.96.64.69).

DÉGUSTER

• RESTAURANTS

Le Donjon, bar, crêperie (04.73.96.69.25).

La Vigne (04.73.96.63.46).

• TABLE D'HÔTE

M. et Mme Delherme (04.73.96.66.71).

• PRODUITS DU TERROIR

Charcuterie et salaisons : GAEC du Donjon (04.73.96.60.59).

Vin : Yvan Bernard (06.84.11.49.88) ; Philippe Galon (06.62.52.09.20).

ACHETER

Brocante : L'Atelier bleu (06.80.63.09.78).

Céramistes : Martine Adeline, « Kéram » (06.19.02.17.06) ; Frédéric Lefur (06.16.04.12.47) ; Suzy L. (04.73.96.91.28) ; Yvan Remeuf.

Peintres : Mme J. Kotarski (04.73.96.66.63) ; M. Moiras (04.73.96.61.13) ; M. Yannikouris (04.73.96.63.16).

Plasticien : M. L. Delaire (06.88.89.61.45).

Sculptures-livres d'artistes : atelier Mots et Merveilles (06.70.22.94.01).

FÊTER

Ascension (années paires) : « Les Fleurs' Folies ».

RESPIRER

- Pêche.
- Randonnée pédestre : 1 circuit balisé.
- Tennis.
- VTT.

MAIRIE : 04.73.96.62.68

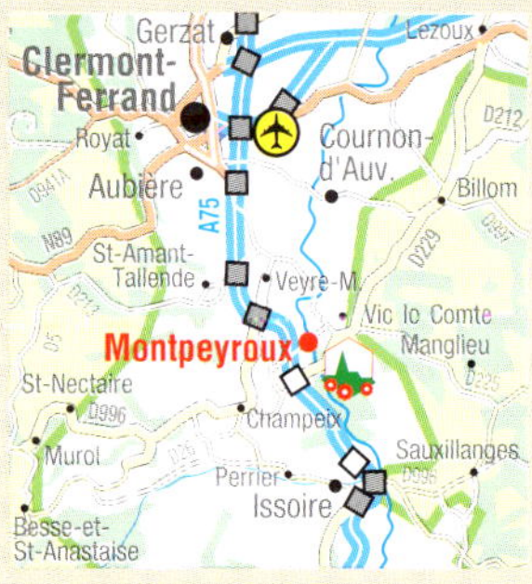

CARTE GÉNÉRALE : P. 17/H2
CODE POSTAL : 63114

MUSARDER

- Issoire (15 km).
- Clermont-Ferrand (20 km).
- Saint-Nectaire, Besse-en-Chandesse, massif du Sancy (de 20 à 40 km).
- La chaîne des puys et Vulcania (50 km).

Montréal-du-Gers

Entre haut et bas Armagnac, la bastide de Montréal, ceinturée de vignes, est, en terre gasconne, la capitale de la Ténarèze.
En 1255, Alphonse de Poitiers, frère de Saint Louis, construit sur un éperon rocheux contourné par l'Auzoue la première bastide gasconne. Montréal-du-Gers est né. Respectant le quadrillage des bastides, rues et carrelots mènent à la place centrale entourée de cornières sur trois côtés. Intégrée aux fortifications dont subsiste une porte en ogive, l'église gothique, du XIIIe s., domine de son clocher plat les maisons à pans de bois. Au nord, l'église préromane de St-Pierre-de-Genens, du VIIe s., présente une colonnade romaine réemployée et un chrisme taillé dans un marbre antique. Distante de 4 km de Montréal et témoin du passé gallo-romain, la villa de Séviac du IVe s. est pavée de plus de 30 mosaïques polychromes où feuilles d'acanthe et de vigne, fleurs et fruits s'associent aux motifs géométriques.

VISITER

- Villa gallo-romaine et musée de Séviac : tlj 10 h-19 h en juillet-août, 10 h-12 h/14 h-18 h de mars à juin et de sept. à nov.
- Église St-Philippe et St-Jacques : tlj 9 h-12 h/14 h-18 h.

SÉJOURNER

- **CHAMBRES D'HÔTE**

Mme Cahuzac** (05.62.29.44.12).
La Ferme du Soleil (05.62.29.45.77).
M. Floorisone (05.62.29.25.02).

- **GÎTES, GÎTES D'ÉTAPE ET MEUBLÉS**

Rens. : 05.62.29.42.85

- **AIRE NATURELLE DE CAMPING**

Rose d'Armagnac (05.62.29.47.70).

- **CAMPING À LA FERME**

M. Lussagnet (05.62.29.44.78).

DÉGUSTER

- **RESTAURANTS**

Chez Simone (05.62.29.44.40).
Le Relais de Saint-Jacques (05.62.29.43.07).
L'Escale (05.62.29.59.05).

- **PRODUITS DU TERROIR**

Conserveries :
M. Beaurain (05.62.29.26.53).
Croustades :
M. Cardeillac (05.62.29.42.95) ;
M. Lantin (05.62.29.42.81).
Foie gras et confit :
M. Decours (05.62.29.47.05).
Fromage :
M. Bonnet (05.62.29.41.87).
Miel : M. Deyries (05.62.29.45.83).
Vin, floc et armagnac :
M. Bédouret (05.62.29.49.77) ;
M. Béraut (05.62.29.43.35) ;
SCEA Le Bourdieu (05.62.09.74.08) ;
M. Bousquet (05.62.29.43.37) ;
M. Cabannes (05.62.29.44.70) ;
Chai Haut Campagnau (05.62.29.11.56) ;
M. Cardeillac (05.62.29.42.95) ;
M. Dewitt (05.62.29.46.08) ;
M. Guiter (05.62.29.49.00) ;
M. Labenne (05.62.29.41.04) ;
M. Ladevèze (05.62.29.41.85) ;
M. Lapeyre (05.62.29.47.46) ;
M. Lussagnet (05.62.29.44.78) ;
M. Massartic (05.62.29.43.18) ;
M. Zago (05.62.29.44.81).

- **MARCHÉ**

Vendredi 8 h-13 h.

OFFICE DE TOURISME : 05.62.29.42.85

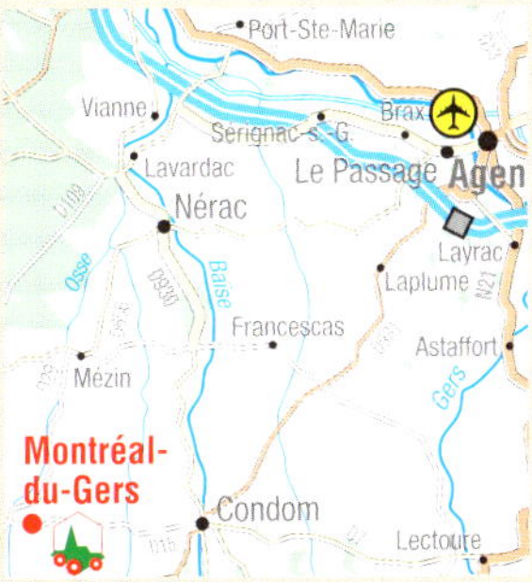

CARTE GÉNÉRALE : P. 17/E4
CODE POSTAL : 32250

ACHETER

Ébéniste : M. Bonnet (05.62.29.48.88).

FÊTER

Juin : foire à la brocante (mi-juin), fête du Vin.
Juillet : fête à thème du hameau d'Arquizan (dern. w.-e.).
Juillet-août : foires nocturnes médiévales.
Août : randonnée nocturne, courses landaises et fête de Montréal (2e dim.).
Nov. : Flamme de l'Armagnac.

RESPIRER

- Base de loisirs : baignade avec toboggan.
- Pêche.
- Pétanque.
- Randonnée pédestre.
- Tennis.

MUSARDER

- Vallée de l'Auzoue : Fourcès, Nérac (de 5 à 27 km).
- Condom (15 km).

Montrésor

C'est au trésorier du chapitre de la cathédrale de Tours, qui avait ici son domaine au Xe s., que Montrésor doit son nom.
Dès le début du XIe s., le puissant comte d'Anjou Foulques III, dit Nerra (le noir), fait construire à Montrésor, pour défendre l'approche de la Touraine, une forteresse dont les vestiges de la double ceinture de défense sont encore visibles. C'est à l'intérieur de son enceinte qu'à la fin du XVe s. Imbert de Bastarnay, conseiller des rois Louis XI, Charles VIII, Louis XII et François Ier, édifie l'actuel château de style Renaissance; on lui doit également la collégiale St-Jean-Baptiste, qui abrite, avec les tombeaux des membres de sa famille, une Annonciation de Philippe de Champaigne. En 1849, le château devient la propriété d'un comte polonais, ami de Napoléon III, Xavier Branicki, qui le restaure et le dote de nombreuses œuvres d'art: sculptures de Pierre Vaneau, tableaux des écoles de grands maîtres comme Raphaël, Véronèse, le Caravage, Kaplinski ou Winterhalter, ainsi que des pièces des trésors des rois de Pologne. Ce comte Branicki a aussi donné son nom à l'une des rues taillées dans le rocher où maisons à demi troglodytiques côtoient maisons à colombages. Réhabilitée en espace culturel et lieu d'exposition permanente, la halle des Cardeux, du début du XVIIIe s., autrefois halle aux laines, rappelle l'activité passée du village. Le logis du Chancelier, du XVIe s., avec son échauguette, abrite désormais la mairie. Le long de la rivière, la promenade des Balcons de l'Indrois offre, depuis la passerelle du Pont du Jardinier, construite par l'atelier d'Eiffel, de belles vues sur le village.

VISITER

- **Château** XI-XVe s. (musée d'art polonais) : tlj 10 h-12 h/14 h-18 h du 1er avril au 1er nov.
- **Collégiale St-Jean-Baptiste** : tlj 9 h-19 h.
- **Halle aux Cardeux** (exposition permanente sur l'histoire du Montrésorois et expositions de peinture) : ouvert tlj sauf lundi, de Pâques à la Toussaint.
- **Village** : visite guidée pour groupes uniquement et sur réservation (02.47.92.70.71).

SÉJOURNER

• CHAMBRE D'HÔTE
M. Willems*** (02.47.92.68.20).
• GÎTES ET MEUBLÉS
Rens. : 02.47.27.70.71

DÉGUSTER

• RESTAURANT
Le Café de la Ville (02.47.92.75.31).
• PRODUITS DU TERROIR
Macarons de Montrésor : M. Beaugrand (02.47.92.64.02).
Produits biologiques : M. Lorilloux (02.47.92.75.38).
Rillettes de Montrésor : SARL Le Bout des Ponts (02.47.92.60.16).

OFFICE DE TOURISME : 02.47.92.70.71

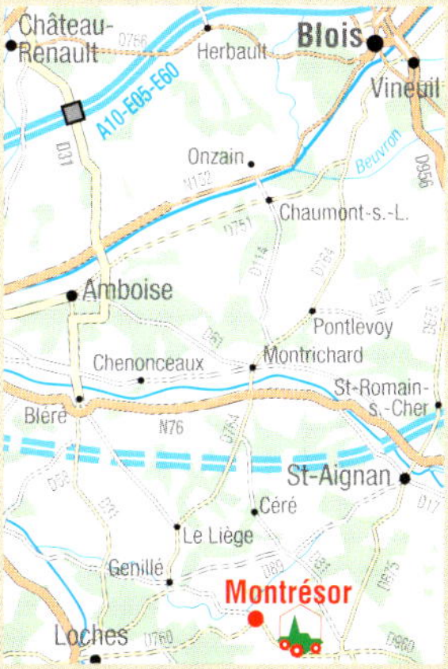

CARTE GÉNÉRALE : P. 13/F6
CODE POSTAL : 37460

ACHETER

Peintres : Atelier des Glycines (02.47.92.74.23).

FÊTER

Juillet : concours de peinture dans la rue (dim. proche du 14).
Juillet-août : nuits solaires.
Sept. : journée du village.

RESPIRER

- Boulodrome.
- Pêche.
- Randonnée pédestre : 2 circuits balisés.
- Tennis.

MUSARDER

- Loches, vallée de l'Indre (17 km).
- Château de Montpoupon, vallées du Cher (Chenonceaux) et de la Loire (Amboise) (de 25 à 45 km).
- Château de Valençay (30 km).
- Tours (50 km).
- Blois (57 km).

Montsoreau

Avec la Loire pour horizon, Montsoreau est, entre Anjou et Touraine, terre d'Histoire, de douceur et d'harmonie.
Tout près de l'abbaye royale de Fontevraud, Montsoreau est bâti autour de son château du xve s., entre Loire et coteau. Le village conserve un riche patrimoine marqué par la marine de Loire et sa Dame, Françoise de Maridor, dont Alexandre Dumas a conté les amours tumultueuses et fatales avec Bussy d'Amboise. Découvrir Montsoreau, c'est prendre des chemins bordés de fleurs montant vers les vignes, admirer des demeures de tuffeau blanc et des jardins soigneusement entretenus, flâner dans cours et ruelles avec, à perte de vue, la Loire, déguster en fin de visite quelques crus renommés de Champigny et de Saumur.

VISITER

- **Château :** « Les Imaginaires de Loire », parcours-spectacle de découverte du Val de Loire classé au patrimoine mondial, tlj 10 h-19 h de mai à sept., 14 h-18 h de fév. à avril et en oct.-nov. (02.41.67.12.60).
- **Église St-Pierre-de-Rest :** tlj 9 h-17 h 15.
- **Champignonnière Le Saut-aux-Loups :** tlj 10 h-18 h 30 du 1er mars au 11 nov. (02.41.51.70.30).
- **Sentier du patrimoine de** Montsoreau à Candes-Saint-Martin.
- **Village :** visite guidée mercredi à 15 h en juillet-août, sur RDV hors saison (02.41.51.70.22).

SÉJOURNER

• HÔTELS

Hôtel de la Marine de Loire *** (02.41.50.18.21).

Le Bussy** (02.41.38.11.11).

• CHAMBRES D'HÔTE

Les Visiteurs (06.16.58.53.09).

• GÎTES ET MEUBLÉS

Rens. : 02.41.51.70.22.

• CAMPING

L'Isle Verte*** (02.41.51.76.60).

DÉGUSTER

• RESTAURANTS

Aigue-Marine, bateau-restaurant (02.41.38.12.52).

Diane-de-Méridor (02.41.51.71.76).

La Dentellière, crêperie (02.41.38.14.71).

Le Saut-aux-Loups (02.41.51.70.30).

Le P'tit Bar, brasserie-grill (02.41.51.72.45).

• PRODUITS DU TERROIR

Champignons : Le Saut-aux-Loups (02.41.51.70.30).

Pommes et poires bio : Jean-Marie Lemoine (02.41.51.49.91).

Vins AOC de Saumur, Saumur-Champigny, Crémant de Loire : Cave des Bazilles (02.41.67.57.24) ; Domaine des Ditonnières (02.41.38.16.55) ; Domaine de la Motte (02.41.38.13.57) ; Domaine de la Perruche (02.41.51.73.36).

• MARCHÉ

Dim. 8 h-13 h, pl. du Mail.

ACHETER

Peintre-émailleur : Mme Robert (02.41.67.42.55).

Peintre-graveur : M. Étienne (02.41.51.70.92).

Photographes : M. et Mme Méaille (02.41.38 64.32).

FÊTER

Toute l'année : « Les Puces de Montsoreau », foire aux puces et à la brocante (2e dim. de chaque mois).

Juillet-août : saison musicale de Montsoreau (concerts classiques).

RESPIRER

- Randonnée pédestre : GR 3 et 1 circuit balisé (10 km).
- Pêche. Sports nautiques sur la Loire.
- Tennis.
- Vélo (circuit de la Loire).

MUSARDER

- Abbaye de Fontevraud (4 km).
- Vallée de la Loire : Turquant, Saumur (de 2 à 12 km).
- Chinon (19 km).
- Montreuil-Bellay, Doué-la-Fontaine (de 20 à 30 km).

OFFICE DE TOURISME : 02.41.51.70.22

CARTE GÉNÉRALE : P. 13/E6
CODE POSTAL : 49730

Mornac-sur-Seudre

Typique du littoral charentais, le petit port de Mornac expose au soleil ses blanches façades bordées de roses trémières.
Aujourd'hui ostréicole, Mornac-sur-Seudre fut longtemps un port de pêche et de commerce. Riche de son passé médiéval, le vieux bourg est traversé de venelles, menant à l'ancien château et aux halles. Surmontée d'un clocher fortifié, l'église romane, bâtie au XIe s. sur un sanctuaire mérovingien, présente un magnifique chevet.

VISITER

- **Église St-Pierre :** tlj 9 h-19 h. En juillet-août, possibilité de monter au clocher : vue panoramique sur le marais de Seudre.
- **Marais de Seudre (ostréiculture, flore, environnement…) :** visite par les Taillées piétonnes (Rens. : 05.46.22.61.68). Groupes sur RDV (25 pers. maxi.).
- **Village :** visite guidée (rens. : 05.46.22.61.68). Groupes sur RDV.
- **Promenades en Seudre à bord de « l'Aigrette » :** de juin à oct. (rens. : 06.08.52.51.29).
- **Visite d'un marais salant :** tlj sauf lundi à 18 h du 1er juillet au 31 août, groupes sur RDV (rens. : 06.80.13.80.11).

SÉJOURNER

• CHAMBRES D'HÔTE
Le Mornac (05.46.22.63.20).
Marjorie (05.46.22.60.87).
Mme Pichon (05.46.22.63.29).

• GÎTES ET MEUBLÉS
Rens. : 05.46.22.61.68.

• CAMPING À LA FERME
L'Étang (05.46.22.72.25).

DÉGUSTER

• RESTAURANTS
Les Basses Amarres (05.46.22.63.31).
Le P'tit Phare (05.46.22.62.22).
La Bonne Tarte (05.46.22.75.24).
Le Moulin (05.46.05.59.36).
Le Marais (05.46.23.16.78).
La Planche à Sel (05.46.22.76.53).

• PRODUITS DU TERROIR
Confiserie : Nougatine (05.46.23.47.99).
Huîtres : B. Gautier (05.46.22.75.14) ; P. Grolleau (05.46.22.78.24) ; GAEL Huître Impériale-Gambas (05.46.22.69.23) ; Huîtres Miet-Georgeon (05.46.22.75.07).
Sel et fleur de sel : J. M. Guilliorit (05.46.22.74.53).

• MARCHÉ
Jeudis et dim. 9 h-12 h 30.

ACHETER

Antiquaire ébéniste : M. Marono (05.46.22.77.66).
Art du Vitrail : Clair Obscur (06.80.34.21.44).
Artisanat du cuir : Chorus Cuir (05.46.22.61.78).
Bijoux : Lili Rosaé (06.60.37.11.51) ; EKKG (05.46.06.11.55).
Brocanteur : Cap. Mornac (05.46.22.99.15).
Fabricant de bougies : Le Jardin des Bougies (06.87.56.74.30).
Fonderie-galerie : Les Météores (05.46.22.74.06).
Groupement d'artisans d'art : Espace Babel'Art (06.25.92.36.59).
Pâte à sel : Les Eaux Calmes (06.66.30.38.99).
Peintres : L'Autre Côté (06.99.58.33.61) ; Mme Castel (05.46.22.15.70) ; M. Drouin (05.46.22.62.70) ; M. Verger (05.46.02.78.47).
Peinture sur soie : « Marjorie » (05.46.22.60.87).
Potière : Fleurs des Champs (05.46.22.62.81).
Sculpteurs : M. Bémant (05.46.22.51.70) ; Mme Saint-Jean (05.46.22.62.70) ; M. Dargeou (06.65.50.24.43).
Tisserande : Mme Laur (05.46.22.75.36).
Tourneur sur bois : M. Nalin (06.63.41.21.77).

FÊTER

Avril : Fêtes romanes.
Mai : Festival du conte.
Juillet-août (selon la marée) : Voiles de Mornac (rassemblement de bateaux du patrimoine et animations traditionnelles du port).
Août : brocante et marché aux produits régionaux.
Sept. : marché de potiers.
Déc. : marché de Noël.

RESPIRER

- Équitation : ferme de l'Étang (05.46.22.72.25).
- Pêche.
- Randonnée : 1 circuit balisé (05.46.22.61.68).
- ULM (06.81.41.40.75).

MUSARDER

- Train touristique des Mouettes (08.923.914.28).
- Royan et les plages de la presqu'île d'Arvert (de 10 à 30 km).
- Zoo de La Palmyre (15 km).
- Marennes, île d'Oléron (30 km).
- Brouage, Rochefort (de 30 à 40 km).

OFFICE DE TOURISME : 05.46.22.61.68

CARTE GÉNÉRALE : P. 16/D2
CODE POSTAL : 17113

Mortemart

VISITER

- Château des Ducs : tlj 14 h 30-19 h en juillet-août.
- Couvent des carmes : tlj.
- Village : visite commentée pour groupes sur RDV (05.55.68.98.98 ou 05.55.68.82.11).

SÉJOURNER

- **HÔTEL**

Le Relais* (05.55.68.12.09).

- **CHAMBRES D'HÔTE**

Thomas Raymond*** (05.55.60.20.23).
Philip Webb*** (05.55.60.88.26).

SYNDICAT D'INITIATIVE : 05.55.68.98.98
MAIRIE : 05.55.68.12.11

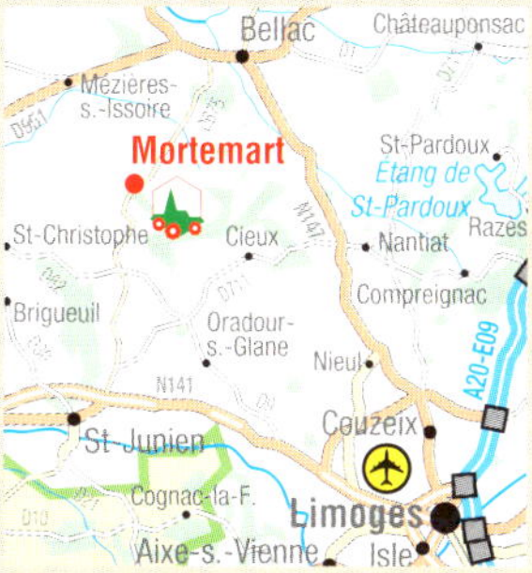

CARTE GÉNÉRALE : P. 17/F2
CODE POSTAL : 87330

Bourgade limousine fleurie au passé glorieux, Mortemart raconte dix siècles d'Histoire.

Dans le vieux château du Xe s., dont les fortifications ont disparu, la tour du donjon, les salles de justice et des gardes rappellent les périls qui menaçaient les cités médiévales, comme l'emplacement du pont-levis et l'étang, reste des anciennes douves. Les couvents des carmes et des augustins, édifiés en 1330 sous l'impulsion du cardinal Pierre Gauvain, témoignent pour leur part de la fin du Moyen Âge. Bâtis tous deux sur un plan carré, ils furent complétés jusqu'au XVIIIe s. La chapelle des Augustins, devenue église paroissiale, abrite des stalles de bois sculpté du XVe s. : leurs miséricordes, qui permettaient aux moines de se reposer, rappellent les longs offices d'autrefois. L'ancienne halle et les belles maisons de notables évoquent le commerce florissant du XVIIe s.

DÉGUSTER

- **RESTAURANTS**

Le Relais (05.55.68.12.09).
Brasserie-bar (05.55.68.98.61).

- **MARCHÉ**

Juillet-août : dim. matin sous la halle.

ACHETER

Éditeur de poésie : Éditions Rougerie & Fils (05.55.68.00.93).

FÊTER

Mars-avril : Salon des antiquaires.
Avril : fête des Plantes (3e w.-e.).
Juillet : Nuits musicales de Cieux.
Juillet-août : concerts dans l'église, expositions de peinture et de sculpture (château des Ducs, couvent des carmes et salles municipales), festival du Haut-Limousin Musique et Patrimoine.
Nov. : fête des Pommes et Fruits d'automne (3e w.-e.).

RESPIRER

- Randonnée : 3 circuits balisés.
- VTT.

MUSARDER

- Monts de Blond (de 2 à 15 km).
- Oradour-sur-Glane (15 km).
- Bellac, Le Dorat (de 13 à 25 km).
- Confolens (30 km).
- Saint-Junien, vallée de la Vienne (35 km).
- Limoges (40 km).
- Rochechouart (47 km).

Mosset

Entourées de montagnes, les hautes façades de Mosset escaladent un éperon dominant la vallée de la Castellane.

À la richesse des vestiges de son passé conservés derrière les portes d'anciens remparts, le village ajoute celle de la faune et de la flore de son vaste territoire. Sur 2 000 m de dénivelée, Mosset mêle les senteurs méditerranéennes à celles de la montagne et cueille ce bouquet odorant pour l'offrir dans sa tour des Parfums.

VISITER

- **Tour des Parfums** : tlj 10 h-12 h/ 15 h-19 h de la mi-juillet au 31 août, tlj sauf lundi 15 h-18 h en mai, juin et sept., les w.-e., jours fériés et tlj sauf lundi durant les vacances scolaires 15 h-18 h d'oct. à avril, sauf en janv. (04.68.05.38.32 ou 00.80).
- **Église St-Julien et Ste-Baselisse** : dim. 10 h-12 h de la mi-juillet au 31 août (rens. hors saison : 04.68.05.38.32).
- **Village** : visite guidée (rens. : 04.68.05.38.32).

SÉJOURNER

- **CHAMBRES D'HÔTE**

Casa del Gat*** (04.68.05.07.50).
La Forge*** (04.68.05.04.84).
Mas Lluganas** (04.68.05.00.37).
Lydie Bousquet (04.68.05.04.07).
Domaine Saint-Georges (04.68.05.01.74 ou 01.51).
La Licorne (04.68.05.03.40 ou 03.83).
Villa Prat Roudoun (04.68.05.03.67).

- **GÎTES, GÎTES COMMUNAUX ET MEUBLÉS**

Rens. : 04.68.05.38.32. ou 04.68.05.00.80.

- **CENTRE DE VACANCES**

Fondation Krüger (04.68.05.01.64).

- **REFUGE DE MONTAGNE**

Refuge du Caillau, alt. 1 500 m (04.68.05.00.06).

- **AIRE NATURELLE DE CAMPING**

El camp del Gat (04.68.05.07.41).

DÉGUSTER

- **RESTAURANT**

Auberge de la Castellane (04.68.05.01.87).

- **AUBERGE À LA FERME**

Mas Lluganas (04.68.05.00.37).

- **TABLE D'HÔTE**

Casa del Gat (04.68.05.07.50).

- **PRODUITS DU TERROIR**

Fromage de chèvre fermier : Mas Saint-Bernard (04.68.05.04.67).
Liqueur de Coscoll (angélique sauvage) : tour des Parfums (04.68.05.38.32).
Produits d'élevage (canards gras, volailles, veaux « Rosée des Pyrénées ») : Mas Lluganas (04.68.05.00.37).
Produits laitiers (confiture de lait, lait cru, yaourts) : Isabelle Didier (04.68.05.04.43).

- **MARCHÉ**

Du 15 juillet au 31 août : marché fermier dim. 10 h-12 h, plaça San Julia.

ACHETER

Art et artisanat : Montagn'Art, exposition-vente de bijoutiers, céramistes, ferronniers, peintres, sculpteurs... (04.68.05.03.49).

FÊTER

Mai : foire des parfums et saveurs de la montagne.
Juin : nuit de la Saint-Jean (23).
Juillet : journée « Lavande en Fête » (distillation en plein air, ateliers...).
Août : spectacle d'opéra (1re quinz.), fête du village (15 et 16).
Déc. : crèche vivante et chants catalans de Noël (24).

RESPIRER

- Chasse.
- Cueillette de champignons.
- Pêche.
- Promenade à dos d'âne : Moli d'Oli, La Licorne (04.68.05.03.40).
- Randonnée.
- Sports d'hiver : ski, raquettes, luge (04.68.05.38.32).

MUSARDER

- Molitg-les-Bains (5 km).
- Prades (12 km).
- Abbayes St-Michel-de-Cuxa et St-Martin-du-Canigou (de 15 à 26 km).
- Prieuré de Serrabone (38 km).
- Perpignan (55 km).

OFFICE DE TOURISME : 04.68.05.38.32

CARTE GÉNÉRALE : P. 17/G6 **CODE POSTAL : 66500**

Moustiers-Sainte-Marie

Dans l'échancrure d'un rocher aux portes des gorges du Verdon, Moustiers perpétue l'art de ses faïenciers.

Protégé par la légendaire étoile suspendue au-dessus de ses toits, Moustiers doit son existence à l'eau et sa renommée à un moine italien. L'eau est celle de l'Adou : jaillissant d'une source vauclusienne, elle a fait du Moustiers médiéval un village de papetiers, potiers et drapiers. Au XVIIe s., un moine originaire de Faenza révèle au village le secret de l'émail, et Moustiers devient la capitale de la faïence « la plus belle, la plus fine du royaume ». Disparue à la fin du XIXe s., la production de faïence revit de nos jours dans près de 20 ateliers.

VISITER

- **Chapelle N.-D.-de-Beauvoir** : tlj 9 h-19 h.
- **Église N.-D.-de-l'Assomption** : tlj 9 h-19 h.
- **Musée de la Faïence** : tlj sauf mardi du 1er avril au 31 oct., plus vacances de Noël et de fév. (04.92.74.61.64).
- **Village** : visite guidée individuelle le mardi de juin à sept., groupes toute l'année sur RDV (04.92.74.67.84).

SÉJOURNER

• **HÔTELS**

La Bastide de Moustiers**** (04.92.70.47.47).
Le Colombier*** (04.92.74.66.02).
Le Baldaquin** (04.92.74.63.92).
Le Belvédère** (04.92.74.66.04).
La Bonne Auberge** (04.92.74.66.18).
Le Clos des Iris** (04.92.74.63.46).
La Ferme rose** (04.92.75.75.75).
Le Relais** (04.92.74.60.47).
La Bastide du Paradou (04.92.74.13.60).

• **DEMEURES D'HÔTE**

La Bastide des Oliviers (04.92.74.61.10).
La Bouscatière (04.92.74.67.67).

• **CHAMBRES D'HÔTE**

La Ferme de Felines*** (04.92.74.64.19).
Le Mas du Loup*** (04.92.74.65.61).
L'Escalo** (04.92.74.69.93).
Les Oliviers** (04.92.74.67.34).
Mme Caffort (04.92.74.61.59).
Mme Degrave (04.92.74.66.67).
La Maison de Melen** (06.87.04.14.80).
L'Odalyre (04.92.74.65.68).

• **FERME DE SÉJOUR**

Le Petit Segries*** (04.92.74.68.83).

• **GÎTES, GÎTES D'ÉTAPE ET MEUBLÉS, CAMPINGS**

Rens. : 04.92.74.67.84.

DÉGUSTER

• **RESTAURANTS**

La Bastide de Moustiers (04.92.70.47.47).
Le Bellevue (04.92.74.66.06).
Le Belvédère (04.92.74.66.04).
Le Blacas (04.92.74.65.59).
La Bonne Auberge (04.92.74.60.40).
Les Comte (04.92.74.63.88).
Côté Jardin (04.92.74.68.91).
La Ferme Sainte-Cécile (04.92.74.64.18).
Jadis (04.92.74.63.01).
Le Relais (04.92.74.66.10).

Moustiers-Sainte-Marie

Les Santons (04.92.74.66.48).
La Treille muscate (04.92.74.64.31).
L'Étoile de Mer (04.92.74.62.24).
La Brasserie, brasserie (04.92.74.66.42).
Les Magnans, brasserie (04.92.74.61.20).
Clérissy, crêperie-pizzeria (04.92.74.62.67).

• **PRODUITS DU TERROIR**

Biscuits : Biscuiterie de l'Étoile (04.92.74.65.37).
Chocolat : EV (04.92.72.75.30).
Conserves artisanales, salaisons : Gérard Bondil (04.92.74.66.12).
Miel de lavande : Le Pot de Miel (04.92.74.61.91).

• **MARCHÉ**

Vendredi 8 h-13 h, pl. de l'École. Marché nocturne mardi 19 h-23 h.

€ ACHETER

Antiquaire : Beauvoir Antiquités (04.92.74.65.48).
Ateliers de faïence : Sylvie Ales, La Mostra (04.92.74.64.93) ;
Atelier du Barri Achard-Blanchard (04.92.74.69.87) ;
Aulagnet-Baratta (04.92.74.61.19) ;
Michèle Blanc (04.92.74.67.26) ;
Bleu Cobalt (04.92.74.62.34) ;
Jean-Pierre Bondil (04.92.74.67.02) ;
J. et V. Fine (04.92.74.61.96) ;
Lallier (04.92.74.66.41) ;
Launay Potier (04.92.74.61.87) ;
Bruno Louis, Les 2 Arches (04.92.74.63.69) ;
Muffraggi (04.92.74.67.68) ;
Saint-Michel (04.92.74.67.73) ;
Serrailler (04.92.74.69.24) ;
Soleil (04.92.74.61.22).
Librairie :
Librairie de la Cité : animations culturelles, signature d'ouvrages par les auteurs (04.92.74.68.95).
Peintres :
Isabelle Merlet (04.92.74.64.64) ;
Ros Mahe (04.92.74.61.15) ;
Jeannine Neri (04.92.74.62.00) ;
Anne Roussel (04.92.77.41.14).
Sculpteur statuaire :
André Rouch (04.92.74.60.30).

OFFICE DE TOURISME : 04.92.74.67.84

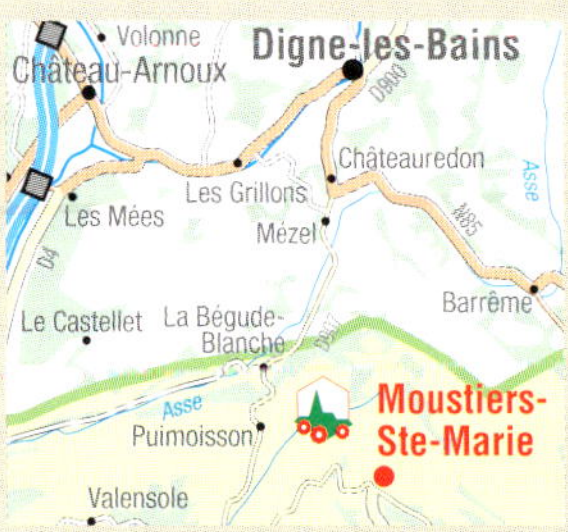

CARTE GÉNÉRALE : P. 19/F4
CODE POSTAL : 04360

FÊTER

Août : fête de la Diane (31).
Sept. : fête votive du village (8).

RESPIRER

- Canyoning, escalade, parapente : Verdon Passion (04.92.74.69.77).
- Promenade en calèche.
- Randonnée pédestre : GR 4 et 10 circuits balisés (04.92.74.67.84).
- Sports d'eau vive : « Guides pour l'aventure » (06.85.94.46.61) ; Verdon Passion (04.92.74.69.77).
- Sports nautiques : kayak, Pédalo (L'Étoile : 04.94.70.22.48) ; location de bateaux électriques (04.92.75.75.75) ; voile (école La Cadeno : 04.92.74.60.85).
- VTT (04.92.74.68.83).

MUSARDER

- Lac de Sainte-Croix (5 km).
- Gorges du Verdon, Castellane (de 10 à 45 km).
- Riez, Valensole, Manosque (de 15 à 50 km).

Najac

VISITER

- Forteresse royale : tlj du 1er avril au 30 sept., dim. d'oct. et vacances de la Toussaint (rens. : 05.65.29.71.65).
- Église Saint-Jean : tlj du 1er avril au 30 sept. et les dim. d'oct., du lundi au sam. 10 h-12 h/14 h-18 h, le dim. 11 h-12 h/14 h-19 h.
- Village : visite guidée mardi 10 h et vendredi 21 h (aux flambeaux) en juillet-août.

Campée sur une colline abrupte, la forteresse de Najac domine le village et les gorges sauvages de l'Aveyron.
Simple tour carrée au XIIe s., le château de Najac devient une forteresse au XIIIe s., sur ordonnance du roi Saint Louis. Sa position stratégique, qui en fait le verrou de la vallée, lui vaut une histoire mouvementée. Rois de France et d'Angleterre, comtes de Toulouse, protestants et croquants convoitent longtemps cette « clef de tout le pays ». Des tours rondes, la vue plonge sur la vallée de l'Aveyron et sur les toits de lauses. Convertis à l'hérésie cathare dans les années 1200, les habitants sont condamnés par les inquisiteurs à bâtir à leurs frais l'église St-Jean. Par son art ogival méridional, elle constitue l'une des premières églises gothiques du Rouergue. De la même époque, les maisons du bourg s'étirent sur la crête rocheuse au pied du château.

SÉJOURNER

• HÔTELS
La Belle Rive** (05.65.29.73.90).
Oustal del Barry** (05.65.29.74.32).

• CHAMBRES D'HÔTE
Marie Delerue**, La Prade Haute (05.65.29.74.30).
J.-P. Verdier**, La Prade Basse (05.65.29.71.51).
Frédéric Maurau-Hanrion**, Maison Authesserre (05.65.29.73.47).

• GÎTES, GÎTES D'ÉTAPE ET MEUBLÉS
Rens. : 05.65.29.72.05.

• VILLAGES DE VACANCES
Valvac, le Puech Moutonnier (0825.394.959/ Accueil site : 05.65.29.74.31).
VVF Mergieux (0825.003.209 ou 04.73.43.00.43).
Hameau des gîtes du Pontet (02.40.82.41.18 ou 05.65.29.73.96.).

• CAMPINGS
Le Passerou**** (Rens. et rés. : 02.40.82.41.18 ou 05.65.29.73.96 en saison).

NAJAC ACCUEIL : 05.65.29.72.05

CARTE GÉNÉRALE : P. 17/G4
CODE POSTAL : 12270

• CAMPING À LA FERME
La Prade** (05.65.29.71.51).

DÉGUSTER

• RESTAURANTS
La Belle Rive (05.65.29.73.90).
Oustal del Barry (05.65.29.74.32).
Crêperie du Château (05.65.65.86.93).
Pizzeria-Grill (05.65.29.70.26).

• PRODUITS DU TERROIR
Autruches et canards : Les Autruches du Rouergue (05.65.29.70.57).
Confit de canard et foie gras : Les 4 Villages (05.65.65.83.27 ou 05.65.29.70.34).
Fouace de Najac : M. Delmur (05.65.65.70.04 ou 05.65.29.75.49).

• MARCHÉ
Dim. matin de juin à sept. 8 h-13 h.

FÊTER

Pentecôte : marché aux puces et brocante (dim.).
Juillet-août : exposition d'art contemporain, l'Été des 6-12 ans « Découverte de la Bastide de Najac ».
Août : Festival en Bastides : théâtre et spectacles de rue (1re sem.). Fête de la Fouace et de la Saint-Barthélemy (3e w.e.).

RESPIRER

- Canoë-kayak : base de Pleine Nature (05.65.29.73.94).
- Équitation : centre équestre (05.65.29.72.09) ; ferme du Daoudou (05.65.29.74.11).
- Pêche.
- Piscine.
- Randonnée : GR 36 et 7 circuits balisés.
- Tennis.
- VTT (espace VTT-FFC).

MUSARDER

- Abbaye de Beaulieu, Caylus (de 15 à 20 km).
- Bastides de Villefranche-de-Rouergue et Villeneuve (de 22 à 34 km).
- Château de Saint-Projet (25 km).
- Cordes-sur-Ciel (25 km).
- Gorges de l'Aveyron, Saint-Antonin-Noble-Val (28 km).
- Albi (50 km).

Noyers-sur-Serein

Sur les plateaux du Tonnerrois, au creux d'un méandre du Serein, Noyers offre le visage médiéval d'une cité fortifiée.
De la place de la Petite-Étape-aux-Vins à celles du Marché-au-Blé ou du Grenier-à-Sel, les demeures Renaissance voisinent avec d'humbles maisons vigneronnes. Resté médiéval à l'intérieur de ses remparts, le village a su aussi apprivoiser la lumière, qui joue le soir avec ses somptueuses façades, et animer une vie culturelle alliant musique et métiers d'art à une remarquable collection d'art naïf.

VISITER

- **Musée municipal d'Art naïf** : tlj sauf mardi 11 h-18 h 30 du 1er juin au 30 sept., les w.-e., jours fériés et vacances scolaires sauf mardi 14 h 30-18 h 30 (03.86.82.89.09).
- **Site du Vieux Château** : visite libre (rens. : 03.86.82.66.06).
- **Tour des remparts** : tlj sauf lundi 10 h-12 h/14 h-18 h du 15 mars au 15 nov.
- **Village** : visite guidée tlj à 15 h 30 en juillet-août pour les individuels et toute l'année pour groupes sur RDV (03.86.82.66.06).

SÉJOURNER

• CHAMBRES D'HÔTE

Le Moulin de la Roche*** (03.86.82.68.13).
La Vieille Tour (03.86.82.87.69).
Le Clos Saint-Malo (03.86.75.97.36).

• GÎTES

Rens. : 03.86.82.66.06.

• POINT ACCUEIL JEUNES

Rens. : 03.86.82.83.72.

DÉGUSTER

• RESTAURANTS

L'Étape nucérienne (03.86.82.60.92).
Restaurant de la Vieille Tour (03.86.82.87.36).

• PRODUITS DU TERROIR

Liqueurs : M. Gueniffey (03.86.82.60.03).
Vins AOC de Chablis : Bardet et Fils (03.86.82.83.93) ; domaine Gérard Vullien (03.86.82.63.99) ; GAEC Forêt Bréault (03.86.82.65.90).
Produits régionaux : Saveurs d'autrefois (03.86.82.63.38).

• MARCHÉ

Mercredi matin.

ACHETER

Antiquaires : Les Arcades (03.86.82.60.05) ; La Brocanterie (03.86.82.85.27).
Art contemporain : Maison du Schématisme (03.86.82.67.65).
Céramiste : M. Gueneau (03.86.82.82.96).
Enlumineuse : Mme Calvert (03.86.82.66.01).
Fabricante de masques en plumes : Mme Chanut (03.86.82.82.32).
Galerie : L'Atelier, D. L'Hermitte (03.86.82.66.70).
Lissière : Mme Gueneau (03.86.82.82.96).
Potiers : Andy et Claire Squire (03.86.82.66.17).

FÊTER

Juillet-août : Rencontres musicales dans le cadre du festival des Grands Crus de Bourgogne.
Juillet : foire à la brocante (3e dim.).
Août : festival Vallée et Veillée (1er w.-e.).
Sept. : Journée du patrimoine, illuminations (3e w.-e.).
Oct.-mai : concerts du Cercle musical de Bourgogne.

RESPIRER

- Baignade non surveillée.
- Boulodrome.
- Pêche.
- Randonnée pédestre : 3 circuits balisés.

SYNDICAT D'INITIATIVE : 03.86.82.66.06
MAIRIE : 03.86.82.83.72

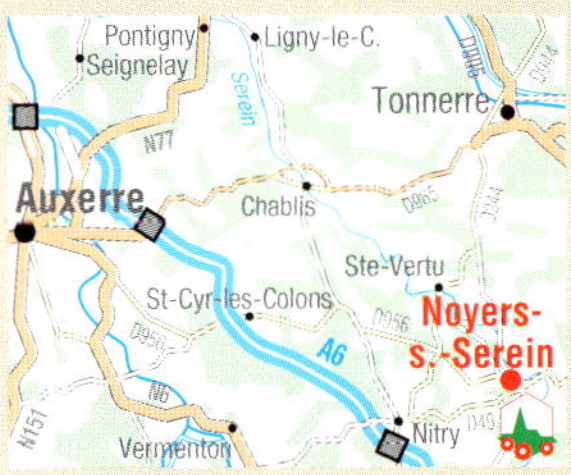

CARTE GÉNÉRALE : P. 14/D5
CODE POSTAL : 89310

MUSARDER

- Prieuré de Vausse, forges de Buffon et abbaye de Fontenay (de 15 à 40 km).
- Châteaux d'Ancy-le-Franc, de Tanlay et de Tonnerre (de 20 à 30 km).

Oingt

Surplombant la vallée de l'Azergues et les vignes du Beaujolais, Oingt est la « merveille » du pays des Pierres dorées.
Bâti sur une crête dominant des voies antiques entre Saône et Loire, cet ancien *castrum* romain connaît son apogée au Moyen Âge. C'est en effet vers l'an 1000 que les seigneurs Guichard d'Oingt, puissants viguiers du comte du Forez, construisirent un château à motte et sa chapelle. Au XIIe s., une tour-donjon fut ajoutée à cet ensemble. Aujourd'hui, l'entrée du village par la porte fortifiée de Nizy offre un premier témoignage de cette époque médiévale. On découvre ensuite les maisons aux murs de pierres jaune ocre où les jeux d'ombre et de lumière se déclinent à l'envi le long du chemin conduisant à l'ancienne chapelle. Devenue église paroissiale en 1660, elle jouxte les vestiges de l'ancien logis seigneurial et le donjon, aujourd'hui reconverti en musée. De la terrasse, une vue exceptionnelle s'étend sur les vignes du Beaujolais, la vallée de l'Azergues et les monts du Lyonnais.

VISITER

- **Musée de la Tour** (histoire du village…) : tous les dim. et jours fériés de 15 h à 19 h, de Pâques au 1er oct. Tlj de 15 h à 19 h en juillet-août ou sur RDV (04.74.71.21.24).
- **Église Saint-Matthieu** (Xe s.) : musée lithurgique. Ouverte tlj de 10 h à 19 h.
- **Musée de la Musique mécanique et de l'Orgue de Barbarie** : exposition de pièces anciennes et démonstration musicale : w.-e. et jours fériés, 15 h-19 h.
- **Musée automobile, viticole et agricole** (voitures de 1927 à 1967) : toute l'année, w.-e. et jours fériés, 10 h-19 h ; en sem., sur RDV (04.74.71.20.52 ou 04.74.71.06.70).
- **Maison commune** : exposition d'artistes régionaux, d'avril à oct.
- **Village** : visite guidée (04.74.71.21.24).

SÉJOURNER

• CHAMBRES D'HÔTE

M. et Mme Bourbon (04.74.71.24.41 ou 06.80.50.27.93).
M. et Mme Godin (04.74.71.29.76).

• GÎTES

M. et Mme Guillard Mathieu*** (04.74.71.20.52 ou 06.70.06.79.61).
M. et Mme Guillard Lucien* (04.74.71.20.49 ou 06.87.25.62.39).
M. et Mme Margand (04.74.71.26.92 ou 06.64.38.44.34).

DÉGUSTER

• RESTAURANTS

Le Donjon (04.74.21.20.24).
La Vieille Auberge (04.74.71.21.14).
La Tour dorée (04.74.71.20.13).
Le Petit C'oingt (04.74.71.70.87).
Crêperie des Pierres dorées (04.74.71.29.91).

• PRODUITS DU TERROIR

Vins AOC Beaujolais :
Caveau de la Voûte (04.74.71.11.32) ; domaine Duperray (04.74.71.21.09) ; domaine de Fontvieille (04.74.71.11.74) ; domaine La Guillardière (06.70.70.26.57 ou 06.07.45.75.75) ; domaine des Prévelières (04.74.71.84.61).
Produits régionaux : D'Or et de Miel (04.74.71.26.02).

• MARCHÉ

Vendredi, pl. de Presberg de 10 h à 13 h.

ACHETER

Artisan du bois : Mini'Bois (04.74.71.11.80).
Céramiste : Annie d'Oréfice (04.74.71.26.41).
Créatrice textile : Christine Poirier (04.74.71.11.35).
Peintres : Atelier Empreinte (04.74.71.21.36) ; Marie Carrière - De Vous à Moi (04.74.71.63.25).
Potier : Les Poteries de Josette (04.74.71.11.73).

OFFICE DE TOURISME DU PAYS DES PIERRES DORÉES : 04.74.60.26.16
MAIRIE : 04.74.71.21.24

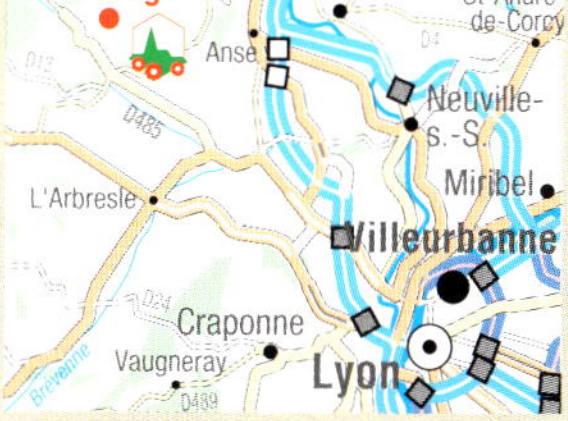

CARTE GÉNÉRALE : P. 19/E2
CODE POSTAL : 69620

FÊTER

Sept. : Festival international d'Orgue de Barbarie et de Musique mécanique (1er w.-e.).
Nov. : Beaujolais nouveau (3e jeudi).
Déc.-janv. : Oingt en crèches (3 dern. sem. et 1ère sem.).

RESPIRER

- Randonnée pédestre et VTT.

MUSARDER

- Villages du pays des Pierres dorées (4 à 20 km).
- Villefranche-sur-Saône (14 km).
- Lyon (30 km).

Olargues

Dans une boucle du Jaur, Olargues offre au cœur du parc naturel régional du Haut-Languedoc des balades parfumées d'Histoire.
Au pied de la montagne du Caroux, Olargues marie la fraîcheur des eaux du Massif central avec le soleil du Midi et mêle dans ses paysages châtaigniers et cerisiers à la vigne et à l'olivier. Si ce site exceptionnel est occupé dès la préhistoire, c'est au XIIe s. que les seigneurs du lieu érigent un château et un village fortifié. Depuis le vieux pont sur le Jaur, les ruelles pavées de galets invitent aujourd'hui à la découverte des vestiges des remparts, de l'escalier couvert de la commanderie ou de l'église St-Laurent qui, reconstruite au XVIIe s. avec les pierres de l'église romane primitive, a conservé pour clocher un ancien donjon du château.

VISITER

- Centre multimédia Cebenna sur la montagne et l'environnement : expositions, médiathèque, kaléidoscope géant (04.67.97.88.00).
- Musée des Arts et Traditions populaires : tlj 15 h-18 h en saison, sur RDV hors saison pour 10 personnes minimum (04.67.97.71.26).
- Village : visite libre ou accompagnée lundi 18 h en juillet-août, sur RDV hors saison pour 10 personnes minimum (04.67.97.71.26).

SÉJOURNER

- **HÔTELS**

Domaine de Rieumégé*** (04.67.97.73.99).
Laissac (04.67.97.70.89).
Le Roc Fourcat (04.67.97.71.83).

- **CHAMBRES D'HÔTE**

La Mazette** (04.67.97.33.80 ou 06.07.05.60.14).
Les Quatr' Farceurs** (04.67.97.81.33).
Fleurs d'Olargues (04.67.97.27.04 ou 06.80.51.96.55).
Mme Scheifele (04.67.97.78.54 ou 06.62.33.87.17).
Chez Sabina, Mme Giles (04.67.97.81.33).

- **GÎTES, GÎTES D'ÉTAPE ET MEUBLÉS**

Rens. : 04.67.97.71.26.

- **CAMPING**

Le Baous** (04.67.97.71.50).

OFFICE DE TOURISME : 04.67.97.71.26

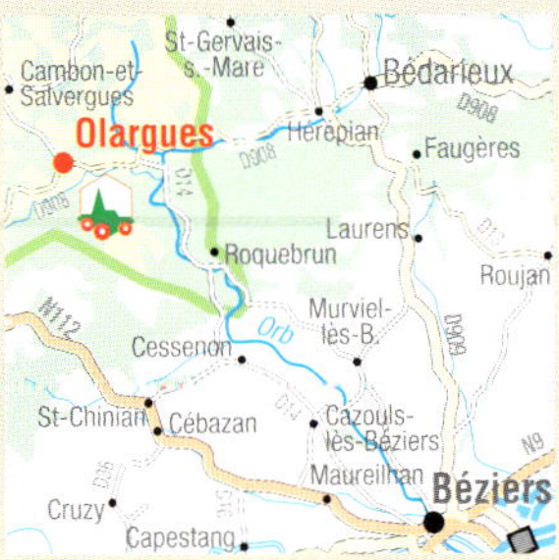

CARTE GÉNÉRALE : P. 17/H5
CODE POSTAL : 34390

DÉGUSTER

- **RESTAURANTS**

Fleurs d'Olargues (04.67.97.27.04).
Laissac (04.67.97.70.89).
Le Relais des Saveurs (04.67.97.73.99).
Le Roc Fourcat (04.67.97.71.83).
Chez Gilou, pizzeria (04.67.97.72.11).

- **PRODUITS DU TERROIR**

Notre Boutique/Terre d'arômes (04.67.23.02.21 ou 04.67.37.92.82).

- **MARCHÉ**

Dim. matin.

ACHETER

Brocante : Notre Boutique/Un Air de Campagne (04.67.37.92.82).
Créateur de jouets : Boud'bois (04.67.97.23.76).
Peintres : GLS Knockaert ; À Fleur de Songes, artiste fleurographe (06.70.76.07.59).

FÊTER

Mai : foire des jardiniers et de la brouette (mi-mai).
Août : fête de la Saint-Laurent et Estival de la Bio, festival de musique classique.
Sept. : Journées médiévales (3e w.-e.).
Nov. : fête du Marron et du Vin nouveau (1er w.-e. ap. la Toussaint).
Déc. : marché nocturne de Noël.

RESPIRER

- Baignade.
- Boulodrome.
- Canoë-kayak (04.67.97.74.64).
- Canyoning, escalade, randonnée : Aventure 34 (04.67.23.27.92).
- Tennis. VTT et VTC sur la « Piste verte » : Oxygène, locations de vélo (04.67.97.87.00).

MUSARDER

- Le Caroux (4 km).
- Gorges de l'Orb (5 km).
- Gorges d'Héric (6 km).
- Vieussan (8 km).
- Monts de l'Espinouse (12 km).
- Roquebrun (17 km).
- Saint-Pons-de-Thomières (18 km).

Parfondeval

Ensemble parfaitement compact de briques rouges et de toits en ardoise gris argent, Parfondeval est un village typique de Thiérache.

Sous le règne de Louis XIII et de Louis XIV, pour se défendre des hordes de brigands, les villageois de Parfondeval construisirent l'église fortifiée dédiée à saint Médard autour de laquelle ils élevèrent des maisons trapues faisant office de remparts. Pour parvenir jusqu'à l'église, on doit donc franchir un porche aménagé dans le corps même d'une maison, puis passer entre deux tours rondes qui encadrent une flèche. La rue conduit à une placette occupée en partie par une mare. Les rues en impasse qui en partent sont comme percées entre les maisons. Certaines d'entre elles sont décorées de losanges de briques vernissées, d'autres de colombages et de bauchages. L'activité du village est presque entièrement tournée vers l'agriculture : vergers de pommiers, pâturages et champs de maïs séparés de bosquets composent le paysage.Après la révocation de l'édit de Nantes, la communauté protestante de Meaux trouva refuge à Parfondeval, où les catholiques l'acceptèrent sans difficulté. De cette époque date l'harmonie dans laquelle vivent les deux communautés aujourd'hui.

VISITER

- Église St-Médard : tlj 8 h-18 h de juin à sept.

SÉJOURNER

- **CHAMBRES D'HÔTE**

Demeure de Thiérache**** (03.23.97.51.64).

Françoise et Lucien Chrétien (03.23.97.61.59).

DÉGUSTER

- **RESTAURANT**

Moulin de Parfondeval Spécialité : tartes flambées (03.23.97.68.19 ou 43.58).

- **PRODUITS DU TERROIR**

Cidre et jus de pomme : M. Turck (03.23.97.64.53).

- **GOÛTER À LA FERME**

Françoise et Lucien Chrétien (03.23.97.61.59).

ACHETER

Brocanteur : Mme Deloffre (03.23.97.66.58).

RESPIRER

- Randonnée pédestre.

MUSARDER

- Aubenton (musée Mermoz), abbaye St-Michel, Rocroi (de 15 à 37 km).
- Liesse-Notre-Dame, Marle : musée des Temps barbares, Laon (de 35 à 45 km).

MAIRIE : 03.23.97.78.97 (JEUDI MATIN)

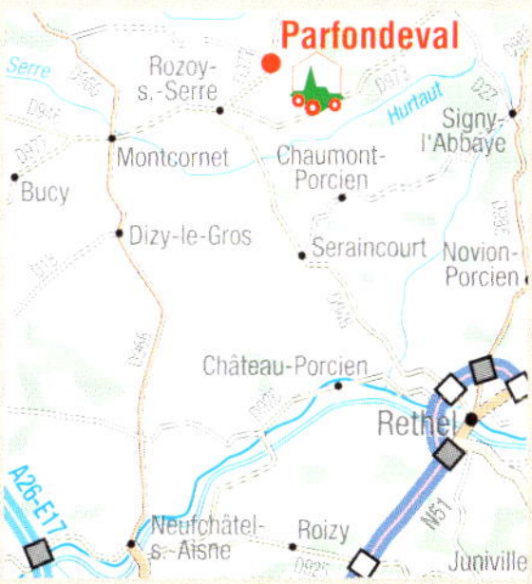

CARTE GÉNÉRALE : P. 14/D2
CODE POSTAL : 02360

Pérouges

Au sommet d'une colline, la cité de Pérouges fait cercle autour de sa place ombragée d'un tilleul bicentenaire.
Longtemps convoitée pour sa prospérité due à l'activité de ses tisserands et pour sa position stratégique dominant, à l'extrémité du plateau de la Dombes, la vaste plaine formée par l'Ain et le Rhône, la cité fut dauphinoise puis savoyarde avant de devenir française à l'aube du XVIIe s. Plusieurs fois assiégé, Pérouges a cependant conservé à l'intérieur de sa double enceinte de remparts un patrimoine exceptionnel, sauvé de la ruine au début du XXe s. et magnifié par une mise en lumière contemporaine. Au long de ses ruelles aux galets inégaux, l'église-forteresse percée de meurtrières, la maison des princes de Savoie et sa tour de guet côtoient de simples échoppes ou de belles demeures aux façades en encorbellement parées de fenêtres à meneaux ou de galeries à arcades.

VISITER

- Maisons des Princes et de Jean-Escoffier (musée d'art et d'histoire du Vieux Pérouges) et Hortulus (jardin médiéval) : tlj 10 h-12 h/14 h-18 h de Pâques au 1er oct.
- Village : visites guidées individuelles et groupes (04.74.46.70.84).

SÉJOURNER

- **HÔTELS**

Ostellerie du Vieux Pérouges*** (04.74.61.00.88).
La Bérangère** (04.74.34.77.77).

- **MAISONS D'HÔTE**

Casa la Signora di Perugia*** (04.74.61.47.03).

DÉGUSTER

- **RESTAURANTS**

L'Auberge du Coq (04.74.61.05.47).
Ostellerie du Vieux Pérouges (04.74.61.00.88).
Le Ménestrel (04.74.61.11.43).
Le Relais de la Tour (04.74.61.01.03).
Les Terrasses de Pérouges (04.74.61.38.68).
Le Veneur noir (04.74.61.07.06).

- **PRODUITS DU TERROIR**

Chocolats : Chocolaterie de Pérouges (04.74.61.30.78).
Galettes : Chez Françoise (04.74.61.20.10) ; M. Vernay (04.74.61.22.76).
Galettes et pain biologiques : M. Rapaud (04.74.61.39.81).
Produits régionaux : Caveau Saint-Vincent (04.74.61.19.39) ; Ostellerie du Vieux Pérouges (04.74.61.00.88).

SYNDICAT D'INITIATIVE : 04.74.46.70.84

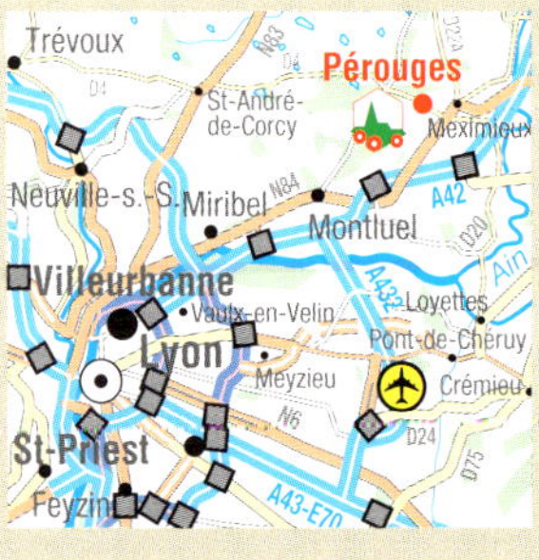

CARTE GÉNÉRALE : P. 19/E2
CODE POSTAL : 01800

ACHETER

Antiquaires : M. Tanzilli (04.74.61.07.11) ; Au vieux Saint-Georges (04.74.61.06.30).
Ébéniste : M. Petrarca (04.74.61.02.08).
Fondeur : M. Usdin (04.74.61.45.76).
Galeries d'expositions : Maison des Arts contemporains (04.74.46.04.92) ; Maison Cazin.
Potier : M. Pillard (04.74.61.01.27).
Verrier : M. Milesi (04.74.61.45.96).

FÊTER

Avril-nov. : expositions et stages artistiques.
Mai-juin : Printemps musical.
Juin : fête médiévale (1re quinz.).
Déc. : marché de Noël.

RESPIRER

- Randonnée pédestre : 2 circuits balisés.

MUSARDER

- Apothicairerie de Montluel (13 km).
- Ambérieu-en-Bugey (16 km).
- Villars-les-Dombes : parc ornithologique (17 km).
- Ambronay (20 km).
- Lyon (36 km).
- Brou, Bourg-en-Bresse (40 km).

Pesmes

Au bord de la rivière Ognon, Pesmes a hérité d'une histoire pourtant mouvementée un patrimoine riche et diversifié.

Pesmes est né au Moyen Âge autour d'une église et d'un château dont la position permettait le contrôle de la voie conduisant de Gray à Dole. Cette situation attira bien des convoitises, et la cité fut tour à tour franque, germanique, bourguignonne et espagnole avant de devenir française, sous le règne de Louis XIV. De ce passé, le village a hérité de nombreux édifices : l'église St-Hilaire, bâtie et remaniée entre le XIIIe et le XVIIe s., les vestiges du château, une partie des fortifications et deux portes d'accès. Pesmes compte aussi des demeures de notables des XVIe et XVIIIe s. et des maisons vigneronnes attestant son passé viticole.

VISITER

- Château de Pesmes : lundi, mardi, mercredi, sam. 10 h-12 h et 15 h-19 h, dim. 15 h-19 h, du 1er juillet au 1er sept.
- Église St-Hilaire : ouverte tlj en dehors des offices religieux.
- Hôtel Châteaurouillaud : tlj sauf mardi 13 h-18 h.
- Maison royale.
- Musée des Forges (06.87.73.13.05 ou 03.84.31.23.37).
- Village : visite guidée (06.87.73.13.05).

SÉJOURNER

• HÔTEL

Hôtel de France** (03.84.31.20.05).

• CHAMBRES D'HÔTE

Le Château des Forges*** (03.84.31.62.97).
La Maison royale (03.84.31.23.23).

• GÎTES ET GÎTES COMMUNAUX

Rens. : 06.87.73.13.05 ou 03.84.31.23.37.

• CAMPING

La Colombière** (03.84.31.20.15 ou 03.81.57.10.82 hors saison).

DÉGUSTER

• RESTAURANTS

Hôtel de France (03.84.31.20.05).
Les Jardins gourmands (03.84.31.20.20).
Pizz'Joé Bar, pizzeria (03.84.31.29.68).

• MARCHÉS

Foire le 1er mardi du mois, pl. des Promenades.
Marché le mercredi matin, pl. des Promenades.

ACHETER

Lithographe : Alain Menegon (03.84.31.24.64).
Peintre : Bruno Cerf (03.84.31.20.03).
Sculpteur : Denis Perez (03.84.31.27.17).

FÊTER

Pentecôte : foire artisanale d'art (sam. et dim.).
Juin : fête de l'Europe (fin juin).
Juillet : fête de l'Île, festival « Partie de rêve en campagne » (2e quinz.).
Août : brocante, vide-greniers (1er sam.).

RESPIRER

- Baignade.
- Canoë-kayak et VTT : base de loisirs (03.84.31.28.21 ou 03.81.57.10.82 hors saison).
- Pêche.
- Randonnée pédestre : 4 circuits balisés.
- Tennis (06.87.73.13.05).

MUSARDER

- Vallée de l'Ognon : Malans, Acey (abbaye), Marnay (de 5 à 20 km).
- Montmirey-la-Ville, forêt de la Serre, Dôle (de 10 à 20 km).
- Gray, château de Gy (25 km).
- Saline Royale d'Arc-et-Senans (45 km).

OFFICE DE TOURISME : 06.87.73.13.05 **MAIRIE : 03.84.31.22.27**

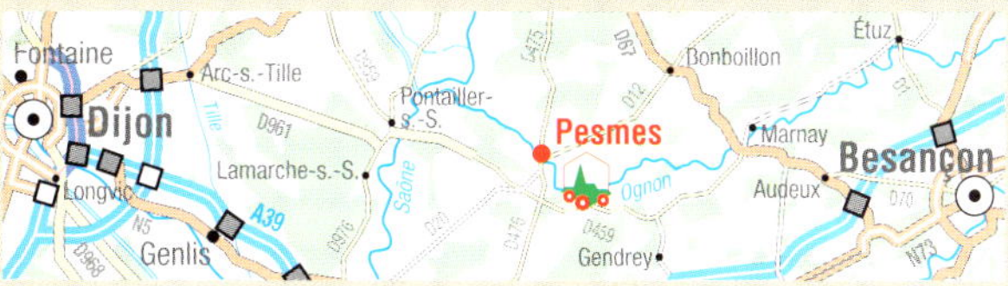

CARTE GÉNÉRALE : P. 15/E5 **CODE POSTAL : 70140**

Peyre par Comprégnac

Accroché à une falaise abrupte dans laquelle son église primitive s'est encastrée, Peyre domine le Tarn à l'aval de Millau. Sous le plateau du causse Rouge parsemé de cazelles, dont les toits de lauses et les murs de pierres sèches abritèrent bergers ou vignerons, le bas du village, sillonné d'étroites calades en escalier, plonge vers la rivière. Le haut de Peyre s'étire au pied d'une haute falaise de tuf dont l'avancée en encorbellement le surplombe. Comme les demeures qui l'entourent, l'église St-Christophe s'y est adossée. Fortifiée au XVIIe s. pour servir de refuge aux habitants de la paroisse, elle a conservé bretèches, assommoirs et bouches à feu témoignant de sa fonction défensive. Récemment restaurée pour accueillir concerts et expositions, l'église, baignée d'une lumière changeante diffusée par des vitraux contemporains, mariant le verre et le cristal, fait désormais face à un autre symbole de modernité : la pile P2 qui, s'élançant à partir du Tarn, fait du viaduc de Millau le plus haut du monde.

FÊTER

Juin : « Cœur de Peyre », concerts.
Juillet : fête de la St-Christophe (dern. w.-e.).
Juillet-août : expositions d'art dans l'église semi-troglodytique.
Mi-juillet-mi-août : festival de la vallée et des gorges du Tarn (rens. : 05.65.60.02.42).
Fin juillet-début août : fête du Pain au four communal.
Déc. : fête de la Truffe à Comprégnac (w.-e. av. Noël).

VISITER

- **Église semi-troglodytique St-Christophe :** visite libre tlj 8 h-18 h en juillet, août et sept.
- **Village :** visite guidée du 1er juillet jusqu'au week-end inclus des Journées du patrimoine, en sept., sur RDV (05.65.60.02.42).
- **Colombier du Capelier, Comprégnac :** visite libre.
- **Maison de la Truffe (découverte de la trufficulture), Comprégnac :** de juin à sept. 15 h-19 h.

SÉJOURNER

• GÎTE ET CHAMBRES D'HÔTE
M. Espinasse (05.65.58.15.52 ou 06.84.90.32.07).

• CAMPING
Le Katalpa (05.65.62.30.05).

DÉGUSTER

• RESTAURANT
L'Estival, juillet-août (05.65.62.39.37).

ACHETER

Potière : Éliane Regimbeau, Atelier Terralhas, Comprégnac (05.65.62.40.63).

RESPIRER

- Aire de loisirs des Pyramides sur les bords du Tarn : jeux d'enfants, pique-nique.
- Randonnée pédestre : sentiers de découverte des cazelles, boucles de 5 km (1 h 30) ou 7 km (3 heures) au départ de Peyre ou de Comprégnac.

MUSARDER

- Millau : centre historique, musée de la Peau et du Gant, site archéologique de la Graufesenque (7 km).
- Aire de découverte du viaduc de Millau : pavillon des Cazalous (15 km).
- Saint-Léons : Micropolis, musée des Insectes et maison natale de l'entomologiste Henri Fabre (25 km).
- Gorges de la Dourbie (de 21 à 39 km).
- Gorges de la Jonte (de 28 à 49 km).
- Sites des templiers et hospitaliers du Larzac (de 27 à 51 km).
- Gorges du Tarn (de 28 à 63 km).

OFFICE DE TOURISME : 05.65.60.02.42
MAIRIE : 05.65.62.31.06

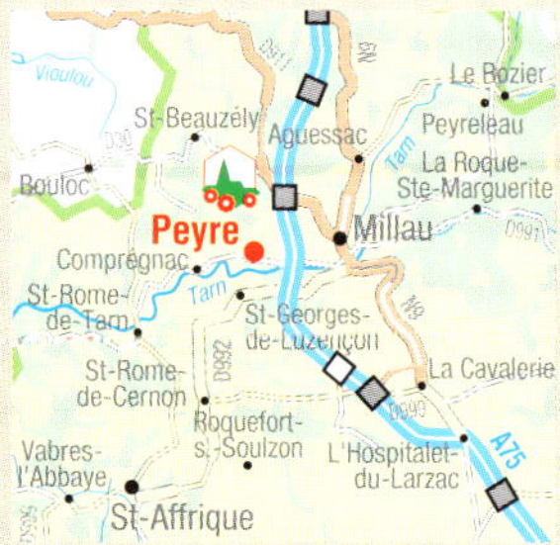

CARTE GÉNÉRALE : P. 17/E4
CODE POSTAL : 12100

Piana

SÉJOURNER

• **HÔTELS**

Capo Rosso**** (04.95.27.82.40).
Les Calanches** (04.95.27.80.83).
Le Continental** (04.95.27.89.00).
Les Roches rouges** (04.95.27.81.81).
Le Scandola** (04.95.27.80.07).
Mare e Monti (04.95.28.82.14).

• **MEUBLÉS**

Marina d'Arone (04.95.23.01.46).
Résidence U Casinu (04.95.10.78.66).

À l'entrée de majestueuses calanques, Piana surplombe le golfe de Porto.

Le site de Piana fut habité par intermittence à la fin du Moyen Âge puis au début du XVIe s., mais la fondation de l'actuel village remonte aux années 1690. Vingt ans plus tard, le village compte déjà 32 feux et la chapelle St-Pierre-et-St-Paul est édifiée sur les ruines d'un oratoire médiéval. La construction d'une autre église, plus vaste, est décidée. Achevée en 1792, elle est dédiée à sainte Marie. Son campanile, terminé au début du XIXe s., est une réplique de celui de Portofino, sur la côte ligure. C'est sur la plage de sable fin d'Arone, à côté de Piana, qu'eut lieu le 6 février 1943 le premier débarquement d'armes et de munitions destinées aux maquisards corses, à partir du sous-marin Casabianca, venu d'Alger.

OFFICE DE TOURISME : 04.95.27.84.42
MAIRIE : 04.95.27.80.28

CARTE GÉNÉRALE : P. 19/H6
CODE POSTAL : 20115

• **CAMPING**

Plage d'Arone* (04.95.20.64.54).

DÉGUSTER

• **RESTAURANTS**

Campanile (04.95.27.81.71).
Capo Rosso (04.95.27.82.40).
Casabianca (04.95.20.70.40).
Les Roches rouges (04.95.27.81.81).
Chez Jeannette (04.95.27.81.73).
U Pescadore (04.95.20.17.00).
La Plage (04.95.20.17.27).
Le Scandola (04.95.27.80.07).
Auberge du Salognu.
Auberge U' Spuntinu (04.95.27.80.02).
La Voûte (04.95.27.80.46).
Le Casanova, pizzeria (04.95.27.84.20).
Glacier des Calanques (04.95.27.82.05).

FÊTER

Vendredi saint : procession la Granitola.
15 août : fête et procession.
Toute l'année : exposition des photographies d'André Kertész.

RESPIRER

• Baignade.
• Randonnée.
• Sports nautiques.
• VTT.

MUSARDER

• Porto (12 km).
• Cargèse (20 km).
• Gorges de la Spelunca (20 km).

Le Poët-Laval

Au milieu des lavandes et des plantes aromatiques, une ancienne commanderie est devenue village.

Encore dauphinois et montagnard mais déjà baigné des lumières de la Méditerranée, Le Poët-Laval est né d'une commanderie fortifiée de l'ordre des Hospitaliers, moines-chevaliers veillant sur les chemins de Jérusalem. À la crête du village montant à l'assaut d'un versant de la vallée du Jabron, le château, construit au XIIe s., dresse son donjon massif. Remanié aux XIIIe puis XVe s. et coiffé d'un pigeonnier, il accueille aujourd'hui après restauration expositions permanentes et temporaires. De la chapelle romane St-Jean-des-Commandeurs, située en contrebas du château, subsistent une partie de la nef et le chœur surmonté d'un clocher-tour sur lequel s'appuyaient les fortifications ceinturant le village. À l'angle sud-ouest des remparts, la façade Renaissance du salon des Commandeurs témoigne de l'apogée de l'ordre au XVe s., avant que le village se rallie au culte protestant dont l'ancien temple, devenu musée, conserve près du Grand Portail le souvenir.

VISITER

- Château : tlj sauf lundi du 1er juillet au 5 sept., sur RDV hors saison (04.75.46.44.12).
- Centre international d'art et d'animation Raymond-du-Puy : tlj 11 h-12 h/15 h-19 h de Pâques au 15 sept. (04.75.46.49.38).
- Musée du protestantisme dauphinois : tlj sauf vendredi et dim. matin 11 h-12 h/15 h-18 h 30 d'avril à sept. (04.75.46.46.33).

SÉJOURNER

• HÔTEL

Les Hospitaliers***, Bernard Morin (04.75.46.22.32).

• GÎTES ET MEUBLÉS

Rens. : 04.75.46.42.49.

• CAMPING

Lorette**, piscine, ouvert du 1er mai au 30 sept. (04.75.91.00.62).

DÉGUSTER

• RESTAURANTS

Les Hospitaliers (04.75.46.22.32).
Tous les matins du monde (04.75.46.46.00).
Dit-elle, salon de thé (04.75.46.23.05 d'avril à sept.).
L'Épicerie de Marie, pizzeria-traiteur (04.75.46.22.01).

ACHETER

Bijoux, poterie, vêtements : La Commanderie (04.75.46.21.31).
Bouquiniste : Dit-elle (04.75.46.23.05).
Faïencier : Faïencerie du Poët-Laval, magasin d'usine (04.75.46.41.03).
Peintres (stages) : Mme Carron (04.75.46.21.24) ; Mme Tan (04.75.46.23.68).
Potier : Poterie du mont Rachas (04.75.46.48.40).
Vannerie : ECOPN (06.77.57.02.95).

RESPIRER

- Chasse.
- Pêche.
- Randonnée pédestre : GR et 5 circuits balisés.
- Tennis.
- VTT.

MUSARDER

- Dieulefit (4 km).
- La Bégude-de-Mazenc (7 km).
- Comps (10 km).
- Soyans (10 km).
- Rochefort-en-Valdaire (15 km).
- Marsanne (21 km).
- Grignan, Nyons (de 28 à 35 km).
- Crest (37 km).

OFFICE DE TOURISME : 04.75.46.42.49
MAIRIE : 04.75.46.44.12

CARTE GÉNÉRALE : P. 19/E3
CODE POSTAL : 26160

Pradelles

Protégeant pèlerins et muletiers sur le chemin de Regordane, Pradelles était au XIe s. la « place forte des hautes prairies ».

Dominant la vallée du haut Allier avec pour horizon les monts de Margeride à l'ouest, le mont Lozère au sud et la chaîne du Tanargue à l'est, Pradelles fut longtemps une place forte ceinturée de remparts. Étape sur la voie Regordane reliant l'Auvergne au Languedoc, le village fut aussi un carrefour pour les pèlerins cheminant vers Le Puy-en-Velay ou Saint-Gilles-du-Gard, pour les marchands important à dos de mulet le sel, l'huile ou les vins du Midi comme pour les armées et compagnies de routiers transportant armes et munitions. Les hautes façades de Pradelles ont vu ainsi passer au fil du temps des générations de voyageurs aussi divers que saint Jean-François Régis prêchant au début du XVIIe s. la foi catholique en des terres voisines des Cévennes séduites par le protestantisme, le bandit de grands chemins et héros populaire Louis Mandrin au XVIIIe s. ou, plus récemment, l'écrivain écossais Robert Louis Stevenson parcourant, avec son ânesse Modestine, le chemin qui porte désormais son nom. De l'ancienne enceinte subsistent aujourd'hui la tour de Rochely et deux portes fortifiées alors qu'en bas du village un ancien hôpital conserve hors les murs, avec la chapelle romaine Notre-Dame, restaurée au XVIIe s., le souvenir du passage des pèlerins.

VISITER

- Musée du Cheval de trait : tlj en juillet-août, hors saison les après-midi sauf le lundi (04.71.00.87.87).
- Village : visite sur RDV (04.71.00.82.65).

SÉJOURNER

• HÔTELS

L'Arche** (04.71.00.82.98).

• GÎTES, GÎTES COMMUNAUX, GÎTES D'ÉTAPE ET MEUBLÉS

Rens. : 04.71.00.82.65 ou 04.71.00.80.37.

• CAMPING

Le Rocher du Grelet* (04.71.00.80.07).

• VILLAGE DE VACANCES

La Valette (04.71.00.85.74).

DÉGUSTER

• RESTAURANTS

L'Arche (04.71.00.82.98).
L'Auberge du Postillon (04.71.00.87.87).
Aux légendes (04.71.00.88.00).
Brasserie du Musée (04.71.00.87.88).
Café de l'Univers (04.71.00.82.95).

• PRODUITS DU TERROIR

Salaisons : MM.Chaussende et Montagné (04.71.00.85.49).

• MARCHÉ

Jeudi matin.

FÊTER

Août : foire de la St-Laurent, véhicules anciens (1re quinz.), fête votive (15).

RESPIRER

- Chasse.
- Équitation : Les Écuries du musée (04.71.00.87.88).
- Parcours accrobatique pieds nus au-dessus de l'eau (04.71.00.87.87).
- Pêche.
- Piscine (04.71.00.80.07).
- Rafting (06.89.27.88.21).
- Randonnée pédestre : GR 70 (sentier Stevenson) et sentier du haut Allier.
- Ski de fond.
- Tennis.
- Vélo-rail (04.71.00.87.46). VTT.

MUSARDER

- Auberge Rouge de Peyrebeille (8 km).
- Langogne, lac de Naussac (base nautique) (7 km).
- Lac du Bouchet et volcans du Devès (de 20 à 35 km).
- Lac d'Issarlès, monts Gerbier-de-Jonc et Mézenc (de 25 à 45 km).
- Le Puy-en-Velay (35 km).
- Aubenas (57 km).

OFFICE DE TOURISME : 04.71.00.82.65
MAIRIE : 04.71.00.80.37

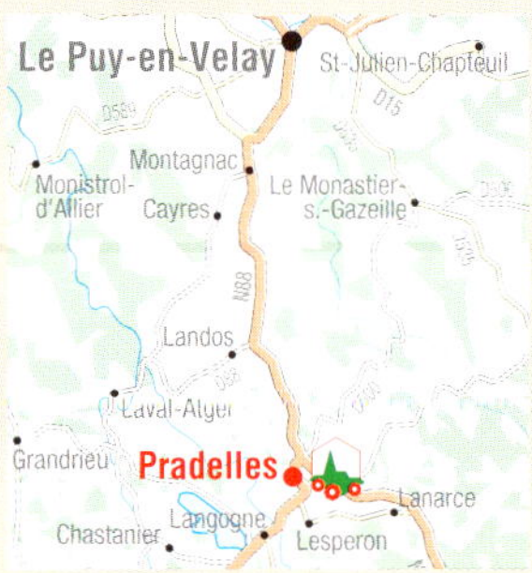

CARTE GÉNÉRALE : P. 18/D3
CODE POSTAL : 43420

Pujols-le-Haut

Fief des hérétiques détruit pendant la guerre des albigeois, puis reconstruit, Pujols a gardé son patrimoine médiéval. L'ancienne place forte de la baronnie de Pujols a traversé les troubles de l'Histoire, de la guerre de Cent Ans à la Révolution, en sauvant la grande part de son patrimoine architectural du XIIIe s. Subsistent, avec une partie des enceintes et du château, deux portes fortifiées, dont une sert de clocher à l'ancienne chapelle seigneuriale St-Nicolas. L'église Ste-Foy conserve des fresques du XVIe s. Face à la halle, sur la place, se dressent de belles maisons à colombages.

VISITER

- Église St-Nicolas : tlj 9 h-19 h.
- Église Ste-Foy : tlj 15 h-19 h.
- Village : visite commentée pour groupes et sur RDV (05.53.36.78.69).

SÉJOURNER

• HÔTELS

Les Chênes*** (05.53.49.04.55).
Campanile** (05.53.40.27.47).

• CHAMBRES D'HÔTE

M. Guillucq*** (05.53.40.99.29).

• GÎTES ET MEUBLÉS

Rens. : 05.53.36.78.69.

DÉGUSTER

• RESTAURANTS

La Toque blanche (05.53.49.00.30).
Lou Calel (05.53.70.46.14).
Villa Smeralda (05.53.36.72.12).
Chez Fabien, Aux Délices du Puits, crêperie-salon de thé (05.53.71.61.66).
Campanile (05.53.40.27.47).

• PRODUITS DU TERROIR

Huiles de noix et noisettes, amandons de pruneaux : Jean-Pierre Clavie (05.53.70.21.55).
Noix, cerneaux au chocolat, macarons et sablés : Gérard Domengie (05.53.70.67.78).
Pruneaux : Boutique du Pruneau (05.53.49.32.28).
Vins : Au Vieux Fournil (bar) (05.53.70.15.55).

• MARCHÉ

De Pâques à oct. : dim. matin, pl. Saint-Nicolas.

ACHETER

Brocante : Le Grenier de Claire (05.53.49.11.24).
Décoration : La Maison de Marie (05.53.71.84.59) ; Millefiori, art vénitien (05.53.71.55.40) ; L'Art M'Attend (05.53.36.92.34).
Horloger (horloges anciennes) : Guy Cazin (05.53.70.94.38).
Peintre : Atelier Martine Lebrun (06.08.52.91.86).
Potier : Lou Bastidou (05.53.40.28.08).

FÊTER

Avril-oct. : expositions de peinture et sculpture à l'église Ste-Foy.
Lundi de Pâques : Coupe de France de cyclisme.
Juillet : foire à la brocante (w.-e. ap. le 14), foire aux produits régionaux (dern. dim.).
Juillet-août : festival Couleurs du Monde (dern. sem. juillet et 1re sem. août).
Août : marché de potiers (3e w.-e.).
Oct. : Salon des antiquaires (05.53.70.62.28).

RESPIRER

- Pêche. Chasse.
- Équitation : écuries du Téron (05.53.70.74.17) ; centre de randonnées de la vallée du Mail (05.53.70.51.65), domaine de Compte (06.27.22.16.73).
- Piscine ; bassin aqualudique.
- Randonnée : GR 652 et 3 circuits balisés.
- Tennis (05.53.70.16.13).

OFFICE DE TOURISME : 05.53.36.78.69
MAIRIE : 05.53.70.16.13

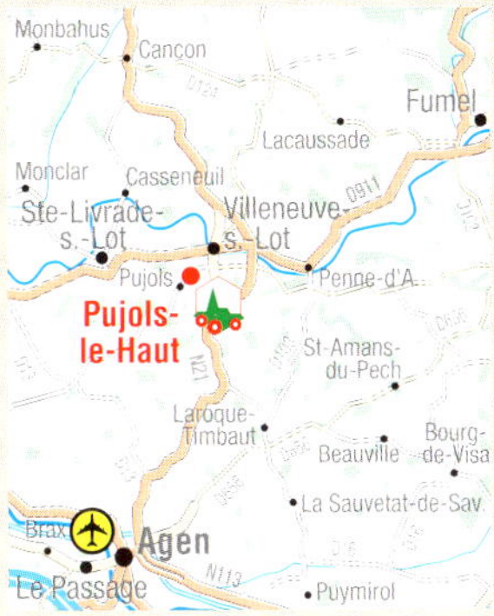

CARTE GÉNÉRALE : P. 17/F4
CODE POSTAL : 47300

MUSARDER

- Villeneuve-sur-Lot (3 km).
- Grottes de Lestournelles (5 km).
- Penne-d'Agenais (10 km).
- Le Temple-sur-Lot : jardin de nénuphars, fromagerie de Broc (17 km).
- Tournon-d'Agenais : bastide du XIIIe s. (28 km).
- Agen (29 km).

Puycelsi-Grésigne

À la lisière de la forêt de la Grésigne, la forteresse des bois veille sur la vallée de la Vère.

Occupé dès la préhistoire puis investi par les Celtes d'abord, les Romains ensuite, Puycelsi devient à la fin du XIIe s. possession des comtes de Toulouse, qui en font l'une de leurs résidences fortifiées favorites. Grâce à sa position stratégique et à ses murailles, le village résiste à de nombreux sièges : ceux de Simon de Montfort de 1211 à 1213 lors de la croisade des albigeois, des pastoureaux en 1320, des troupes anglaises de Duras en 1386 ou bien encore des huguenots au cours des guerres de Religion. Circonscrit dans son périmètre médiéval dont subsistent plus de 800 m de remparts percés de la double porte de l'Irissou, Puycelsi offre depuis son chemin de ronde de superbes points de vue sur la forêt de la Grésigne, la vallée de la Vère et les causses du Quercy. Au cœur du village, l'église St-Corneille, flanquée d'un jardin de simples, abrite un retable classé et s'entoure de demeures, pour la plupart du XIVe ou du XVe s., où la pierre se mêle, sous de belles toitures de tuiles creuses, au bois et à la brique. À l'horizon, la forêt de la Grésigne conserve, à l'abri des vestiges du mur de Louis XIV construit sur ordre de Colbert, les secrets de ses maîtres verriers.

VISITER

- **Campement préhistorique** : ateliers (allumage du feu, dessin et musique, gravure et sculpture, taille du silex, tir aux armes préhistoriques – javelines et propulseurs), démonstrations, expositions, pont Bourguet. Séances tlj à 16 h en juillet-août et sur RDV à la journée ou demi-journée toute l'année pour groupes (association Terre-Mère : 05.63.33.24.48).
- **Chapelle St-Roch** : tlj 15 h-19 h de début juin au 30 sept. ; le w.-e. 14 h-18 h le reste de l'année (05.66.33.19.25).
- **Église St-Corneille** : tlj 10 h-12 h/ 14 h-17 h.
- **Sentier du patrimoine** : accès libre et permanent, parcours accompagné sur RDV (05.63.33.19.25).
- **Verger conservatoire régional d'espèces fruitières anciennes (cerisiers, pêchers, poiriers, pommiers...) et de vignes** : visite guidée avec dégustation mercredi et sam. à 14 h du 15 avril au 15 juin et du 15 sept. au 15 nov., du mercredi au sam. à 15 h 30 du 15 juin au 15 sept. ; groupes toute l'année sur RDV (05.63.33.19.41).
- **Roseraie Rosa Rugosa (roses anciennes)** : visites guidées avec Elizabeth Dametto (05.63.33.25.96).
- **Village** : visite commentée sur RDV (05.63.33.19.25).

SÉJOURNER

• HÔTEL

L'Ancienne Auberge*** (05.63.33.65.90).

• CHAMBRES D'HÔTE

Mme de Boyer***, le bourg (05.63.33.13.65).

Mme Nazaret***, le bourg (05.63.33.13.03).

Mme Roques***, Laval (05.63.33.11.07).

Valérie et Alex Ursulet*, Ferme du Rock (05.63.40.89.13).

Mme Gottschalk**, Lacapelle (05.63.33.15.91).

Mme Gaignard*, Prat Barrat (05.63.31.11.22).

• GÎTES, MEUBLÉS ET CAMPINGS

Rés. : 05.63.33.19.25.

Puycelsi-Grésigne

DÉGUSTER

• **RESTAURANT**

L'Ancienne Auberge (05.63.33.65.90).

• **TABLES D'HÔTE**

Mme de Boyer, le bourg (05.63.33.13.65).

Valérie et Alex Ursulet, ferme du Rock (05.63.40.89.13).

Mme Gaignard, Prat Barrat (05.63.33.11.22).

Mme Gottschalk, Lacapelle (05.63.33.15.91).

Mme Roques, Laval (05.63.33.11.07).

• **PRODUITS DU TERROIR**

Biscuits secs sucrés et salés : Dominique Edler et Monique Jager, Monidom (05.63.33.19.26).

Compotes, jus de fruits et sorbets : Gilles Vaute, Les Délices de Grésigne, Ferme du Mas (05.63.33.21.78).

Fruits et jus de fruits : verger conservatoire régional d'espèces fruitières anciennes et de vignes (05.63.33.19.41).

Miel : Miellerie Brenez-Candille, Moulin d'Olivery (05.63.33.18.19).

Pains biologiques : Fournil L'Ami du Pain (05.63.33.15.63).

Pépinières de rosiers anglais (David Austin) et anciens : Élizabeth Dametto (05.63.33.25.96).

Vins AOC de Gaillac : château de Terride (05.63.33.26.63).

• **MARCHÉ**

Juillet-août : marché de producteurs dim. 14 h-18 h, pl. de l'Église.

ACHETER

Ateliers de peinture :
Alain Depierre, La Pierre du Lac (05.63.30.43.82) ;
Ernst Gottschalk, Lacapelle (05.63.33.15.91).

Atelier de peinture et dessin : Catherine Esters, Sirguet (05.63.33.65.56).

Atelier de vitraux : Linda Schepard, La Janade (05.63.33.24.56).

Coutelier-forgeron : M. Masson.

Galeries d'art :
Armand Thuiller, le bourg (05.63.33.11.34) ;
Dominique Nazaret, Atelier Saint-Roch, le bourg (05.63.33.13.03).

Mosaïste : Jean Millet, Lacapelle (05.63.33.21.08).

Potière : Brigitte Barton, le bourg (05.63.33.20.00).

FÊTER

Juillet : concerts, théâtre (rens. : 05.63.33.19.25).

Août : fête du village, expositions de peinture (1re quinz.).

RESPIRER

- Équitation : ferme du Rock (05.63.40.89.13).
- Randonnée pédestre : GR 46, sentiers du patrimoine et de découverte de la forêt.
- Tennis (réservation : 05.63.33.19.25).

MUSARDER

- Anciennes verreries de la forêt de la Grésigne (5 km).
- Gaillac (21 km).
- Gorges de l'Aveyron : Penne et Saint-Antonin-Noble-Val (de 13 à 35 km).
- Caussade (25 km).
- Albi (45 km).
- Montauban (45 km).
- Toulouse (70 km).

MAISON DU TOURISME : 05.63.33.19.25

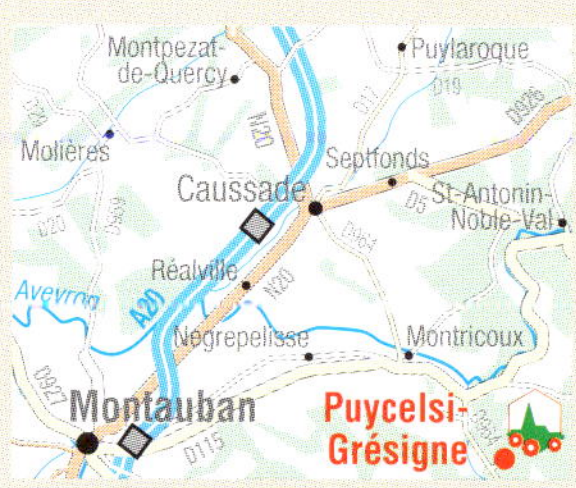

CARTE GÉNÉRALE : P. 17/G4
CODE POSTAL : 81140

Riquewihr

Mariant depuis des siècles la qualité de ses vins et celle de son architecture, Riquewihr reste la perle du vignoble alsacien. Derrière ses remparts que seules les vignes assiègent désormais en rangs serrés, la cité longtemps rattachée au duché de Wurtemberg est aujourd'hui au royaume de l'excellence : celle de l'architecture de ses demeures, aux splendides cours intérieures, et de ses vins aux arômes puissants, issus des coteaux Sporen et Schœnenbourg.

VISITER

- La Maison de Hansi : les w.-e. 14 h-18 h en janv., tous les après-midi sauf lundi 14 h-18 h en fév.-mars, tlj sauf lundi 10 h-18 h d'avril à déc. (03.89.47.97.00).
- Musée du Dolder (histoire locale) : 10 h 15-12 h 30/14 h-18 h 30 tlj en juillet-août, les w.-e. et jours fériés d'avril à juin et en sept.-oct. (03.89.49.08.40).
- Musée de la communication en Alsace : tlj sauf mardi 10 h-17 h 30 de Pâques à la Toussaint et durant le marché de Noël (03.89.47.93.80).
- Tour des Voleurs et maison de vigneron : tlj 10 h 15-12 h 30/14 h-18 h 30 d'avril à fin oct. (03.89.49.08.40).
- Vignoble : promenade sur le sentier viticole des Grands Crus et visite d'une cave avec dégustation tlj sauf sam., dim. et jours fériés à 17 h de mi-juillet à mi-sept. (03.89.49.08.40) ; promenade commentée en petit train touristique tlj 10 h-19 h du 1er mai au 15 nov. (03.89.73.74.24).
- Village : itinéraire historique balisé (brochure à l'office de tourisme) ; visite guidée à 17 h lundi et mardi, à 21 h vendredi et sam. en juillet-août (départ devant l'hôtel de ville) et sur RDV le reste de l'année (0.820.360.922).

SÉJOURNER

• HÔTELS

À l'Oriel*** (03.89.49.03.13).
Le Riquewihr*** (03.89.86.03.00).
Le Schœnenbourg*** (03.89.49.01.11).
Au Cerf** (03.89.47.92.18).
La Couronne** (03.89.49.03.03).
Au Dolder** (03.89.47.92.56).
Hostellerie Au Moulin** (03.89.86.05.52).
Saint-Nicolas** (03.89.49.01.51).
Le Sarment d'or** (03.89.86.02.86).
Au Cep de Vigne (03.89.47.92.34).

OFFICE DE TOURISME : 0.820.360.922.

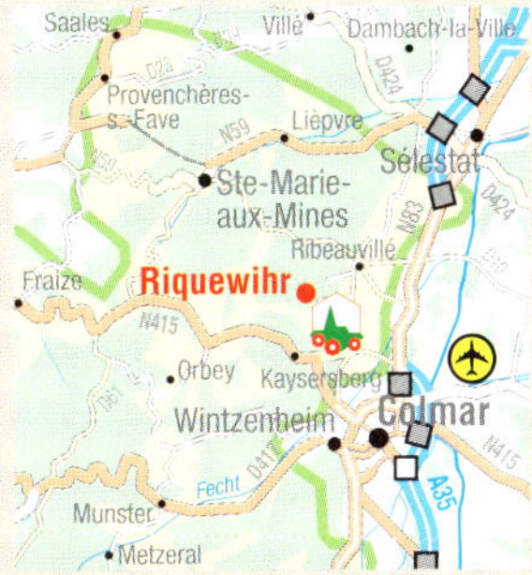

CARTE GÉNÉRALE : P. 15/G4
CODE POSTAL : 68340

• CHAMBRES D'HÔTE

Bernard Bronner (03.89.47.83.50).
Charles Bronner (03.89.47.94.82).
M. et Mme Bucher (03.89.86.05.22).
Sophie Christen (03.89.47.81.01).
Micheline Glohr (03.89.47.87.31).
Jean-Paul Hueber (03.89.47.92.30).
Christophe Kiefer (03.89.47.89.81).
Marie-Christine Kohler (03.89.47.95.78).
Renée Loos (03.89.49.04.17).
Brigitte Melich-Greiner (03.89.47.83.16).
Jean-Jacques et Olga Schmidt (03.89.47.96.29).
Mireille Schwach (03.89.47.92.34).
Olivier Sonntag (03.89.47.87.31).
Mady Vogt-Hugel (03.89.86.01.76).

• GÎTES ET MEUBLÉS

Rens. : 0.820.360.922.

• CAMPING

Camping intercommunal**** (03.89.47.90.08).

DÉGUSTER

• RESTAURANTS

L'Arbalétrier (03.89.49.01.21).
Auberge du Schœnenbourg (03.89.47.92.28).

Riquewihr

Caveau Au Trotthus (03.89.47.96.47).
Au Cep de Vigne (03.89.47.92.34).
Au Cerf (03.89.47.92.18).
À la Couronne, restaurant-salon de thé (03.89.49.02.12).
La Dîme (03.89.47.93.03).
Au Dolder (03.89.47.92.56).
L'Écurie (03.89.47.92.48).
À la Grappe d'or (03.89.47.89.52).
Le Médiéval (03.89.49.05.31).
Hostellerie Au Moulin (03.89.86.05.52).
Relais de Riquewihr (03.89.47.89.88).
Relais des Moines (03.89.86.04.74).
Saint-Nicolas (03.89.49.01.51).
Le Sarment d'or (03.89.86.02.86).
La Table du Gourmet (03.89.49.09.09).
Le Tire-bouchon (03.89.47.91.61).
Le Vignoble, pizzeria (03.89.49.01.60).
Pizzeria Etna (03.89.49.05.94).
Au Péché mignon, salon de thé (03.89.49.04.17).

• **PRODUITS DU TERROIR**

Bière et eaux-de-vie : Gilbert Holl (03.89.49.06.72).
Vins AOC d'Alsace et grands crus Schœnenbourg et Sporen : Domaine Baumann (03.89.47.92.14) ; Bernard Bronner (03.89.47.83.50) ; Jean-Luc Bucher (03.89.47.92.38) ; Dopff au Moulin (03.89.49.09.69) ; Dopff et Irion (03.89.47.92.51) ; GAEL Engel Frédéric et Fils (03.89.47.83.88) ; Jean-Marc Hanss et Fils (03.89.47.96.73) ; Daniel Hanss (03.89.47.97.47) ; Hugel et Fils (03.89.47.92.15) ; Gustave Jung et Fils (03.89.47.81.05) ; Jules et Daniel Jung (03.89.47.80.16) ; Roger Jung et Fils (03.89.47.92.17) ; Jean et Daniel Klack (03.89.47.92.44) ; François Lehmann (03.89.47.95.16) ; Meyer Horn (03.89.47.97.58) ; Domaine Mittnacht Klack (03.89.47.92.54) ; Selig Jean-Michel SARL (03.89.47.96.24).
Vins et eaux-de-vie : Sophie et Joël Fritsch (03.89.49.01.98).

• **MARCHÉ**

Vendredi matin, pl. des Trois-Églises.

€ ACHETER

Artisanat : La Légende des Sorcières (03.89.86.05.22) ; Les Secrets du Bain.
Émailleur : M. Von Werlhof.
Féeries de Noël : M. Hannauer (03.89.47.94.02).
Galeries de peinture : Luc Grun (03.89.47.93.37) ; Michel Loth (03.89.49.07.88) ; Christian Schwob (03.89.23.00.67) ; André Seipel (03.89.47.80.72).

FÊTER

Juin : festival des Chœurs d'hommes.
Sept. : dégustation de vins et animations musicales (w.-e.).
Déc. : marché de Noël et animations tlj 10 h 19 h.

RESPIRER

- Pêche.
- Randonnée pédestre : GR 5 et circuits balisés (dont chemin de Saint-Jacques-de-Compostelle et sentier viticole des Grands Crus).
- Tennis.
- VTT.

MUSARDER

- Route des vins d'Alsace.
- Colmar (12 km).
- Haut-Kœnigsbourg (25 km).
- Écomusée de Haute-Alsace et Bioscope (45 km).

La Roche-Guyon

Dans un méandre de la Seine creusé dans les falaises de craie et de silex, La Roche-Guyon mêle architecture d'Île-de-France et colombages normands.

Le village, à l'origine troglodytique, était composé de boves, habitations où bêtes et hommes cohabitaient et qui servent aujourd'hui de remises. Le donjon du XIIe s. est entouré d'une enceinte et relié au château par un souterrain. Construit au XIIIe s., remanié au XVIIIe s., le château conserve de son époque féodale des tourelles d'angle surmontées de toits en poivrière. Le bâtiment principal fut complété de pavillons d'angle et de terrasses sous Louis XV. Les vieilles rues du bourg invitent à la flânerie et l'on se laisse mener par la charrière de la Côte-des-Bois ou celle de Gasny jusqu'aux bords de Seine. Le village fait partie du parc naturel régional du Vexin français.

VISITER

- **Château** : tlj sauf aux vacances de Noël 10 h-18 h (19 h les w.-e. et jours fériés) du 15 mars au 15 nov., 10 h-16 h (17 h les w.-e. et jours fériés) du 16 nov. au 14 mars.
- **Église St-Samson** : sur RDV (rens. : 01.34.79.70.55).

SÉJOURNER

- **HÔTEL**

Les Bords de Seine** (01.30.98.32.52).

- **CHAMBRES D'HÔTE**

M. Buffet (01.34.79.75.10).

- **GÎTES D'ÉTAPE**

Rens. : 01.34.79.70.55.

DÉGUSTER

- **RESTAURANTS**

Les Bords de Seine (01.30.98.32.52).

Le Relais du Château (01.34.79.70.52).
Le Vieux Logis, bistrot italien (01.34.79.70.73).
La Cancalaise, crêperie (01.34.79.74.48).

ACHETER

Brocanteurs : Au Chineur gourmand (06.09.17.23.06) ; Au Plaisir d'antan (01.34.79.74.81) ; Les Puces de Violette (01.34.79.70.06).
Céramiste : Jardin de Faïence (01.34.79.73.46).
Peintre : M. Potel (01.34.79.71.00).
Potière : Mme Destailleurs (01.34.79.70.43).

FÊTER

Mai : Entre campagne et jardins (1er w.-e.).
Ascension : grande brocante.
Déc. : marché de Noël (fin de la 1re sem.), Papilles en fête (dern. w.-e.).

RESPIRER

- Randonnée.
- VTT.
- Tennis.

MAIRIE : 01.34.79.70.55

CARTE GÉNÉRALE : P. 13/G3
CODE POSTAL : 95780

MUSARDER

- Promenades balisées en forêt et dans le village (topo-guide en mairie).
- Route des Crêtes (2 km).
- Village de Vétheuil (6 km), GR2.
- Église de Chérence et château de Villarceaux (de 6 à 10 km).
- Jardins et maison de Claude Monet à Giverny (9 km), GR2.
- Vernon (13 km), GR2.
- Mantes-la-Jolie (16 km), GR2.
- Les Andelys, Château-Gaillard (36 km), GR2.

Rodemack

Près du Luxembourg, Rodemack doit son surnom de « petite Carcassonne lorraine » à son patrimoine médiéval.

Les premières mentions de Rodemack remontent à 880. En 907, le domaine passe aux mains des abbés de Saint-Willibrod et sous l'influence de la culture germano-luxembourgeoise. Vassal de la maison de Luxembourg, Rodemack vit dans une paix relative et connaît cinq siècles de prospérité. La forteresse, construite au XIe s., laisse alors place à un château, agrandi et remanié par la suite. Le village se développe autour de l'église, du Xe s., et des remparts s'élèvent aux XIIIe et XIVe s. Entre la France et l'Empire germanique, Rodemack est assailli, occupé puis repris maintes fois. En 1769, il devient français et l'est resté depuis, sauf de 1871 à 1918 et de 1939 à 1945. En 1815, durant les Cent-Jours de Napoléon, il fut défendu par le général Hugo, le père du poète.
En passant par la ruelle de la Forge, la rue du Four et la place de Gargan, on en découvre murailles et tours : la tour Boncour, la tour Barbacane et les tours jumelles. Le village lui-même est ceint d'un second mur aux tours en demi-lune, percé de portes flanquées de tours rondes. La porte de Sierck, du XIVe s., fut construite par les villageois eux-mêmes. À l'intérieur de l'enceinte, les ruelles mènent à la vieille poste, au lavoir et à l'ancien pavillon des Officiers, construit sur les caves du château médiéval. Le village possède aussi deux édifices religieux, l'église St-Nicolas, de style baroque, et la chapelle Notre-Dame, construite en 1658.

VISITER

- Forteresse (parc et vestiges) et village : sam. et dim. de mai à sept., groupes toute l'année sur réservation (03.82.51.25.50).
- Jardin médiéval : toute l'année.

SÉJOURNER

• MEUBLÉS ET GÎTES COMMUNAUX
Rens. : 03.82.83.05.50.

DÉGUSTER

• RESTAURANTS
La maison des Baillis (03.82.51.24.25).
La Petite Carcassonne (03.82.51.26.22).

• PRODUITS DU TERROIR
Épicerie fine italienne : Chez Enzo (03.82.59.29.78).
Foie gras : M. Croes (03.82.51.27.42).

ACHETER

Peintre : M. Deflorenne (03.82.51.25.53).

FÊTER

Avril-mai : le Printemps des Peintres.
Avril-oct. : expositions.
Avril : marché aux vins des Plus Beaux Villages (mi-avril).
Mai : marché aux fleurs (1er w.-e.).
Juin : « Les Théâtrales de Rodemack », « Rodemack, cité médiévale en fête » (mi-juin), concours de photo.
Sept. : foire à la brocante, aux antiquités et collections, Les Palettes du patrimoine.

RESPIRER

- Randonnée.
- VTT.
- Tennis.

MUSARDER

- Mondorf-les-Bains (6 km).
- Sierck-les-Bains, Manderen : château de Malbrouk (de 12 à 20 km).
- Bettembourg (parc d'attractions) et Luxembourg (de 15 à 25 km).
- Thionville, parc Walibi-Schtroumpf, Metz (de 16 à 45 km).
- Veckring : ouvrage de la ligne Maginot du Hackenberg (30 km).
- Neufchef : écomusée des mines de fer de Lorraine (35 km).

OFFICE DE TOURISME : 03.82.51.25.50

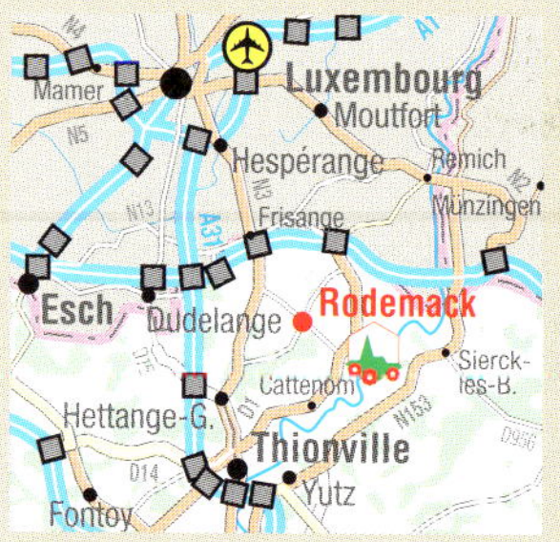

CARTE GÉNÉRALE : P. 15/F3
CODE POSTAL : 57570

La Roque-Gageac

DORDOGNE

Encadrée d'anciens manoirs et couronnée de falaises, La Roque-Gageac se reflète dans les eaux de la Dordogne.
Importante place forte au Moyen Âge, le village se pare à la Renaissance de belles demeures, comme le manoir de l'humaniste Jean Tarde, avant de connaître au XIXe s. un trafic actif de gabares sur la Dordogne. À l'abri de sa falaise exposée plein sud, plantes méditerranéennes et tropicales s'épanouissent dans les rues et jardins du village.

VISITER

Fort troglodytique : tlj de Pâques à la Toussaint (05.53.31.61.94).
Jardin exotique : visite libre.
Jardin de la Ferme fleurie : tlj sauf lundi 14 h-17 h du 15 mai au 15 sept. (05.53.28.33.39).
Village : visite guidée (05.53.29.17.01).

OFFICE DE TOURISME INTERCOMMUNAL : 05.53.29.17.01

CARTE GÉNÉRALE : P. 17/F3
CODE POSTAL : 24250

SÉJOURNER

HÔTELS
.uberge des Platanes** (05.53.29.51.58).
a Belle Étoile** (05.53.29.51.44).
e Périgord** (05.53.28.36.55).
a Plume d'oie** (05.53.29.57.05).

CHAMBRES D'HÔTE
1me Alla*** (05.53.28.33.01).
a Ferme fleurie*** (05.53.28.33.39).
1me Bernard (05.53.29.56.65).
.e Pigeonnier de Labrot (05.53.28.37.00).
.e Clos Gaillardou (05.53.59.53.97).
1. Fracasetti (05.53.28.28.51).
1. et Mme Huguet (05.53.28.35.75).
1me Menu (05.53.59.65.63).

GÎTES, GÎTES D'ÉTAPE ET MEUBLÉS
:ens. : 05.53.29.17.01.

CAMPINGS
ɜeau Rivage*** (05.53.28.32.05).
.a Butte** (05.53.28.30.28).
'erte Rive* (05.53.28.30.04).

DÉGUSTER

- **RESTAURANTS**

L'Ancre d'or (05.53.31.27.66).
Auberge des Platanes (05.53.29.51.58).
La Belle Étoile (05.53.29.51.44).
Le Périgord (05.53.28.36.55).
La Plume d'oie (05.53.29.57.05).
Les Prés Gaillardou (05.53.59.67.89).
Le Palmier, brasserie (05.53.29.42.61).
Le Patio, saladerie (05.53.30.22.13).
Roque, pizzeria (05.53.29.20.74).

- **AUBERGE À LA FERME**

Le Colombier (05.53.28.33.97).

- **AUBERGE DE PAYS DU PÉRIGORD NOIR**

La ferme fleurie (05.53.28.33.39).

- **PRODUITS DU TERROIR**

Mme Lavergne-Veysset (05.53.28.35.24).
Maison Jouve-Périgord Terroir (05.53.29.50.63).

- **MARCHÉ**

De mai à fin sept. : vendredi matin.

ACHETER

Émailleur : M. Carret (05.53.29.15.93).
Faïencier : Faïences des coquelicots (05.53.59.65.71).
Ferronnier : M. Carrier (06.84.60.02.23).
Peintres : Luc Fouquet (05.53.29.75.02) ; Patrick Mignard (05.53.29.32.19).

RESPIRER

- Baignade non surveillée.
- Canoë-kayak : Canoë Dordogne (05.53.29.58.50) et Canoë Vacances (05.53.28.17.07).
- Pêche.
- Boulodrome.
- Montgolfière.
- Promenade en gabare : Caminade (05.53.29.40.95) et Norbert (05.53.29.40.44).
- Randonnée pédestre.
- Tennis.
- Location de vélos (05.53.28.30.79). VTT.

FÊTER

Août : fête du village, marché des gourmands et gourmets.

MUSARDER

- Marqueyssac : parc et jardins (4 km).
- Sarlat (13 km).
- Les Eyzies, vallée de la Vézère (30 km).
- Vallée de la Dordogne (35 km).
- Bergerac (70 km).

La Roque-sur-Cèze

Entre vallée du Rhône et Gard provençal, La Roque-sur-Cèze veille sur la rivière et les vignes.

Dans un décor de garrigue, La Roque-sur-Cèze s'est installé sur une pente rocheuse dominant la Cèze. Passé le pont Charles-Martel et ses douze arches, au fil des calades tortueuses, le regard se perd dans un enchevêtrement de volumes, de toitures et de terrasses couvertes auquel les murs de pierres blanchies par le soleil et les tuiles à génoises donnent des airs de Toscane. Lorsque l'on accède – au prix de quelques efforts ! – en haut du village, les vestiges du château du XIIe s. et sa chapelle romane rappellent la place stratégique que le site occupait au Moyen Âge sur la voie romaine menant de Nîmes à Alba. Tranchant avec la sérénité et l'aridité du village, les cascades du Sautadet et les magnifiques marmites de géant creusées par la Cèze exigent une grand prudence mais offrent au lieu une halte sauvage et rafraîchissante.

Chez Babeth, crêperie (04.66.82.71.64).
Chez Piou, restaurant-guinguette (l'été uniquement 04.66.82.77.72).

- **PRODUITS DU TERROIR**

Vins AOC Côtes du Rhône : Domaine de Bel Air (04.66.82.71.60) ; coopérative de Saint-Laurent-de-Carnols (04.66.82.78.31).

FÊTER

Août : fête de la Confiture (w.-e. du 15).
Tout l'été : concerts et spectacles dans le cadre du festival de Valcézard.

RESPIRER

- Randonnée pédestre et VTT.
- Baignade, canoë, pêche.

MUSARDER

- Chartreuse de Valbonne (6 km).

OFFICE DE TOURISME DE VALCÉZARD : 04.66.82.30.02
MAIRIE : 04.66.82.77.46

CARTE GÉNÉRALE : P. 19/E4
CODE POSTAL : 30200

VISITER

- Maison du Patrimoine historique : mai à oct. (06.98.47.20.59).
- Village : visite guidée sur demande : (04.66.82.30.02).

SÉJOURNER

- **CHAMBRES D'HÔTE**

M. et Mme Rigaud*** (04.66.82.79.37).
Mme Welland** (04.66.79.27.76).
M. et Mme Fagard (04.66.50.82.74).

- **GÎTES ET MEUBLÉS**

Rens. : 04.66.82.30.02.

- **CAMPINGS**

Les Cascades*** (04.66.82.72.97).
La Vallée Verte*** (04.66.79.08.89).

DÉGUSTER

- **RESTAURANTS**

L'Auberge des Cascades (04.66.50.80.98).
Le Mas du Bélier (04.66.82.21.39).
La Hulotte (04.66.82.78.60).

- Cornillon, Goudargues, Montclus (8 à 15 km).
- Pont-Saint-Esprit (10 km).
- Bagnols-sur-Cèze : marché (12 km).
- Gorges de la Cèze (15 km).
- Aiguèze (19 km).
- Barjac : marché (24 km).
- Uzès (30 km).
- Orange (35 km).
- Pont du Gard (40 km).
- Gorges de l'Ardèche, aven d'Orgnac, Vallon-Pont-d'Arc (30 à 40 km).
- Avignon (44 km).

Roussillon

Étincelant de couleurs dans un écrin de verdure, Roussillon est, entre Ventoux et Luberon, la perle du massif ocrier.
Roussillon a bâti sa réputation sur ce minerai haut en couleur : l'ocre. Créée au XVIIIe s. par Jean-Étienne Astier, natif du village, l'industrie ocrière fit vivre la région durant des décennies. Aujourd'hui, l'ocre offre au visiteur la palette infinie de ses couleurs au détour de chaque ruelle, jusque sur les façades des maisons.

VISITER

Conservatoire des ocres et pigments appliqués : tlj sauf lundi 9 h-18 h (04.90.05.66.69).
- Sentier des ocres : en saison 9 h-18 h (juillet-août : 9 h-19 h 30) ; hors saison, rens. : 04.90.05.60.16.

SÉJOURNER

• HÔTELS

Le Mas de Garrigon*** (04.90.05.63.22).
Le Clos de la Glycine*** (04.90.05.60.13).
Rêves d'Ocres** (04.90.05.60.50).
Les Sables d'Ocre** (04.90.05.55.55).
La Petite Auberge (04.90.05.65.46).

• CHAMBRES D'HÔTE, GÎTES ET MEUBLÉS

Rens. : 04.90.05.60.25.

• CAMPING

Arc-en-Ciel** (04.90.05.73.96).

DÉGUSTER

• RESTAURANTS

Le Bistrot (04.90.05.74.45).
David (04.90.05.60.13).
La Grappe de raisin (04.90.05.79.47).
Le Mas de Garrigon (04.90.05.63.22).
L'Ocrier (04.90.05.79.53).
La Petite Auberge (04.90.05.65.46).
Le Piquebaure (04.90.05.79.65).
La Sirmonde (04.90.05.67.43).
Le Café des Couleurs (04.90.05.62.11).
Le Castrum (04.90.05.62.23).
La Treille (04.90.05.64.47).
Val des Fées (04.90.05.64.99).
La Gourmandine, crêperie (06.07.64.64.95).

• PRODUITS DU TERROIR

Produits régionaux : Au Goût du Jour (04.32.52.17.88) ; Boutique Chasson (04.90.05.80.69) ; Cannelle (04.90.05.71.27) ; la ferme du Basilic (06.71.04.22.38).
Vins AOC des Côtes du Luberon et du Ventoux : Château Blanc (04.90.05.64.56) ; Le Coulet Rouge (04.90.05.61.40) ; Chantegrillet (04.90.05.74.83) ; domaine Girod (04.90.05.84.03) ; domaine de Tara (04.90.05.74.87).

• MARCHÉ

Jeudi matin, pl. du Pasquier.

€ ACHETER

Artisanat : Harmonie (04.90.05.71.57) ; Le Petit Atelier roussillonnais (04.90.05.75.41).
Céramistes : Atelier Fidler (04.90.05.61.90) ; M. Grubert (04.90.05.75.03) ; Marchand de Couleur (04.90.75.41.89) ; Poterie de Pierroux (04.90.05.68.81).
Décorateurs : Appy (04.90.05.62.94) ; Soleil rouge (04.90.05.79.53) ; Topaze (04.90.05.74.30).
Fabricant de cadrans solaires : L'Astrolabe (04.90.05.70.42).
Fossiles et minéraux : Lou Clapas (06.16.25.03.77).
Galeries : Entrée en Matière (04.90.04.69.15) ; Galerie des Ocres (04.90.05.62.99) ; Ocrement dit (04.90.05.73.43) ; Le Point de Vue.
Mode et accessoires : Destin des Choses (04.90.74.46.16) ; Garance (04.90.05.81.57).
Peintres : M. Deymonaz (04.90.05.67.90) ; M. Freess (04.90.05.64.68) ; Galerie d'Eleanor (04.90.05.70.71) ; Mme Valenti (04.90.05.76.81).
Sculpteur : Mary'O Création Terre (04.90.05.71.36).

FÊTER

Juin-sept. : festival de quatuors à cordes.
Juin : Saint-Jean des Couleurs.
Août : marché potier (dern. dim.).

RESPIRER

- Randonnée pédestre : GR 6 et 9, et 4 circuits balisés.
- Tennis.
- Vols en montgolfière (06.03.54.10.92).

MUSARDER

- Apt (11 km).
- Le Luberon (de 10 à 20 km).
- Cavaillon (30 km).
- Avignon (50 km).

OFFICE DE TOURISME : 04.90.05.60.25

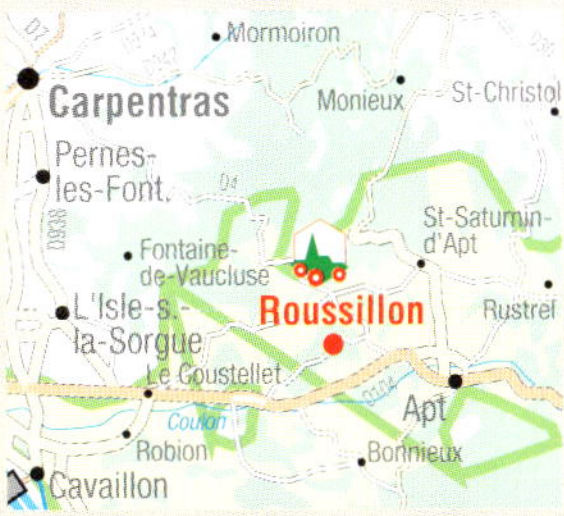

CARTE GÉNÉRALE : P. 19/E4
CODE POSTAL : 84220

Saint-Amand-de-Coly

Lovée à la croisée de trois vallons boisés, l'abbaye de Saint-Amand-de-Coly veille sur les maisons typiques du Périgord noir.

C'est à l'ermite Amand, venu évangéliser la population de cette vallée du Coly au VIe s., que le village doit son nom et sa vocation religieuse. La fondation de l'abbaye débuta au XIIe s. et assura la prospérité de Saint-Amand durant deux siècles. Avec la guerre de Cent Ans et la mise en place de systèmes de défense, l'église abbatiale reçut le titre de plus belle église fortifiée du Périgord. L'imposant clocher-porche haut de 30 m, son immense arc ogival et son portail à triple voussure dégagent une puissance toute en simplicité que l'intérieur de l'édifice ne dément pas. La nef exprime bien, en effet, ce subtil équilibre entre la sobriété de l'art roman et la recherche de hauteur de l'art gothique. Autour du site, qui fait encore la renommée du village et que des concerts classiques de grande qualité font vivre tout au long de l'année, se rassemblent les maisons périgourdines typiques. Dans un harmonieux contraste de tons ocre et gris, pierres sarladaises et toits de lauze habillent grand et petit patrimoine : abbaye, demeures, pigeonniers et anciens séchoirs à châtaignes.

VISITER

- Visite guidée de l'église abbatiale : en juill.-août (05.53.51.04.56) et hors saison sur RDV (05.53.51.47.85).
- Maison du Patrimoine : (05.53.51.04.56).

SÉJOURNER

• HÔTELS

Hôtel Gardette** (05.53.51.68.50).

• CHAMBRES D'HÔTE

M. et Mme Delbos*** (05.53.51.60.48 ou 06.84.57.11.08).

M. Lajoinie (05.53.51.68.76).

La Ferme du Peuch, chambres et tables d'hôtes (05.53.51.27.87).

• GÎTES

Rens : 05.53.51.04.56 en juill.-août et 05.53.51.47.85, hors saison.

• VILLAGE DE VACANCES

Le Domaine (05.53.50.86.29).

• CAMPINGS

Les Malenies** (05.53.50.81.57 ou 06.08.53.96.79).

Périgord Vacances (05.53.51.60.64).

DÉGUSTER

• RESTAURANT

Restaurant Gardette (05.53.51.68.50).

• PRODUITS DU TERROIR

Noix, huile de noix

Didier Delbos (05.53.51.60.48 ou 06.84.57.11.08) ;

Les Choconoiseries du Périgord (05.53.51.27.87).

• MARCHÉS

Marché des producteurs de pays : chaque mardi en juillet-août (à partir de 18 h).

Marché aux saveurs de l'automne (noix, pommes, châtaignes, truffes, produits fermiers et artisanat) : 1er w.-e. ap. la Toussaint.

ACHETER

Dinandier d'art :

Alain Lagorsse (05.53.51.66.48).

MAISON DU PATRIMOINE (JUILLET-AOÛT) : 05.53.51.04.56

MAIRIE : 05.53.51.67.50

CARTE GÉNÉRALE : P. 17/F3

CODE POSTAL : 24290

FÊTER

Août : fête du village, messe de Saint-Hubert, concours de dessins… (15) et festival de Musique classique du Périgord noir (première quinz.).

Toute l'année : concerts, conférences.

RESPIRER

- Randonnée pédestre, équestre et VTT (70 circuits balisés).

MUSARDER

- Sites préhistoriques de Lascaux (12 km) et des Eyzies (30 km).
- Montignac (9 km).
- Saint-Léon-sur-Vézère (19 km).
- Sarlat (22 km).

Saint-Benoît-du-Sault

Bâti sur un éperon granitique, le village de Saint-Benoît-du-Sault est l'une des portes de l'Occitanie.

Enserré par une double ceinture de remparts, en partie intacts, Saint-Benoît a conservé de son passé médiéval une porte fortifiée, un beffroi du XIVe s. et un ancien chemin de ronde. À l'extrémité du promontoire rocheux, un prieuré bénédictin offre la vue sur la vallée. L'église, majestueuse et sobre, du début du roman, renferme des chapiteaux et une cuve baptismale du XIe s.

Dans le cœur du village, les maisons des XVe-XVIe s. bordent les rues étroites souvent en pente raide: le Portail et la maison de l'Argentier, au linteau sculpté, sont les plus remarquables.

Facilitant la découverte extérieure du vieux village, les sentiers de promenade permettent aussi de contempler la silhouette massive de l'ancien prieuré se reflétant dans son étang. Après avoir inspiré nombre de peintres, la bâtisse est aujourd'hui l'objet d'un projet de centre culturel et touristique dont le thème principal sera le paysage.

VISITER

- Église: tlj 10 h-18 h.
- Village: visite guidée pour groupes sur RDV (02.54.47.51.44).
- Jardin des Merveilles (02.54.47.56.63).

SÉJOURNER

- **HÔTEL**

Le Centre (02.54.47.51.51).

- **CHAMBRES D'HÔTE**

Le Portail*** (02.54.47.57.20).
La Châtille*** (02.54.47.50.12).
Les Maisons (05.55.68.48.80).
Outre-l'Étang (02.54.24.83.97).
Le Terrier (02.54.24.85.57).

- **GÎTE COMMUNAL**

La Maison des Voyageurs (02.54.47.51.44).

DÉGUSTER

- **RESTAURANT**

L'Entrecôte, pizzeria-gril (02.54.47.66.82).

ACHETER

Éditeur (livres d'artistes et poésie): Tarabuste (02.54.47.66.60).
Graveur: Daniel Barral (02.54.47.57.20).
Peintre sur soie: Marie-France Boyer (02.54.47.57.20).
Restaurateur d'objets en cuir et fer: Bruno Bell (02.54.24.86.47).
Teinturier de laine angora: Pierre Cuevas (02.54.47.69.05).

OFFICE DE TOURISME: 02.54.47.67.95
MAIRIE: 02.54.47.51.44

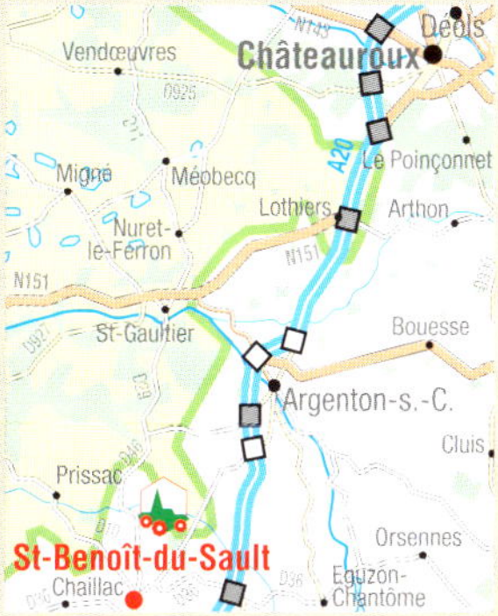

CARTE GÉNÉRALE : P. 17/F1
CODE POSTAL : 36170

FÊTER

Avril: foire aux vins des Pays de la Loire (1re quinz.).
Pentecôte: Salon d'antiquités-brocante.
Juillet-août: théâtre, concerts.
Juillet: brocante (13).
Août: foire interrégionale de béliers (4), brocante (14), fête patronale, fête foraine et feu d'artifice (15), foire bovine (dern. sam.).
Déc.: foires grasses.

RESPIRER

- Pêche.
- 2 circuits de randonnée.
- Tennis.

MUSARDER

- Dolmens des Gorces et de Passebonneau (3 km).
- Église de Roussines (4 km).
- Site et ruines du château de Brosse (10 km).
- Vallée de la Creuse et musée d'Argentomagus (20 km).
- Parc naturel régional de la Brenne (de 5 à 50 km).
- Ruines de Crozant (27 km).

Saint-Cirq-Lapopie

Perché sur un escarpement dont l'arête se profile sur un fond de hautes falaises, Saint-Cirq-Lapopie domine un méandre du Lot.

Contrôlant la vallée du Lot dont l'activité batelière fut longtemps florissante, le site de Saint-Cirq est occupé dès l'époque gallo-romaine et devient au Moyen Âge un puissant ensemble fortifié, englobant les châteaux des quatre dynasties s'y partageant le pouvoir (Cardaillac, Castelnau, Gourdon et Lapopie). Du fait de sa position stratégique convoitée, Saint-Cirq est l'objet de sièges incessants. Si Richard Cœur de Lion échoue au XIIe s., la forteresse passe alternativement, durant la guerre de Cent Ans, sous domination des couronnes d'Angleterre et de France. À la fin du XVIe s., ce sont les huguenots qui s'en emparent à deux reprises avant que Henri IV, suivant l'exemple donné par Louis XI et Charles VIII, la fasse totalement démanteler. Ses châteaux ont ainsi disparu, et seule la porte de Rocamadour subsiste des remparts mais, depuis le tertre surplombant le Lot et l'église fortifiée, Saint-Cirq reste un lieu d'une rare harmonie entre le site du village, son architecture et ses paysages. Des artistes et écrivains qui succombèrent à la magie de ce lieu au XXe s., c'est sans doute André Breton qui lui a rendu le plus bel hommage. Découvrant le village un soir de 1950 comme « une rose impossible dans la nuit », il fit de l'ancienne auberge des mariniers sa résidence d'été et cessa de « [se] désirer ailleurs ».

VISITER

- **Château** (exposition d'œuvres contemporaines) : tlj 10 h-20 h de mi-juillet à mi-sept. (05.65.31.27.48).
- **Maison de la Fourdonne** (histoire et mémoire du village au fil d'un parcours chronologique) : de mi-mars au 1er nov. (05.65.31.21.51).
- **Musée Rignault** (expositions temporaires d'art contemporain dans la maison et les jardins légués par Émile-Joseph Rignault, amateur d'art et collectionneur) : tlj sauf mardi 10 h-12 h 30/14 h 30-18 h (19 h en juillet-août) de mi-mars au 1er nov. (05.65.31.23.22).
- **Village** : visite guidée en saison (rens. Maison de la Fourdonne : 05.65.31.21.51) et toute l'année pour les groupes sur RDV (05.65.31.29.06).

SÉJOURNER

• HÔTELS

La Pelissaria***, rue de la Pelissaria (05.65.31.25.14).
L'Auberge du Sombral**, pl. du Sombral (05.65.31.26.08).

• CHAMBRES D'HÔTE

Marisa Campoli, Lo Peiro Levado (06.22.48.51.71).

• CHAMBRES CHEZ L'HABITANT

M. Balmes (05.65.31.26.02).
Mme Campoli, « Lo Peiro Levado » (06.22.48.51.71).
Château de Saint-Cirq-Lapopie (05.65.31.27.48).

• GÎTES, GÎTES D'ÉTAPE ET MEUBLÉS

Rens. : 05.65.31.29.06.

• CAMPINGS

La Plage*** (05.65.30.29.51).
La Truffière*** (05.65.30.20.22).

DÉGUSTER

• RESTAURANTS

L'Atelier (05.65.31.22.34).
L'Auberge du Sombral (05.65.31.26.08).
Lou Bolat (05.65.30.29.04).
Le Gourmet quercynois (05.65.31.21.20).
Le Lapopie (05.65.30.27.44).
L'Oustal (05.65.31.20.17).
La Peyrolière (05.65.24.34.66).
La Plage (05.65.30.29.51).
La Tonnelle (05.65.31.21.20).
Pâtisserie L.E, salon de thé (05.65.30.20.36).

• PRODUITS DU TERROIR

Foie gras de canard : domaine du Vieux Chêne (05.65.30.23.45).
Produits quercynois et vins : Lou Bolat (05.65.30.29.04) ; La Cave du Hameau des Saveurs (05.65.22.18.37) ; Le Gourmet Quercynois (05.65.31.21.20) ; Le Mas du Quercy (05.65.31.24.30).

• MARCHÉ

Juillet-août : marché de producteurs mercredi 8 h-13 h, pl. du Sombral.

ACHETER

Art de la table et décoration : Vert de buis (05.65.31.21.46).
Artisanat du cuir (bijoux et vêtements) : A Capella (05.65.30.26.55).
Bijoux argent et pierres : Améthyste (05.65.31.72.06).
Bijoux et chapeaux : Arrane (05.65.24.32.04).
Bijoux et maroquinerie : Arcane (05.65.30.23.89).
Bijoux et minéraux : Atelier de pierres (05.65.31.21.72).
Bijoux fantaisie : Athénaïde Bijoux (05.65.23.56.68).

OFFICE DE TOURISME : 05.65.31.29.06

CARTE GÉNÉRALE : P. 17/G4
CODE POSTAL : 46330

Saint-Cirq-Lapopie

Céramique : Christian Destieu (06.15.76.56.67).
Peinture et gravure : Anne Turlais (05.65.21.16.48).
Peinture et sculpture : Galerie Bigousse (05.65.30.23.72) ; Jean-Jacques Gauthier (05.65.24.78.92) ; Charlotte Ince (05.65.30.20.76) ; Marie-Brigitte Jouanneaud (05.65.30.01.34) ; Atelier Rosi Larapidie (05.65.31.35.48) ; Alain Prillard (05.65.30.20.76).
Peinture sur laque : Michèle Gobing (05.65.30.22.93).
Poterie : Marie-Paule Allegier (05.65.31.21.70).
Santons et sculpture : Le P'tit Fou (06.16.55.32.75).
Tournage sur bois : Patrick Vinel (05.65.31.20.54).
Vêtements et sérigraphie : Christine Brousse (05.65.31.24.43).

FÊTER

Juin-sept. : cinéma, danse, théâtre (rens. : 05.65.31.21.51).
Juillet : fête du village (3e w.-e.).

RESPIRER

- Canoë-kayak et VTT, location : Kalapca (05.65.30.29.51) et Sports Nature (05.65.24.21.01).
- Randonnée pédestre : GR 36 et 1 circuit balisé.

MUSARDER

- Vallée du Célé : Cabrerets, Marcilhac (de 10 à 25 km).
- Causse de Limogne, Villefranche-de-Rouergue (de 15 à 38 km).
- Cajarc et Figeac (de 20 à 45 km).
- Cahors (25 km).

Saint-Côme-d'Olt

Dans la calme vallée du Lot, Saint-Côme-d'Olt se distingue par son clocher flammé et le charme de ses maisons.
Le village s'est bâti au fil du temps à l'intérieur des fossés de l'ancienne cité du Moyen Âge, dont subsistent trois portes fortifiées. Dominant le village de son clocher flammé, l'église, du XVIe s., est de style gothique flamboyant. La chapelle des Pénitents du XIIe s., au clocher ajouré, se coiffe d'un toit en accent circonflexe. Le manoir des sires de Calmont, construit au XIIe s. et remanié au XVe s., offre une façade Renaissance et porte deux tours du XIVe s.
Les ruelles conservent d'anciennes échoppes médiévales et d'antiques demeures des XVe et XVIe s., comme la maison du consul de Rodelle, aux fenêtres à meneaux et ornée de sculptures. L'Ouradou, édifice au toit octogonal, fut érigé en mémoire des victimes de la peste de 1586.

VISITER

- Église St-Pierre-de-la-Bouïsse et chapelle des Pénitents : tlj 9 h-19 h de mai à sept.
- Village : visite guidée sur RDV (05.65.44.07.09).

SÉJOURNER

• HÔTEL

Les Voyageurs (05.65.44.05.83).

• CHAMBRES D'HÔTE

M. Burguière (05.65.44.10.61).
Mme Fréval (05.65.48.12.52).
Le Jardin d'Éliane (05.65.48.28.06).
M. et Mme Rous (05.65.48.18.16).
Mme Belieres (05.65.44.12.58).

• GÎTES, GÎTES D'ÉTAPE ET MEUBLÉS

Rens. : 05.65.44.07.09 ou 05.65.48.24.46.

SYNDICAT D'INITIATIVE : 05.65.48.24.46
MAIRIE : 05.65.44.07.09

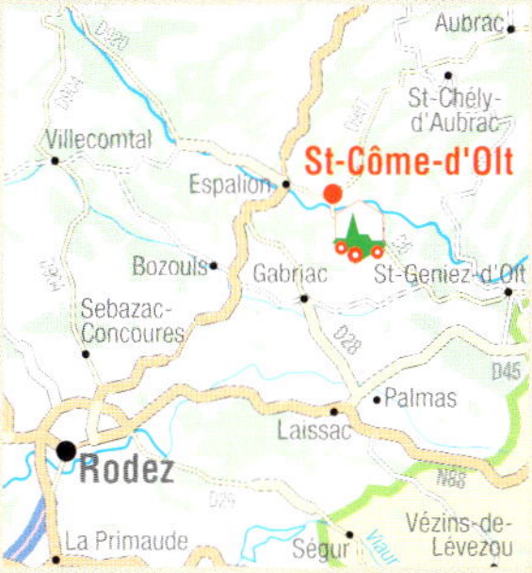

CARTE GÉNÉRALE : P. 17/H4
CODE POSTAL : 12500

DÉGUSTER

• RESTAURANTS

La Fontaine (05.65.44.05.82).
M. Verdier (05.65.48.01.10).
Les Voyageurs (05.65.44.05.83).
Le Plein des Sens (05.65.44.61.02).

ACHETER

Coutellerie : Del Roumiou (05.65.48.04.71).
Potier : M. Auguy (05.65.44.11.99).

FÊTER

Juillet : concours hippique (mi-juillet).
Août : fête votive de la Bastide d'Aubrac (2e w.-e.), fête votive de St-Côme (4e w.-e.).

RESPIRER

- Boulodrome. Quilles.
- Équitation : Le Fromental (05.65.48.06.62).
- Pêche.
- Randonnée pédestre : GR 65 et 10 circuits balisés.
- VTT.
- Tennis.

MUSARDER

- Espalion et hameau fortifié de Flaujac (4 km).
- Château de Roquelaure, trou de Bozouls (de 5 à 15 km).
- Abbaye de Bonneval, Laguiole et l'Aubrac (de 10 à 30 km).

Saint-Floret

Tirant son nom d'un évêque du Ve s., le village s'étire au fond d'une vallée étroite bordée de rochers escarpés.

Adossé aux rochers, le château du XIIIe s. doit sa fondation au seigneur de Champeix, qui reçut ses terres en 1225 du dauphin d'Auvergne. Son donjon renferme une salle voûtée de style gothique qui servit de temple aux protestants au XVIIe s. Sur les murs nord et sud de la salle, les restes de fresques peintes au XIVe s. racontent l'histoire de Tristan et Yseut. Marquant autrefois les limites de l'enceinte, la Couze coule sous le pont du XVIe s., dont l'oratoire renferme une statue-reliquaire de la Vierge en majesté du XIIIe s. Sur l'autre versant du village, la butte du Chastel donne son nom à l'église romane. Édifiée par Jehan de Bellenaves, seigneur de Saint-Floret et chambellan du duc de Berry et d'Auvergne, elle dépendait de l'abbaye de Chantoing. Une peinture murale de la chapelle nord, construite au XIVe s., met en scène ce seigneur et sa famille : saint Jean-Baptiste les présente à la Vierge et à l'Enfant Jésus. À l'entrée de la sacristie, une Vierge à l'Enfant du XIVe s. en marbre de Nonette montre Jésus caressant un oiseau de son pied.

ACHETER

Sculpteur : M. Lesbre (04.73.71.16.90).

FÊTER

Juin : feu d'artifice au château (2e dim.)

Août : festival Terre des Arts (2e quinz.).

Nov. : foire d'automne des produits du terroir et brocante (1er dim. ap. la Toussaint).

RESPIRER

- Canoë-kayak.
- Pêche.
- Escalade.
- Randonnée pédestre.

MUSARDER

- Champeix : marchedial (6 km).
- Grottes de Perrier, Issoire (de 7 à 12 km).
- Villages des Limagnes du Sud (Mareugheol, Boudes...) et vallée des Saints (de 15 à 25 km).
- Monts Dore : grottes de Jonas, Besse-en-Chandesse, lac Pavin, Murol, lac Chambon (de 15 à 30 km).
- Clermont-Ferrand (35 km).

POINT i : 04.73.54.90.66
MAIRIE : 04.73.71.10.39

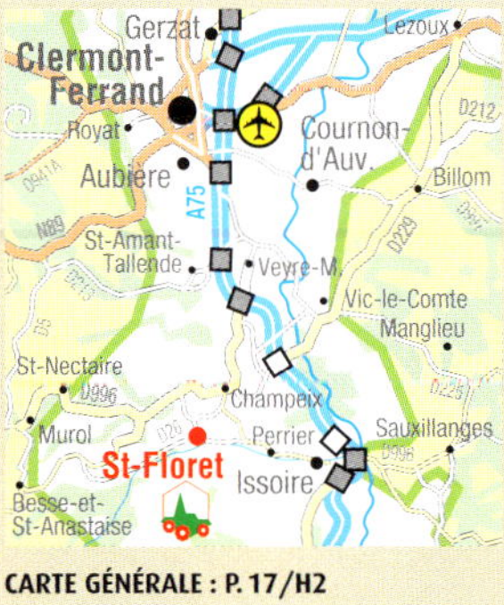

CARTE GÉNÉRALE : P. 17/H2
CODE POSTAL : 63320

VISITER

- Château : tlj sur RDV en juillet-août (04.73.54.90.66).
- Église romane du Chastel : visite sur RDV (04.73.54.90.66).

SÉJOURNER

• HÔTEL

Le Dristan** (04.73.71.11.76).

• GÎTES

Rens. : 04.73.54.90.66 ou 04.73.71.10.39.

DÉGUSTER

• RESTAURANT

Le Dristan (04.73.71.11.76).

• PRODUITS DU TERROIR

Pommes et jus de pomme : M. Meunier (04.73.71.13.70).

Saint-Guilhem-le-Désert

Au fond d'une gorge sauvage, Saint-Guilhem enserre son abbaye, fleuron de l'art roman languedocien.
Relais sur les chemins de Compostelle, Saint-Guilhem était, au Moyen Âge, un haut lieu de la chrétienté où fidèles, croisés et pèlerins venaient se recueillir et vénérer un morceau de la Vraie Croix. Si l'abbaye d'origine, fondée par saint Guilhem au IXe s., a disparu, l'église actuelle est un joyau de l'art roman, classée au patrimoine mondial de l'humanité. Dans le village, fenêtres géminées romanes, linteaux gothiques et meneaux Renaissance se marient à ravir.

VISITER

- **Abbaye de Gellone** : tlj toute l'année ; visite guidée en juillet-août, sur RDV le reste de l'année (04.67.57.44.33).
- **Musée lapidaire de l'abbaye** : tlj (sauf mardi, hors saison) 14h30-17h.
- **Musée d'Antan** : tlj 10h-18h.
- **Village** : tlj pour les groupes et sur RDV (04.67.57.44.33).

SÉJOURNER

HÔTELS

La Taverne de l'Escuelle (04.67.57.72.05).
Le Guillaume d'Orange (04.67.57.24.53).

GÎTES, GÎTES D'ÉTAPE ET MEUBLÉS

Rens. : 04.67.57.44.33.

DÉGUSTER

RESTAURANTS

L'Auberge des Lavagnes (04.67.73.12.79).
Sur le Chemin (04.67.57.75.05).
Fonzes (04.67.57.39.85).
La Taverne de l'Escuelle (04.67.57.72.05).
Le Val de Gellone, pizzeria (04.67.57.33.99).
Les Fenestrelles, crêperie (04.67.57.48.63).
Vent de soleil, snack (04.67.57.78.85).
La Voûte gourmande, snack (04.67.57.33.65).
La Table d'Aurore (04.67.57.24.53).

PRODUITS DU TERROIR

Huile d'olive et raisin de table : M. Dupy (04.67.57.44.60).
Truites et écrevisses : Pisciculture du Verdus (04.67.57.43.44).

OFFICE DE TOURISME : 04.67.57.44.33

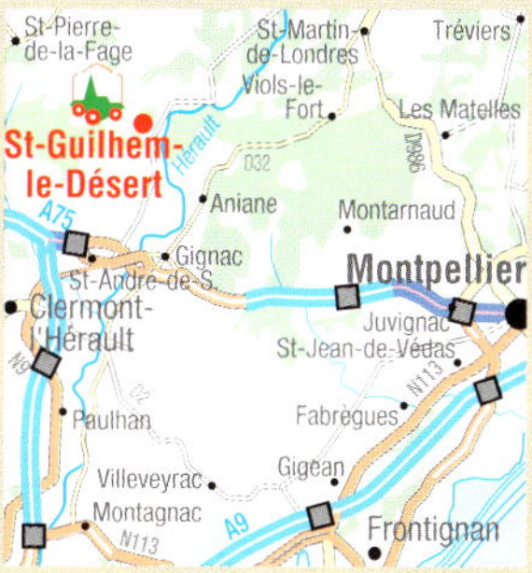

CARTE GÉNÉRALE : P. 17/H5
CODE POSTAL : 34150

ACHETER

Artisans, peintres, potiers, sculpteurs
Rens. : 04.67.57.44.33.

FÊTER

Juillet : fête votive avec animation de rue (3e sem.).
Juillet-août : festival de musique baroque, théâtre, expositions.
Déc. : concert de Noël (abbatiale).

RESPIRER

- Baignade. Canoë-kayak. Pêche.
- Randonnée.
- Spéléologie.

MUSARDER

- Pont du Diable et grotte de Clamouse (3 km).
- Aniane (8 km).
- Gignac (15 km).
- Saint-Jean-de-Fos, Clermont-l'Hérault et lac de Salagou (de 4 à 25 km).

Saint-Jean-de-Côle

Enchâssé dans des collines du Périgord vert, Saint-Jean-de-Côle invite au rêve et à la méditation dans un cadre architectural prestigieux.
Dominant la place du village, le château de la Marthonie associe dans ses deux ailes partageant un magnifique escalier à rampes droites l'élégance de la Renaissance à la rigueur de l'époque classique. Jouxtant un prieuré avec cloître et déambulatoire, l'église de style romano-byzantin fut construite au XIIe s. Elle renferme de belles peintures et une Vierge en pierre polychrome du XVIIe s. Au bout du village, près du vieux moulin, un pont médiéval à avant-becs enjambe la rivière de la Côle. Ce prestigieux ensemble architectural est complété par les vieilles maisons du village, dont certaines à colombages.

VISITER

- Village : visite accompagnée (05.53.62.14.15).

SÉJOURNER

- **HÔTEL**

Le Saint-Jean** (05.53.52.23.20).

- **GÎTES ET MEUBLÉS**

Rens : 05.53.62.14.15.

DÉGUSTER

- **RESTAURANTS**

Le Coq rouge (05.53.62.32.71).
Les Remparts (05.53.62.38.10).
Le Saint-Jean (05.53.52.23.20).
La Perla, café (05.53.55.36.65).
L'Heure des Thés, restauration lunch (05.53.55.33.77).

- **PRODUITS DU TERROIR**

Ferme piscicole de Fon Pépy : produits de la ferme et casse-croûtes à la ferme – truites, écrevisses et produits à base de truites et d'écrevisses (05.53.52.04.99).

SYNDICAT D'INITIATIVE : 05.53.62.14.15
MAIRIE : 05.53.62.30.21

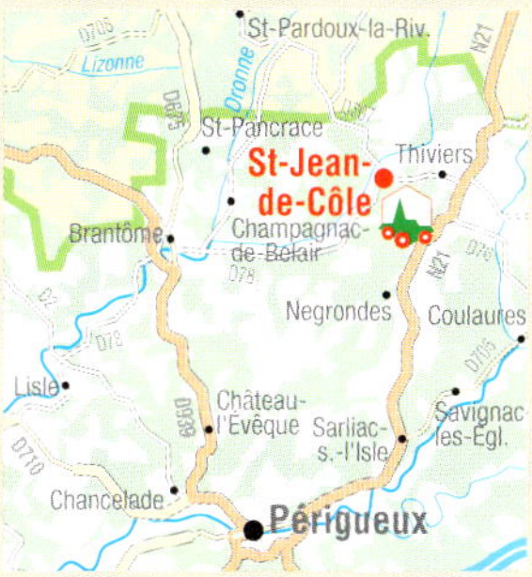

CARTE GÉNÉRALE : P. 17/F2
CODE POSTAL : 24800

ACHETER

Création textile : Atelier Catherine Aerts (05.53.55.33.77).
Galerie : La Dame blanche (05.53.62.38.88).

FÊTER

Mai : Floralies (w.-e. le plus proche du 8 mai).
Juin : vide-greniers, feu de la Saint-Jean (24).
Juillet-sept. : expositions au syndicat d'initiative.
Juillet-août : concerts de musique classique (rens. : 05.53.62.14.15).
Août : Ball-trap (mi-août).

RESPIRER

- Pêche.
- Randonnée : Voie verte (17 km) pour randonneurs, cavaliers et vététistes, sentiers balisés.
- Tennis.

MUSARDER

- Thiviers (7 km).
- Villars : château de Puyguilhem, grottes, vestiges de l'abbaye cistercienne de Boschaud (de 8 à 11 km).
- Parc naturel régional Limousin-Périgord (10 km).
- Brantôme (20 km).
- Périgueux (35 km).

Saint-Léon-sur-Vézère

Niché dans une boucle de la Vézère, à mi-chemin entre Lascaux et Les Eyzies, Saint-Léon est au cœur de la « vallée de l'Homme ». Occupé dès la préhistoire, comme l'attestent les vestiges d'habitat du site de Conquil, Saint-Léon doit son nom à l'un des premiers évêques de Périgueux. Situé à proximité d'une voie romaine, ce village fut surtout, jusqu'à l'apparition du chemin de fer, un port florissant sur la Vézère, au point de mériter sous la Révolution l'appellation de Port-Léon. De la chapelle expiatoire du cimetière à l'entrée est du village, la route conduit, au-delà du château de Clarans et du manoir de La Salle, à l'église romane, haut lieu du festival musical du Périgord noir. À proximité de la côte de Jor, le château de Chabans est daté du Moyen Âge au XVIIe s. Riche de son mobilier et d'une rare collection de vitraux, il offre un large panorama sur les paysages périgourdins.

VISITER

- Centre d'étude et de méditation bouddhistes (05.53.50.70.75).
- Château de Chabans.
- Église romane : tlj 9 h-17 h.
- Parc préhistorique de loisirs du Conquil : tlj 10 h-19 h de mai à août, 10 h-18 h en avril et sept., sur RDV le reste de l'année (05.53.51.29.03).

SÉJOURNER

• HÔTEL

Le Relais de la côte de Jor** (05.53.50.74.47).

• GÎTES ET MEUBLÉS

Rens. : 05.53.50.73.16.

• CAMPINGS

Le Paradis**** (05.53.50.72.64).
Municipal* (05.53.50.73.16).

DÉGUSTER

• RESTAURANTS

L'Auberge du Pont (05.53.50.73.07).
Le Petit Léon (05.53.51.18.04).
La Poste (05.53.50.73.08).
Le Déjeuner sur l'herbe, snack (05.53.50.69.17).

• MARCHÉ

De juin à sept. : marché fermier dim. matin.

ACHETER

Ébéniste : M. Labatut, Les Granges (05.53.50.20.45).

FÊTER

Juillet : animation folklorique (3e décade), vide-greniers (2e dim.).
Août : festival musical du Périgord noir – concerts en l'église romane (2e décade), fête du village (2e dim.).

RESPIRER

- Canoë-kayak : Aventure Plein Air (05.53.50.67.71). Pêche.
- Randonnée pédestre : GR 36 et 3 circuits balisés.
- Tennis.
- Vol libre.
- VTT.

MAIRIE : 05.53.50.73.16

CARTE GÉNÉRALE : P. 17/F3
CODE POSTAL : 24290

MUSARDER

- Panorama de la côte de Jor (2 km).
- Sites préhistoriques de La Roque-Saint-Christophe et La Madeleine, Préhisto-Parc de Tursac (de 3 à 8 km).
- Site préhistorique de Castel-Merle, Le Thot, Lascaux (de 4 à 10 km).
- Montignac-sur-Vézère (10 km).
- Les Eyzies (15 km).
- Grotte des Cent Mammouths à Rouffignac (18 km).
- Sarlat (35 km).

Saint-Lizier

Le patrimoine de l'ancienne cité épiscopale du Couserans, perchée sur une colline escarpée, témoigne de 2 000 ans d'Histoire.

Inscrite, avec quatre autres monuments du village, au patrimoine mondial de l'humanité dans le cadre des chemins de St-Jacques-de-Compostelle, la cathédrale St-Lizier date du XIe au XVe s. De style toulousain, son clocher en brique de forme octogonale domine l'abside ornée de fresques murales et d'un Christ en majesté. Attenante au cloître roman surmonté d'une galerie décorée de fresques et présentant un bel ensemble de chapiteaux, l'ancienne sacristie contient le trésor épiscopal comprenant notamment un buste reliquaire de saint Lizier. Proche de la cathédrale, l'Hôtel-Dieu renferme une pharmacie du XVIIIe s. où se côtoient faïences et instruments chirurgicaux. Dans la partie haute du village, ceinte d'un rempart gallo-romain long de 740 m, ponctué de douze tours et de deux portes, la deuxième cathédrale N.-D.-de-la-Sède, jouxte l'ancien palais des Évêques, qui abrite le musée départemental des Arts et Traditions populaires. Son esplanade offre une vue imprenable sur les Pyrénées et le village. Autour de sa place principale, ruelles en galets, rues et passages couverts cheminent entre de belles demeures du XVIIIe s.

VISITER

- **Cathédrale romane St-Lizier** (cloître et trésor) : tlj sauf dim. matin 10 h-12 h/14 h-18 h du 15 juin au 30 sept., sur RDV le reste de l'année (05.61.96.77.77).
- **Palais des Évêques** (musée) : tlj 10 h-19 h en juillet-août, 10 h-12 h/14 h-18 h en juin et sept., 14 h-18 h du 30 mars au 31 mai et du 1er oct. au 3 nov.
- **Pharmacie du XVIIIe s.** : tlj sauf dim. matin du 1er juin au 30 oct., tlj sauf dim. du 1er nov. au 30 mai.
- **Anciennes papeteries de Pourlande** (05.61.66.32.94).

OFFICE DE TOURISME : 05.61.96.77.77

CARTE GÉNÉRALE : P. 17/F5
CODE POSTAL : 09190

SÉJOURNER

• HÔTEL

Hôtel de La Tour** (05.61.66.38.02).

• GÎTES, GÎTES D'ÉTAPE, MEUBLÉS ET CHAMBRES D'HÔTE

Rens. : 05.61.96.77.77.

DÉGUSTER

• RESTAURANTS

Chalet de Chanteraine (05.61.66.11.33).
Hôtel de La Tour (05.61.66.38.02).

FÊTER

Ascension : festival d'art sacré.
Juin : feu de la Saint-Jean.
Juin-sept. : expositions à la galerie d'art contemporain Intervalle (05.61.66.24.14) et à la Grange de la Cité.
Juillet : Journées gallo-romaines (3e w.-e.).
Août : festival de musique classique (1re quinz.), récital d'orgue (15), concert de jazz (3e jeudi), feu d'artifice (3e dim.).
Oct. : marché bio.

RESPIRER

- Initiation à l'ichnologie, sorties en montagne, grotte du Loup : Au Pays des Traces (05.61.66.47.98).
- Randonnée pédestre : GR 657 (chemins de Saint-Jacques-de-Compostelle) et 3 circuits balisés.

MUSARDER

- Bastide de Montjoie, abbaye de Combelongue à Rimont et grotte du Mas-d'Azil (de 2 à 23 km).
- Églises d'Audressein, Castillon-en-Couserans et vallée de Bethmale (de 14 à 25 km).
- Foix (45 km).

Saint-Quirin

VISITER

- Église priorale, haute chapelle et chapelle N.-D.-de-l'Hor à Métairies-Saint-Quirin : tlj 9 h-18 h.
- Site archéologique de La Croix-Guillaume (03.87.08.60.34).

SÉJOURNER

- **HÔTEL**

Le Prieuré** (03.87.08.65.20).

- **GÎTES ET CAMPING COMMUNAL**

Rens : 03.87.08.60.34.

DÉGUSTER

- **RESTAURANTS**

Auberge de la Forêt (03.87.03.71.78).
Hostellerie du Prieuré (03.87.08.66.52).

- **PRODUITS DU TERROIR**

Miel : M. Krauser (03.87.08.61.55) ; M. Weil (03.87.08.66.00).

ACHETER

Atelier de peinture-sculpture Saint-Michel : Muriel Vincent (peintre) ; Yves Lantz (sculpteur) sam. et dim. de 14 à 20 h et sur RDV (03.87.23.98.52).
Coutelier : François Bolli (03.87.08.69.33).
Galerie de meubles et peintures : Mme Boyrié (03.87.08.61.52).
Peintre : Éric Saunier (06.10.39.00.83) ; Nadine Ulukaya (03.87.08.66.89).
Sculpture sur bois : M. Simon (03.87.08.68.85).
Verrier : Anne Holzer (03.87.08.67.88).

MAIRIE : 03.87.08.60.34

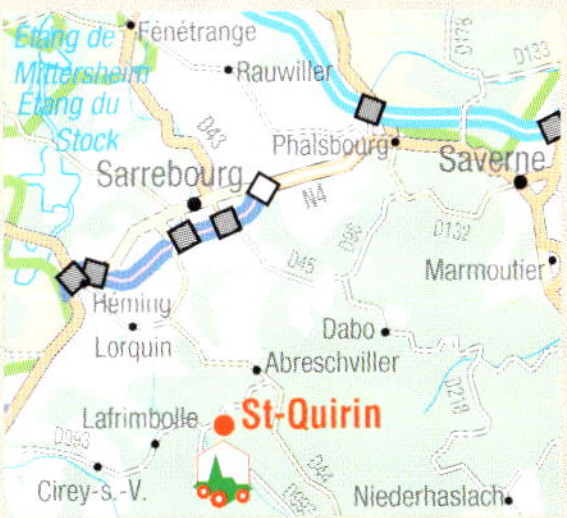

CARTE GÉNÉRALE : P. 15/G4
CODE POSTAL : 57560

Au pied d'un amphithéâtre de collines, le village est entouré de la vaste et giboyeuse forêt vosgienne où hêtres et chênes côtoient épicéas et mélèzes.

Sur les hauteurs, le site archéologique de La Croix-Guillaume a permis de mettre au jour d'importants vestiges gallo-romains des Ier, IIe et IIIe s., témoins de l'ancienne culture des sommets. St-Quirin doit son nom à Quirinus, tribun militaire de Rome martyrisé en 132 sous l'empereur Hadrien, et possède un riche patrimoine issu d'une histoire plus que millénaire. Les témoignages de son glorieux passé sont nombreux : le prieuré et l'église priorale baroque (1722) avec ses orgues Jean-André Silbermann (1746), qui sont classées monument historique, tout comme l'église des Verriers, ravissant édifice de style rococo construit en 1756 à Lettenbach, ou encore la haute chapelle de style roman datant des années 1180. En contrebas de l'église, l'eau de la fontaine miraculeuse aurait le pouvoir de guérir les maladies de peau grâce à l'intercession de saint Quirin. Le village devint ainsi un lieu de pèlerinage et de dévotion à son patron guérisseur. Dépendant du prieuré, Métairies-St-Quirin et Vasperviller devinrent communes autonomes à la Révolution. Le circuit des Sept-Roses relie les cinq chapelles et les deux églises de l'ancienne grande paroisse, chaque édifice ayant son originalité.

FÊTER

Mai : marche nocturne Saint-Quirin-Marmoutier (2e sam.).
Ascension : procession et foire.
Mai-sept. : concerts d'orgue.
Août : fête forestière (2e dim.).

RESPIRER

- Pêche.
- Randonnée pédestre : GR 5 et circuits balisés.
- VTT : 3 circuits.

MUSARDER

- Abreschviller (5 km).
- Faïencerie de Niderviller (15 km).
- Sarrebourg (17 km).
- Rhodes et parc animalier de Sainte-Croix (20 km).
- Col et massif du Donon (22 km).
- Plan incliné de Saint-Louis-Arzwiller (25 km).
- Phalsbourg (30 km).
- Saverne (40 km).
- Lunéville (50 km).

Saint-Robert

Construit autour d'un monastère de bénédictins disciples de saint Robert, le village fut baptisé du nom du fondateur de La Chaise-Dieu en Auvergne.

Le village se dresse à l'emplacement d'une ancienne cité mérovingienne. Sur le plateau de Saint-Robert, quelques vestiges d'une enceinte encerclent le monastère et son abbatiale romane. Les bâtisses cossues en pierre de taille, les castels et les maisons à tourelles furent, en leur temps, des demeures de notables. L'église fortifiée conserve presque l'intégralité de sa structure du XIIe s. Le déambulatoire exposait autrefois aux pèlerins de Compostelle les reliques des saints. Sur les chapiteaux sont gravées des scènes chargées de symboles bibliques. Un Christ grandeur nature du XIIIe s., taillé dans le bois, rappelle l'intensité de la foi médiévale. Saint-Robert, cité des frontières du Périgord, fut lui-même le théâtre de violents affrontements religieux.

VISITER

- Église Ste-Marie : tlj 9 h-18 h.
- Village : visite guidée tlj à 11 h, 15 h et 17 h du 15 juin au 15 sept., sur RDV le reste de l'année (05.55.25.21.01).

SÉJOURNER

• HÔTELS

La Maison anglaise (05.55.25.19.58).
Le Mont Bel-Air (05.55.25.12.82).

• GÎTES ET MEUBLÉS

Rens. : 05.55.25.21.01

• CAMPINGS

Camping de Bellevue (05.55.25.11.12).
Camping rural La Prophétie (05.55.84.16.64).

DÉGUSTER

• RESTAURANTS

Chez Breuil (05.55.25.11.31).
Le Mont Bel-Air (05.55.25.12.82).
Le Saint-Robert (05.55.25.58.09).

• PRODUITS DU TERROIR

Foie gras et confit : M. Descomps (05.55.25.11.07).
Pain au feu de bois : M. Faucher (05.55.25.14.12).

ACHETER

Antiquaire : Cédric Estrade (06.08.99.93.59).
Décorateur sur porcelaine : M. Moulin.
Potière : Catherine Mossière, Atelier du Brin d'herbe (05.55.84.12.26).

FÊTER

Mars ou avril : foire primée aux veaux de lait (lundi ap. les Rameaux).
Juillet-août : été musical.
15 août : fête votive.
Oct. : fête du Vin nouveau (3e dim.).
Nov. : foire primée aux veaux de lait (2e lundi).

RESPIRER

- Randonnée pédestre : 2 circuits balisés.
- Tennis.

MUSARDER

- Églises de Saint-Bonnet-la-Rivière et Saint-Cyr-la-Roche (12 km).
- Château de Hautefort (16 km).
- Vallée de la Vézère, Terrasson (22 km).
- Brive (25 km).

OFFICE DE TOURISME : 05.55.25.21.01
MAIRIE : 05.55.25.11.12

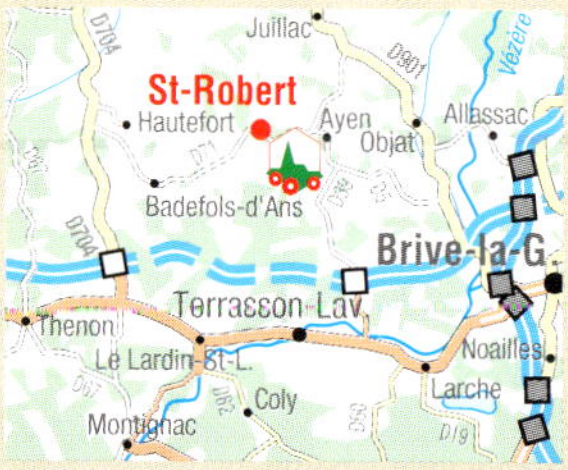

CARTE GÉNÉRALE : P. 17/F3
CODE POSTAL : 19310

Saint-Saturnin

Sur une arête basaltique, le village réunit une église majeure de l'art roman et le château des seigneurs de La Tour d'Auvergne.
Entre les gorges de la Monne et la large vallée de la Veyre, le cœur de Saint-Saturnin, longtemps ceinturé de remparts, est resté un labyrinthe de ruelles pentues et sinueuses où des maisons nobles se mêlent à d'anciennes échoppes et à de simples maisons vigneronnes. Surplombant le bourg, le château, construit au XIIIe s. puis embelli à la Renaissance, accueillit Catherine de Médicis accompagnée de Charles IX. L'église, dédiée à l'évêque martyr de Toulouse, saint Saturnin, est l'un des fleurons de l'art roman auvergnat. En parcourant places et chemins, le visiteur découvre ici une fontaine Renaissance ou une chapelle romane, là des témoins de la vie rurale : lavoirs, « travail »... À 2 km, le village de Chadrat, parsemé de fontaines, a conservé de belles maisons paysannes.

VISITER

- Église romane : tlj 9 h-19 h ; visite guidée mardi, mercredi et dim. 16 h-19 h en juillet-août, sur RDV hors saison (04.73.39.30.13).
- Château (04.73.79.37.69).
- Village : sur RDV tlj en juin, juillet, août et les vendredi, sam. dim. en mai et sept. (04.73.79.37.69).

SÉJOURNER

• CHAMBRES D'HÔTE

Château de Saint-Saturnin*** (04.73.39.39.64).
La Maison des Archers*** (04.73.39.31.42).
M. Ficheux (04.73.39.00.17).

• HÉBERGEMENT DE GROUPE ET MEUBLÉS

Rens. : 04.73.79.37.69.

• CAMPING NATURISTE

La Serre de Portelas (04.73.39.35.25).

DÉGUSTER

• RESTAURANTS

La Toison d'or (04.73.39.33.45).

• PRODUITS DU TERROIR

Pisciculture : Moulin de Pagnat (04.73.39.34.13).
Pains spéciaux : boulangerie (04.73.39.30.69).

ACHETER

Antiquaire-brocanteur : Le Grenier de la Reine Margot (04.73.39.05.47).
Artisanat du bois : Kikecac (04.73.39.32.81).
Décoration sur faïence et céramique : Atelier Déco Lib'ry (04.73.39.45.33).
Sculpteur sur pierre : M. Beraud (04.73.39.30.63).

FÊTER

1er mai : foire.
Juillet-août : concerts, expositions et animations.
Sept. (années impaires) : festival Les Jours de Lumière – art contemporain sacré, concerts, conférences (3e w.-e.).
Oct. : foire « Couleurs, senteurs et Saveurs » (1er dim.).
Nov. : marché de la Création – exposition-vente d'artisanat d'art (2e quinz.).

RESPIRER

- Randonnée pédestre (4 circuits balisés) et VTT.
- Accueil équestre : M. Ficheux (04.73.39.00.17).
- Tennis (04.73.39.31.96).

MUSARDER

- Château de la Batisse (8 km).
- Site de Gergovie (12 km).
- Lac d'Aydat : nautisme (16 km).
- Églises romanes de Saint-Nectaire, Issoire et Orcival (18 à 30 km).
- Clermont-Ferrand, la chaîne des Puys et Vulcania (20 à 30 km).

OFFICE DE TOURISME :
04.73.79.37.69

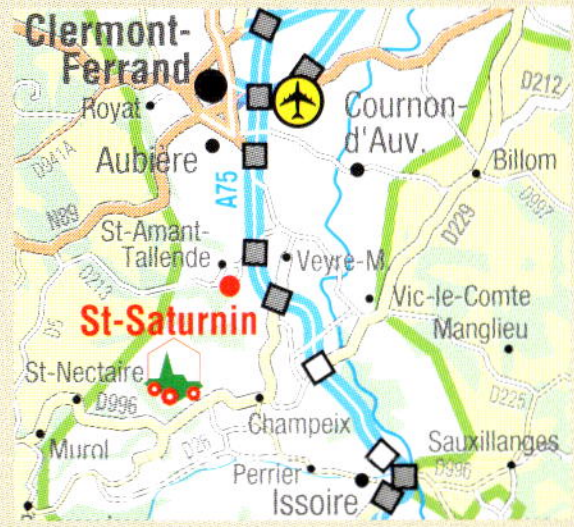

CARTE GÉNÉRALE : P. 17/H2
CODE POSTAL : 63450

Saint-Véran

€ ACHETER

Artisanat (herborisation, dentelle, tissage, tricot) : Mme Breton (04.92.45.81.56).
Coutelier-forgeron : Sylvain Brunet (04.92.45.88.31).
Sculpteurs sur bois : Jean-Sébastien et Samuel Brunet (04.92.45.82.40) ; Pierre Brunet (04.92.45.82.68) ; Marie et Claudine Jouve (04.92.45.82.14) ; Yves Marrou (04.92.45.86.45).

FÊTER

Janv. : traversée du Queyras en ski de fond (dern. dim.).
Juillet : pèlerinage à la chapelle de Clausis (16).

RESPIRER

- Escalade : Bureau des guides (04.92.45.85.87).
- Parcours acrobatique en forêt (06.17.72.70.30).
- Pêche.
- Randonnée pédestre ou avec âne bâté (Queyr'Âne : 04.92.45.82.65).
- Ski alpin, de fond, de randonnée et raquettes : École de ski français (04.92.45.80.40) ; École de ski et de snowboard internationale (04.92.45.89.74) ; APAM (04.92.45.81.77) ; Bureau des guides (04.92.45.85.87).
- VTT.

OFFICE DE TOURISME : 04.92.45.82.21

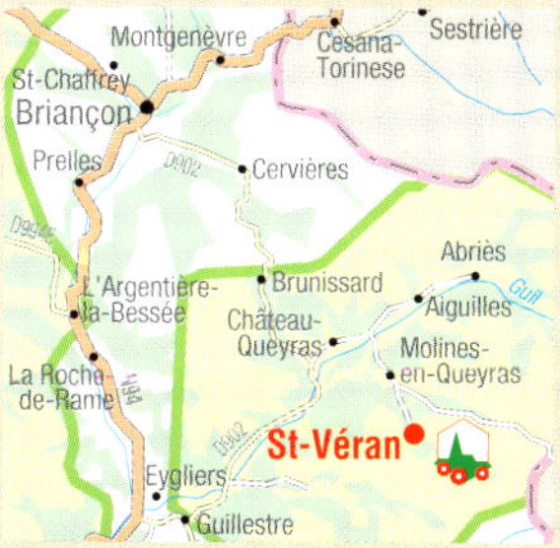

CARTE GÉNÉRALE : P. 19/G3
CODE POSTAL : 05350

MUSARDER

- Château-Queyras (14 km).
- Aiguilles, Abriès (de 16 à 21 km).
- Col d'Agnel et Italie (20 km).
- Guillestre, Mont-Dauphin (38 km).
- Col de l'Izoard, Briançon (49 km).

Sainte-Agnès

Perché à près de 800 m d'altitude, « le village littoral le plus haut d'Europe » surplombe la mer Méditerranée du cap Martin à la Riviera italienne.
D'abord camp fortifié romain, siège d'un château fort érigé au XIIe par la maison de Savoie, puis maillon le plus méridional de la ligne Maginot avec le fort creusé dans le roc de 1932 à 1938 pour défendre la frontière franco-italienne, Sainte-Agnès a longtemps été un site militaire convoité. Aujourd'hui, le village cultive sa différence, loin de la foule et du béton de la Côte. Avec ses ruelles entrelacées, dont certaines évoquent la légende du passage des sarrasins, avec ses voûtes secrètes et ses maisons accrochées les unes aux autres, il a su préserver son authenticité. Les ruines altières du château fort abritent désormais un jardin médiéval qui évoque l'amour courtois.

VISITER

- Espace Culture et Traditions (écomusée, archéologie, peinture et sculpture) : tlj sauf mercredi 10 h-13 h/14 h-18 h (04.93.35.87.35).
- Fort de la ligne Maginot : tlj sauf lundi 15 h-18 h en saison, sam. et dim. 14 h 30-17 h 30 hors saison.
- Église N.-D.-des-Neiges : tlj 9 h-18 h.
- Site du château (visite des ruines et du jardin médiéval) : tlj 9 h-18 h.

SÉJOURNER

- **HÔTEL**

Le Saint-Yves (04.93.35.91.45).

- **GÎTES**

Rens. : 04.92.15.21.30 ou 04.93.16.20.98.

- **MEUBLÉS**

Rens. : 04.93.35.87.35.

DÉGUSTER

- **RESTAURANTS**

Le Logis sarrasin (04.93.35.86.89).
Le Righi (04.92.10.90.88).
Le Saint-Yves (04.93.35.91.45).
Au Gaïne, crêperie (04.93.35.99.78).

- **PRODUITS DU TERROIR**

Épicerie (04.93.44.90.39).

ACHETER

Artisanat du cuir : Boutique Cuir (APIA) (04.93.35.91.36).
Maître verrier : M. Pelissier (04.93.35.50.40).

FÊTER

1er mai : Critérium de randonnée pédestre.
Juillet : fête de la Lavande et du Temps passé (2e quinz.).
Sept. : festival « Cinéma sous les étoiles » (1re quinz.).
Oct. : fête des Champignons et de l'Automne (mi-oct.).

MAIRIE : 04.93.35.84.58

CARTE GÉNÉRALE : P. 19/G4
CODE POSTAL : 06500

MUSARDER

- Menton (11 km).
- Monaco (20 km).
- Villages perchés de Castellar, Gorbio, Peille (de 5 à 20 km).
- Nice (43 km).

Sainte-Croix-en-Jarez

Presque tout entier enclos dans les bâtiments cartusiens, le village est constitué d'anciens ermitages transformés en habitations.
C'est une ancienne chartreuse qui constitue aujourd'hui le bourg de Sainte-Croix-en-Jarez, quadrilatère de plus de 2 ha situé dans le parc naturel régional du Pilat. École, mairie et habitations occupent les anciens édifices religieux, désertés à la Révolution. L'église conventuelle, aux riches boiseries et aux stalles gothiques et Renaissance, renferme un « Martyre de saint Sébastien » de l'école de Mantegna et des statues de bois polychromes. Dans le chœur de l'église, du XIIIe s., se trouvent des peintures murales du début du XIVe s. La cuisine des Chartreux a conservé sa cheminée monumentale. Du monastère demeurent un ermitage restauré et meublé, la grille en fer forgé de 1692, la tour de l'horloge, la façade fortifiée remaniée au XVIIe s., le petit cloître et le grand escalier. Le village possède aussi une chapelle du XIIe s. et le site mégalithique des roches de Marlin.

VISITER

- Église primitive (fresque) et ancienne chartreuse (boulangerie, cuisine, ermitage) : 13 h 30-17 h 30, de mi-mars à fin avril et d'oct. à mi-nov., fermé mercredi et jeudi ; 10 h 30-12 h 30 et 13 h 30-18 h 30, de mai à sept., fermé mercredi.
- Village : visite guidée tlj et sur réservation pour groupes (04.77.20.20.81).

SÉJOURNER

• HÔTEL
Le Prieuré (04.77.20.20.09).

• CHAMBRES D'HÔTE
Les Biches, Mme Deborde (04.77.20.29.73).
La Rose des Vents, Mme Delabre (04.77.20.29.72 ou 04.77.75.62.03).

• GÎTES
Réservation par les Gîtes de France (04.77.79.18.49).
Le Prieuré (04.77.20.20.09).

• PRODUITS DU TERROIR
Fromages, volailles et charcuterie : ferme du Moulin des Chartreux (04.77.20.23.11).
Fromages de chèvre et charcuterie : M. Bridier-Rebert (04.77.20.22.93).
Fromages de chèvre bio et miel : M. Margerit (04.77.20.21.72).
Produits biologiques : L'Épicerie d'art (04.77.20.22.60).

POINT i : 04.77.20.20.81

CARTE GÉNÉRALE : P. 19/E2
CODE POSTAL : 42800

DÉGUSTER

• RESTAURANTS
Le Cartusien (04.77.20.29.72).

ACHETER

Artisanat : L'Épicerie d'art (04.77.20.22.60).

FÊTER

Mars-nov. : expositions de peinture et de sculpture.
Pentecôte : Sport en fête, foire traditionnelle.
Juin : concours de peinture dans la rue.
Sept.-oct. : « Automne musical », festival de musique classique.

RESPIRER

- Pêche.
- Randonnée pédestre : 3 circuits balisés.
- Tennis.

MUSARDER

- Mont Pilat (22 km).
- Vallée du Gier (10 km).
- Saint-Étienne (30 km).

Sainte-Énimie

En y guérissant de la lèpre dans les eaux d'une source, la princesse mérovingienne Énimie a donné son nom au village.
Cerné par les falaises des grands causses de Sauveterre et Méjean, dans lesquels le Tarn a creusé ses gorges, le village a conservé les massives demeures de calcaire témoins de son passé prospère. À son sommet, la chapelle Ste-Madeleine et une salle capitulaire sont les vestiges d'un ancien monastère bénédictin. À son pied, la source de Burle, aux vertus curatives, coule toujours, et un sentier escarpé conduit à l'ermitage où se retira sainte Énimie.

VISITER

- Écomusée du Vieux Logis, église romane, salle capitulaire.
- Village : visite guidée sur réservation (04.66.48.53.44).

SÉJOURNER

• **HÔTELS**

Auberge du Moulin** (04.66.48.53.08).
Burlatis** (04.66.48.52.30).
La Cascade** (04.66.48.52.82).
Le Chante-Perdrix** (04.66.48.55.00).
Le Paris (04.66.48.50.02).
Bleu Nuit (04.66.48.50.01).
Les Deux-Sources (04.66.48.53.87).
Giroux (04.66.48.52.66).
Le Panorama de Cabrunas (04.66.48.56.08).

• **CHAMBRES D'HÔTE, GÎTES, GÎTES D'ÉTAPE ET MEUBLÉS**

Rens. : 04.66.48.53.44.

• **CAMPINGS**

Couderc*** (04.66.48.50.53).
Fayards*** (04.66.48.57.36).
Gorges du Tarn* (04.66.48.59.38).

• **CAMPING À LA FERME**

Prunets (04.66.48.55.98).

DÉGUSTER

• **RESTAURANTS**

Auberge du Moulin (04.66.48.53.08).
La Cascade (04.66.48.52.82).
Les Deux-Sources (04.66.48.53.87).
Giroux (04.66.48.52.66).
Restaurant du Nord (04.66.48.53.46).
Le Paris (04.66.48.50.02).
La Tendelle (04.66.32.58.59).
Le Bel Été, crêperie (04.66.48.18.24).
Le Pêcheur de Lune, crêperie (04.66.48.58.12).
La Cardabelle, crêperie-pizzeria (04.66.48.50.49).
Castelbouc, pizzeria (04.66.48.58.04).
La Santrimiole, pizzeria (04.66.48.57.21).

• **PRODUITS DU TERROIR**

Cave à vins : Au gré des Saveurs (04.66.48.46.55).

• **MARCHÉ**

Juillet-août : jeudi soir.

ACHETER

Bijoutière : Sabine Valentin (04.66.48.59.64).
Confidences du terroir : 50 exposants (04.66.49.12.66).
Vins : Au gré des Saveurs (04.66.48.46.55).

FÊTER

Juin. : fête des Lys.
Oct. : fête du village et pèlerinage (1er dim.).

OFFICE DE TOURISME : 04.66.48.53.44

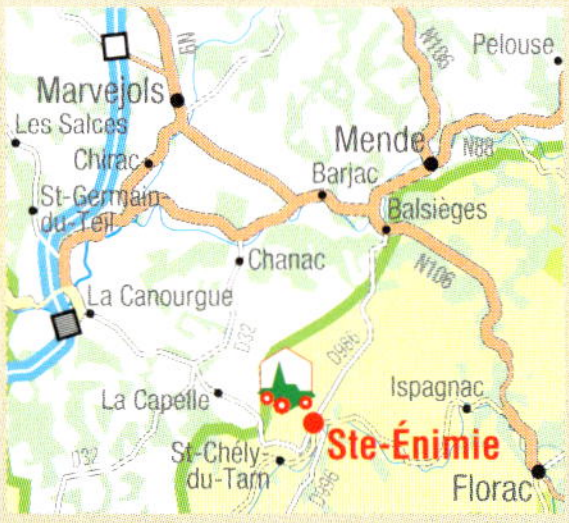

CARTE GÉNÉRALE : P. 17/H4
CODE POSTAL : 48210

RESPIRER

- Canoë-kayak. Canyoning. Rafting.
- Équitation.
- Escalade. Parapente.
- Parcours aventure.
- Spéléologie.
- Randonnée.

MUSARDER

- Causse de Sauveterre : ferme des Boissets (8 km).
- Causse Méjean, aven Armand (de 7 à 18 km).
- Gorges du Tarn : St-Chély-du-Tarn, La Malène, Les Vignes, Castelbouc, Hauterives (25 km).

Sainte-Eulalie-d'Olt

Cité médiévale richement fleurie, Sainte-Eulalie-d'Olt offre un superbe panorama sur la haute vallée du Lot.

La cité, de structure médiévale, est organisée autour de la place de l'église en une succession de ruelles et de placettes. De riches demeures des xve et xvie s. évoquent sa prospérité passée et les maisons construites en galets du Lot entre le xvie et le xviiie s. abondent en détails architecturaux. Un moulin à grain restauré fait entendre sa grande roue. L'église, déjà mentionnée en 909, possède un chœur roman entouré d'imposantes colonnes cylindriques. Le déambulatoire donne accès à trois chapelles absidiales et un reliquaire-buste conserve deux épines de la couronne du Christ. Le village compte aussi parmi ses édifices le château des Curières de Castelnau, du xve s., et un hôtel Renaissance à encorbellements.

VISITER

- **Église** : tlj 7 h-20 h.
- **Eulalie d'Art** (ateliers de démonstration et d'exposition d'artisans) : tlj toute l'année, 9 h-19 h en juillet-août (ou sur RDV, 05.65.47.82.68).
- **Musée Boudou** : sur RDV toute l'année (05.65.47.82.68).
- **Village** : visite guidée lundi 17 h et vendredi 10 h et 17 h en juillet-août. Sur RDV le reste de l'année pour groupes et individuels (05.65.47.82.68) ; accueil de « classes vertes » en séjours à thème de 1 à 6 jours ou plus (05.65.47.82.68).

SÉJOURNER

• HÔTELS

Au Moulin d'Alexandre** (05.65.47.45.85).

Au Puits (05.65.70.41.49).

• GÎTES ET MEUBLÉS

Rens. : 05.65.47.82.68.

• VILLAGE DE VACANCES

La Cascade (piscine) (06.88.84.52.65).

• CAMPING

La Grave** (05.65.47.44.59).

• CAMPING RURAL

Brise du lac (05.65.47.44.76).

DÉGUSTER

• RESTAURANTS

Au Moulin d'Alexandre (05.65.47.45.85).

Au Puits (05.65.70.41.49).

Café de la Place, snack (05.65.70.45.60).

• PRODUITS DU TERROIR

Pain au levain cuit au feu de bois : L'Épi d'Olt (05.65.70.48.43).

Poulets bio : M. Naudan (06.07.21.50.69).

ACHETER

Artisanat et métiers d'art : Eulalie d'Art : ateliers d'exposition – vente, création, cours et stages – de bois, peinture, sculpture, tapisserie d'ameublement (05.65.47.82.68).

Bouilleur de cru ambulant (hiver) : M. Ladet (05.65.47.43.82).

FÊTER

Fév. : fête des Choux.

Mai : marché aux fleurs.

Juillet : procession historique de la Sainte Épine (2e dim.), Festival en vallée d'Olt (musique et chant choral).

Août : marché des artisans et des producteurs de pays, concours de peinture (3e dim.).

Nov. (Toussaint) : La « Poule Un » (vente aux enchères au bénéfice du rachat des âmes du purgatoire).

POINT i : 05.65.47.82.68
MAIRIE : 05.65.47.44.59

CARTE GÉNÉRALE : P. 17/H4
CODE POSTAL : 12130

RESPIRER

- Canoë-kayak. Pêche. Piscine.
- Équitation.
- Randonnée.VTT.
- Tennis.
- Tir.

MUSARDER

- Hameaux de Cabanac, Lous, Malescombes (de 3 à 7 km).
- Saint-Geniez-d'Olt (4 km).
- Village de Pierrefiche et château de Galinières (de 6 à 10 km).
- Parc naturel régional des Grands Causses (10 km).
- Prades et l'Aubrac (15 km).
- Gorges du Tarn (40 km).

Salers

Juste au bord d'une ancienne coulée de lave dominant la vallée de la Maronne, Salers se profile à 950 m d'altitude.
Siège d'une baronnie dont les seigneurs se distinguèrent dès la première croisade, Salers obtient ses droits de franchise au XIIIe s., avant de recevoir de Charles VII, en 1428, l'autorisation de se ceindre de remparts dont subsistent les portes du Beffroi et de la Martille. En 1550, Henri II y fixe le siège du bailliage royal des Hautes-Montagnes d'Auvergne. Sur la place Tyssandier-d'Escous, l'ancien bailliage s'entoure des résidences des officiers de judicature, comme l'hôtel de Ronade, la maison de Flogeac ou la maison de Bargues. Dans celle des Templiers, un musée des métiers et traditions locales a été aménagé. L'église St-Mathieu, au portail roman, conserve cinq tapisseries d'Aubusson du XVIIe s. et une Mise au tombeau du XVe s. À l'extrémité est du village, l'esplanade de Barrouze s'ouvre sur le puy Violent et les monts du Cantal.

VISITER

- **Maison de la Ronade**: visite commentée de la maison (XIVe s.), café-philo, galerie d'art; ouvert toute l'année (04.71.40.72.91).
- **Musée des Arts et Traditions**: tlj sauf mardi 10 h-12 h 30/14 h 30-18 h 30 en juillet-août (17 h 30 les autres mois).
- **Village**: visite guidée par l'office de tourisme de mai à sept. et sur RDV le reste de l'année; par Philippe Garrigue sur RDV toute l'année (04.71.40.72.91).

SÉJOURNER

• HÔTELS

Le Gerfaut*** (04.71.40.75.75).
Le Bailliage*** (04.71.40.71.95).
Le Beffroi** (04.71.40.70.11).
Le Château de la Bastide** (04.71.40.74.14).
Les Remparts** (04.71.40.70.33).
Saluces ** (04.71.40.70.82).

• CHAMBRES D'HÔTE, GÎTES, MEUBLÉS, CAMPINGS ET HAMEAU DE CHALETS

Rens. : 04.71.40.70.68.

DÉGUSTER

• RESTAURANTS

Auberge paysanne (04.71.40.74.56).
Le Bailliage (04.71.40.71.95).
Le Beffroi (04.71.40.70.11).
La Diligence (04.71.40.75.39).
La Martille (04.71.40.77.05).
La Poterne (04.71.40.75.11).
Les Remparts (04.71.40.70.33).
Les Templiers (04.71.40.71.35).
Le Drac, crêperie (04.71.40.72.12).

ACHETER

Artisan floral: Mme Chanut (04.71.40.71.74).
Artisan sur pierre: M. Prudent (04.71.40.75.36).
Bijoutière: Mme Oudin (04.71.40.70.89).
Jouets en bois: M. Nicoli.
Lithograveur et aquarelliste: M. Bruno.
Métiers d'art: rue du Beffroi (04.71.40.74.65) ; L'Étournette.
Peintre-émailleur: M. Mahé.

FÊTER

Mai: marché des sites du goût (1er), courses pédestres et de VTT, « La Pastourelle » (fin du mois).
Juillet: foire à la brocante (13 et 14), Salers en fêtes (3e dim.).
Juillet-août: « Regards sur la peinture et la sculpture ».
Août: Gala folklorique (15), Journée de la vache et du fromage (2e jeudi).

RESPIRER

- Mur d'escalade.
- Randonnée.
- Ski de fond.
- VTT.
- Tennis.

MUSARDER

- Musée de la Vache, du Fromage et de la Gentiane (3 km).
- Villages de Saint Paul-de-Salers, Fontanges et Anglards-de-Salers, château de La Trémolière (de 3 à 9 km).
- Château de Saint-Chamant (15 km).
- Vallée de la Maronne (de 4 à 15 km).
- Cirque du Falgoux, puy Mary (20 km).
- Route des Crêtes, Aurillac (45 km).

OFFICE DE TOURISME: 04.71.40.70.68
MAIRIE: 04.71.40.72.33

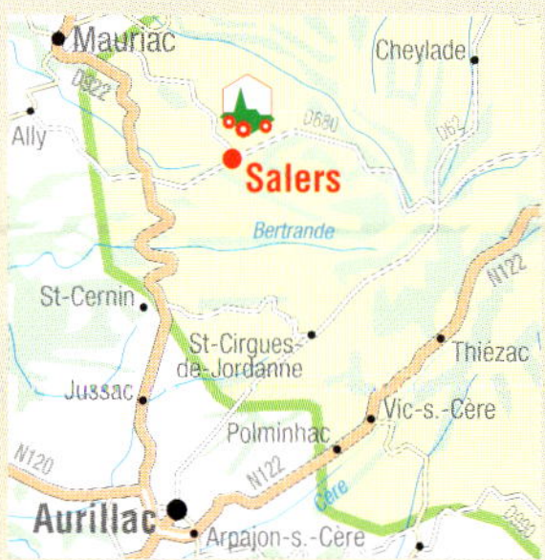

CARTE GÉNÉRALE : P. 17/G3
CODE POSTAL : 15140

Sant'Antonino

Nid d'aigle surplombant la Balagne, Sant'Antonino embrasse du regard la Méditerranée et la montagne corse.
À Sant'Antonino, l'un des plus anciens villages de Corse, né, dit-on, au IXe s., la pierre est reine : dans les hautes façades de ses demeures accrochées au granit, dans les pavés mêlés au roc de ses venelles étroites et sinueuses ou de ses passages voûtés qui conduisent aux vestiges de l'ancien Castello, d'où l'on domine la plaine et les collines de la Balagne plantée d'oliviers et, au loin, la mer scintillante. Isolée au bas du village sur l'ancienne aire de battage, l'église baroque de l'Annonciation renferme un orgue de 1744, œuvre de l'artiste italien Giovanni-Battista Pomposi, et côtoie une humble chapelle de bergers.

SÉJOURNER

• **GÎTES ET MEUBLÉS**

Rens. : 04.95.61.78.38.

DÉGUSTER

• **RESTAURANTS**

Le Bellevue (04.95.61.73.91).
A Casa Corsa (04.95.47.34.20).
I Scalini (04.95.47.12.92).
A Stalla (04.95.61.33.74).
La Taverne corse (04.95.61.70.15).
La Voûte, pizzeria (04.95.61.74.71).

• **AUBERGE À LA FERME**

U Spuntinu (06.12.96.94.43).

• **PRODUITS DU TERROIR**

Agrumes, confitures, vins, huiles d'olive : M. Marcelli, A Casa Corsa (04.95.47.34.20).
Citrons, confitures, vin et vin de citron : M. Antonini (04.95.61.76.83).
Huile d'olive : M. Delenne.
Produits corses : M. Massoni, A Stalla (04.95.61.33.74).

ACHETER

Peinture sur verre et sculpture : Atelier d'art Lm (06.13.07.40.31).
Poterie-vannerie : A Stalla (04.95.61.33.74).

FÊTER

Juin : spectacles « Île mouvante » – théâtre (1re quinz.).

RESPIRER

- Promenade à dos d'âne (04.95.61.74.98).
- Randonnée pédestre : 3 circuits balisés.
- VTT.

MUSARDER

- Villages d'Aregno, de Corbara et L'Île-Rousse (16 km).
- Calvi (25 km).

MAIRIE : 04.95.61.78.38

CARTE GÉNÉRALE : P. 19/H5
CODE POSTAL : 20220

Sare

La Rhune et l'Axuria, montagnes légendaires du Pays basque, dominent ce village animé par le goût de l'accueil et de la fête.

Cerné de montagnes le séparant de l'Océan et de la Navarre espagnole, Sare est fidèle aux traditions restées vivantes du Pays basque : celles d'un peuple de bergers dont les fermes massives égayent le paysage de leurs blanches façades, celles d'un peuple de marins à travers les multiples chapelles ou oratoires dressés en ex-voto au gré des tempêtes subies en mer, enfin celles, célébrées par Pierre Loti, de ses contrebandiers que le village continue de fêter chaque été.

VISITER

- Grottes préhistoriques de Sare : tlj sauf 25 déc. et en janv. (rens. : 05.59.54.21.88).
- La Maison basque Ortillopitz : tlj 14 h-18 h en avril, mai, juin, 10 h 30-19 h en juillet-août, 14 h-17 h en sept.-oct. (05.59.85.91.92).
- Musée du Gâteau basque (Maison Haranea) : tlj sauf sam. après-midi et dim. d'avril à oct., groupes toute l'année sur RDV (05.59.54.22.09).
- Parc animalier Etxola : tlj 10 h-19 h de mi-mars à sept., 10 h-18 h en oct., groupes toute l'année sur RDV (06.15.06.89.51).
- Village : visite guidée mardi à 10 h en juillet-août, 14 h en juin et sept., groupes toute l'année sur RDV (05.59.54.20.14).
- Petit train de la Rhune (alt. 905 m) : de mi-mars à mi-nov. à partir de 9 h en été et 10 h hors saison (départ selon affluence) (05.59.54.20.26).

SÉJOURNER

- **HÔTELS**

Arraya*** (05.59.54.20.46).
Baratxartea** (05.59.54.20.48).
Pikassaria** (05.59.54.21.51).
Portua (05.59.54.22.07).
La Poste (05.59.54.20.06).
Le Trinquet (05.59.54.22.06).

- **CHAMBRES D'HÔTE**

Rens. : 05.59.46.37.00.

- **CHAMBRES CHEZ L'HABITANT, GÎTES, GÎTES D'ÉTAPE ET MEUBLÉS**

Rens. : 05.59.54.20.14.

- **VILLAGE DE VACANCES**

Omordia (05.59.54.20.95).

- **CAMPINGS**

La Petite Rhune***, location de chalets (05.59.54.23.97).
Goyenetche** (05.59.54.28.34).

- **AIRES NATURELLES DE CAMPING**

Goyenetche (05.59.54.28.34).
Tellechea* (05.59.54.26.01 ou 20.12).

DÉGUSTER

- **RESTAURANTS**

Arraya (05.59.54.20.46).
Baratxartea (05.59.54.20.48).
Lastiry (05.59.54.20.07).
Olhabidea (05.59.54.21.85).
Pikassaria (05.59.54.21.51).
Portua (05.59.54.22.07).
Le Pullman (05.59.54.20.11).
Les Trois Fontaines (05.59.54.20.80).

Sare

ACHETER

Antiquaire :
L'Atelier d'antiquités (05.59.47.52.06).

Bentas (magasins frontaliers) :
À Axuria : Loretxoa (06.13.65.07.95).
À Bera : La Rhune Larrun-Gain (00.34.948.63.11.00) ; Lizuniaga (00.34.948.63.10.31) ; Larrungo-Kaïola (00.34.948.63.03.57) ; Udako-Etxea (00.34.948.63.11.15).
À Etxalar, col de Lizarrieta : Lizarrieta (00.34.948.63.50.79)
À Zugarramurdi, près des grottes : Antton (00.34.948.59.91.61) ; Halty (05.59.54.24.84).
À Zugarramurdi, route des Ventas : Benta du Carrelage (00.34.948.59.90.24) ; Berrouet (05.59.54.21.96) ; Urtxola (05.59.54.21.31).

Brocanteur-décorateur :
Casa Piment (05.59.47.50.31).

Produits basques :
Arraya (05.59.54.20.46) ;
La Benta de Sare (05.59.54.20.84) ;
Jauregui (05.59.54.27.39) ;
Keinu Taberna (05.59.54.27.75) ;
Le Piment rouge (05.59.85.92.19) ;
Seminario (05.59.54.28.07).

FÊTER

Fév. ou mars : carnaval.
Lundi de Pâques : Biltzar des écrivains du Pays basque.
Pentecôte (années paires) : Sarako Itzulia, tour pédestre de Sare.
Juillet-août : chants et danses basques, jeux de force, parties de pelote (rens. : 05.59.54.20.14).
Juillet : fête de la Danse (3e sam.), foire artisanale et gastronomique (dim. ap. le 14).
Août : fête du Rugby (1er sam.), foire artisanale et gastronomique, cross des Contrebandiers (dim. ap. le 18), fête de la Pelote basque (veille de la foire).
Sept. : fête de Sare (2e sem., de sam. à mercredi), Sara VTT-randonnée VTT (dern. dim.).
Nov. : fête de la Santa-Katalina (2e quinz.).
Déc. : descente de la Rhune aux flambeaux (1re quinz.).

RESPIRER

- Chasse à la palombe.
- Équitation : Centre de tourisme équestre d'Olhaldea (05.59.54.28.94).
- Pelote.
- Piscine-tennis en été (05.59.54.20.97).
- Randonnée pédestre : GR 8, 10 et circuits balisés.
- Trinquet (05.59.54.22.06).
- VTT : 3 circuits.

MUSARDER

- Fermes anciennes des quartiers d'Ihalar, d'Istilart, de Lehenbiskaï, de Xarbo Erreka (1,5 km).
- Église St-Martin du XVIIe s ; chapelles et oratoires (2 km).
- Saint-Jean-de-Luz et la côte basque (14 km).
- Cambo-les-Bains : maison d'Edmond Rostand (19 km).
- Vallée de la Bidassoa (de 23 à 45 km).

OFFICE DE TOURISME : 05.59.54.20.14
MAIRIE : 05.59.54.20.28

CARTE GÉNÉRALE : P. 16/D5
CODE POSTAL : 64310

Sarrant

En terre gasconne, aux confins de la Lomagne, Sarrant enferme à double tour dans son cœur l'église St-Vincent.
Séparé de la sobre chapelle N.-D.-de-la-Pitié et de son cimetière par un large boulevard ombragé de platanes, le village a pour entrée principale une porte voûtée du XIVe s. percée dans une massive tour carrée, témoin des anciennes murailles protégeant Sarrant. Si les remparts, investis par les demeures qui s'y sont encastrées, ont aujourd'hui en partie disparu en même temps que les fossés étaient comblés, le village en a cependant conservé la forme circulaire. À l'intérieur de la cité, la rue principale est bordée de hautes maisons de pierre dont l'étage supérieur, souvent en encorbellement, est fait de torchis et colombages. Au centre du cercle, l'église paroissiale a été reconstruite et agrandie après les guerres de Religion avant d'être coiffée, au XIXe s., d'une fine flèche octogonale dominant les très belles toitures de Sarrant. Hors du village, l'école, typique des constructions scolaires de la IIIe République de Jules Ferry, fait face à de paisibles jardins que longe le ruisseau du Sarrampion alimentant un ancien lavoir.

VISITER

- Église St-Vincent : tlj.
- Village : visite accompagnée sur RDV (05.62.65.00.34).

SÉJOURNER

- **CAMPING**

Aire paysagée de repos et camping-car (05.62.65.00.34).

DÉGUSTER

- **RESTAURANTS**

Des livres et vous, restaurant-tartinerie-librairie : été, w.-e. et vacances scolaires (05.62.65.09.51).
Ballad Café, tapas-vin (05.62.65.77.15).

- **PRODUITS DU TERROIR**

Miel : Rucher des Cent Arbres, Pascal Valois (05.62.65.01.34).
Foie gras, plats cuisinés gastronomiques : Art Village (05.62.65.03.33).

ACHETER

Antiquaire : Ballad Café, ouvert toutes les fins de semaine et vacances scolaires (05.62.65.77.15).
Calligraphe : Florence Robert (05.62.65.03.69).
Créateur de girouettes : Pierre Soulier (05.62.65.01.96).
Ébéniste-tourneur sur bois : Jean-Jacques Ajas (05.62.65.01.70).
Librairie : Des livres et vous (05.62.65.09.51).

FÊTER

Juin : Journée des Jardins (début du mois).
Juillet-août : Salon de l'aquarelle.
Août : festival médiéval « Danses et Musiques anciennes » (mi-août).
Août-sept. : expositions estivales.

RESPIRER

- Équitation : L'Azinet, balades en attelage et à dos d'âne (05.62.65.00.30).
- Randonnée pédestre : 2 circuits balisés (sentier des Pigeonniers).
- Randonnée en roulotte : La Clé des Champs (05.62.65.01.40).

MUSARDER

- Bastide de Cologne (7 km).
- Mauvezin, Auch (de 8 à 35 km).
- Bastide de Beaumont-de-Lomagne (15 km).

MAIRIE : 05.62.65.00.34

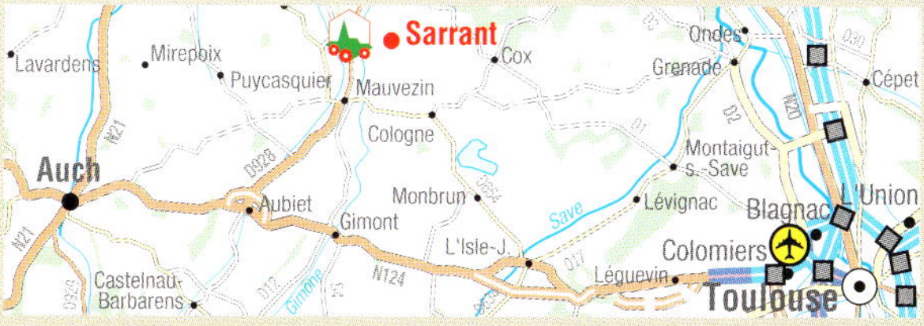

CARTE GÉNÉRALE : P. 17/F4 **CODE POSTAL : 32120**

Sauveterre-de-Rouergue

Au creux du Ségala, la bastide de Sauveterre-de-Rouergue a conservé le plan suivi lors de sa fondation en 1281.

Du temps des chevaliers, la cité médiévale a conservé ses portes fortifiées de St-Christophe et St-Vital, ses tours et ses douves. À l'intérieur, les maisons de pierre Renaissance ou à pans de bois et encorbellements surplombent ruelles et banelles, qui contournent la collégiale gothique au retable classé du XVIIe s. jusqu'à la place centrale aux 47 arcades.

VISITER

- **Collégiale St-Christophe**: tlj 9 h-12 h/14 h-18 h.
- **Village**: visite mardi et sam. à 16 h 30, vendredi à 21 h 30 en juillet-août, sur RDV hors saison (05.65.72.02.52).
- **Scénographie « La bastide au XVIe »**: tlj en juillet-août, sur RDV hors saison (05.65.72.02.52).

SÉJOURNER

• HÔTELS

Auberge du Sénéchal*** (05.65.71.29.00).

La Grappe d'or* (05.65.72.00.62).

• CHAMBRES D'HÔTE

Lou Cambrou*** (05.65.72.13.40).

• GÎTE

M. Chauchard*** (05.65.73.77.33).

• RÉSIDENCE DE SÉJOUR

Les Chalets de la Gazonne (05.65.72.02.46).

• CAMPING

Le Sardou (05.65.47.02.52).

DÉGUSTER

• RESTAURANTS

La Grappe d'or (05.65.72.00.62).

Le Sénéchal (05.65.71.29.00).

La Clef des champs, pizzeria (05.65.72.02.12).

La Terrasse du Sénéchal (05.65.71.29.00).

• TABLE D'HÔTE

Lou Cambrou (05.65.72.13.40).

• PRODUITS DU TERROIR

Confit et magret: La Basse-Cour du Ségala (05.65.69.94.11).

Tripous et charcuterie: Claude Théron (05.65.72.13.37) ; Les 4 Saisons (05.65.78.49.32).

Produits à base de viande de chèvre: La Ségaline.

• MARCHÉ

Juillet-août: marché nocturne vendredi.

ACHETER

Bijoutier: Le Baladin (05.65.74.71.36).

Coutelier: Guy Vialis (05.65.72.04.83).

Ferronnier: Ségala Ferronnerie (05.65.72.07.96).

Maroquinier: Max Capdebarthes (05.65.47.06.64).

Modiste: La Clé de sol (05.65.72.11.45).

Peintre: M. Dillon-Mahon (05.65.74.71.41).

Peintre-sculpteur: Noha Kiriba (05.65.78.74.99).

Tapissiers: Les Créations de la Licorne (05.65.72.02.48).

Vannier: Le Panier à Chatons (05.65.74.70.33).

FÊTER

Août: Journée du livre (1er dim.), fête de la Lumière (2e sam.).

Sept.: fête du Melon (1er dim.).

Oct.: fête de la Châtaigne et du Cidre doux (dern. dim.).

OFFICE DE TOURISME: 05.65.72.02.52

CARTE GÉNÉRALE : P. 17/G4
CODE POSTAL : 12800

RESPIRER

- Aire de loisirs de la Gazonne: parcours santé, bicross et VTT, piscine.
- Boulodrome.
- Randonnée pédestre: 7 circuits balisés.
- Tennis.
- VTT: location (05.65.72.02.12).

MUSARDER

- Pradinas: parc animalier (10 km).
- Château du Bosc (15 km).
- Viaduc du Viaur (18 km).
- Rodez (35 km).
- Villefranche-de-Rouergue (44 km).

Ségur-le-Château

Berceau des vicomtes de Limoges, Ségur s'illumine de tous ses feux dès la nuit venue et le reflet de sa forteresse danse dans les eaux de l'Auvezère.

Sur son éperon rocheux entouré de collines qui en barraient l'accès, encerclé de châteaux qui jouaient le rôle d'avant-postes, Ségur la médiévale pouvait attendre fièrement l'ennemi. Tout ce dispositif facilita la naissance d'un village blotti à l'abri des murailles. Là se développèrent activités artisanales et commerciales.

La renommée du bourg grandit encore, du XVe au XVIIIe s., grâce à la présence d'une cour des Appeaux, chargée des procès en appel de 361 justices seigneuriales du Limousin et du Périgord. Il reste de cette période faste maisons nobles à tourelles ou à colombages, tours d'escaliers à vis, cheminées monumentales, granits sculptés aux fenêtres à meneaux. Le village compte aussi des édifices remarquables, comme une demeure en granit du XVe ornée d'une tour et d'échauguettes, la tour du Chevalier, la tour du guet, la tour St-Laurent ou la maison Henri-IV.

VISITER

- **Église St-Léger** : tlj 9 h-18 h.
- **Sentier botanique et arboretum** (rens. : 05.55.73.39.92).
- **Village** : visite guidée vendredi à 14 h 30 en juillet-août, sur RDV hors saison (05.55.73.39.92).

SÉJOURNER

- **CHAMBRES D'HÔTE ET GÎTES**

Rens. : 05.55.73.39.92.

RESPIRER

- Pêche.
- Randonnée pédestre : 4 circuits balisés.

MUSARDER

- Château et haras de Pompadour (9 km).
- Château de Coussac-Bonneval (10 km).
- Saint-Yrieix-la-Perche (15 km).
- Uzerche (25 km).
- Brive (50 km).
- Limoges (56 km).

OFFICE DE TOURISME : 05.55.73.39.92

CARTE GÉNÉRALE : P. 17/F2
CODE POSTAL : 19230

DÉGUSTER

- **RESTAURANTS**

Auberge Henri-IV (05.55.98.72.67).

- **PRODUITS DU TERROIR**

Truites et miel (05.55.73.38.03).

- **MARCHÉ**

Juillet-août : marché de pays lundi à 17 h.

ACHETER

Ferronnier : M. Debord (05.55.73.53.19).

FÊTER

Juillet : festival de jazz (3e w.-e.).
Août : fête des Culs noirs (1er w.-e.).

Séguret

Au pied des Dentelles de Montmirail, Séguret est un balcon du haut Comtat Venaissin sur la vallée du Rhône.

À flanc de colline et dominé par la tour de l'ancien château médiéval, Séguret se dresse dans un paysage de vignes. Habité dès la préhistoire et mis en valeur à l'époque gallo-romaine, le village s'édifie du Xe au XIIe s. et, jusqu'à la Révolution, fait partie des États pontificaux avant d'être rattaché à la France en 1793. Le bourg a conservé un patrimoine important : la porte Reynier, le beffroi du XVe s., l'église romane St-Denis, des XIIe-XIIIe s., la chapelle N.-D.-des-Grâces (XVIIe s.) ou la fontaine des Mascarons (XVIIe s.).
De la place de l'église et de la corniche des remparts, le regard embrasse la plaine comtadine et les Cévennes. Resté très attaché à ses traditions, le village célèbre chaque année le mystère des Bergié, transmis oralement de génération en génération.

VISITER

- Chapelle N.-D.-des-Grâces : sur RDV (04.90.46.91.08).
- Chapelle Ste-Thècle et musée Delage : sam. et dim. 14 h-18 h.
- Église St-Denis : dim. 14 h-18 h.
- Village : visite guidée sur RDV (04.90.46.91.06).

SÉJOURNER

• HÔTELS

Domaine de Cabasse*** (04.90.46.91.12).
La Table du Comtat*** (04.90.46.91.49).
La Bastide bleue (04.90.46.83.43).

• CHAMBRES D'HÔTE, GÎTES ET MEUBLÉS

Rens. : 04.90.46.91.06.

DÉGUSTER

• RESTAURANTS

La Bastide bleue (04.90.46.83.43).
Domaine de Cabasse (04.90.46.91.12).
Le Mesclun (04.90.46.93.43).
La Table du Comtat (04.90.46.91.49).
L'Églantine, salon de thé (04.90.46.81.41).
Les Poternes, café (04.90.46.93.74).

• PRODUITS DU TERROIR

Vins AOC des Côtes du Rhône Séguret : domaine de l'Amandine (04.90.46.90.93) ; domaine de Cabasse (04.90.46.91.12) ; domaine de Goudray (04.90.46.91.96) ; domaine Jean David (04.90.46.95.02) ; domaine du Mourchon (04.90.46.84.20) ; domaine Les Pialons (04.90.46.18.13) ; domaine du Pourra (04.90.46.98.71) ; domaine du Prieuré Saint-Just (04.90.46.17.71) ; domaine du Soleil romain (04.90.36.12.69) ; Jean-Louis Romère (04.90.46.94.99) ; domaine de Vallonbreuse (04.90.46.92.79) ; Les Vignerons de Roaix-Séguret (04.90.46.91.13).

MAIRIE : 04.90.46.91.06 (MATIN)

CARTE GÉNÉRALE : P. 19/E4
CODE POSTAL : 84110

ACHETER

Éditeur de cartes postales : Images et Lumière (04.90.46.83.04).
Maroquinier : Mauguy Créations (04.90.46.94.11).
Potiers : M. Berthéas (04.90.46.15.58) ; M. Sias (04.90.46.97.20).
Santonnier : M. Fournier (04.90.46.91.35).

FÊTER

Juillet : fête votive (3e dim.).
Août : « Musiques dans les vignes » (1re quinz.), marché potier (3e dim.), bravade et procession de Saint-Vincent, ban des vendanges (dern. dim.).
Déc. : Journée des traditions et du bon goût (3e dim.), Mystère des « Bergié de Séguret » (24).
Déc.-janv. : exposition de santons.

RESPIRER

- Chasse. Pêche.
- Randonnée pédestre : GR 4.

MUSARDER

- Dentelles de Montmirail (5 km).
- Vaison-la-Romaine (10 km).
- Orange (22 km).
- Carpentras (23 km).
- Mont Ventoux (40 km).
- Avignon (42 km).

Seillans

Accroché aux pentes boisées du plan de Canjuers, Seillans dresse la muraille blonde de ses façades vertigineuses.
Vues de la plaine, les hautes façades de Seillans étagées dans la pente s'érigent en un monumental escalier pour atteindre le haut du village où trônent, tout près de la porte Sarrasine, un château médiéval, ancien prieuré fondé par les moines de l'abbaye St-Victor de Marseille, et l'église St-Léger, édifiée au XIe s. À l'intérieur de ses trois enceintes successives, Seillans dessine un dédale mystérieux d'ombre et de lumière au long de ruelles pavées, encore marquées du pas des chevaux, de calades pentues, de passages voûtés et de placettes ombragées où chantent les fontaines. À l'entrée du village, sur la place où il aimait se mêler aux parties de pétanque, le peintre Max Ernst, séduit par Seillans au point de s'y installer avec sa compagne Dorothea Tanning, a laissé en souvenir la statue du Génie de la Bastille. Plus bas dans la plaine, où pins, oliviers et vignes se disputent le paysage, la chapelle N.-D.-de-l'Ormeau abrite sous les cyprès un retable unique en Provence.

VISITER

- Chapelle N.-D.-de-l'Ormeau (retable classé XVIe s.) : jeudi à 11 h toute l'année et mardi à 17 h 30 en juillet-août.
- Collection Tanning-Ernst : du lundi au sam. 14 h 30-18 h, du 16 juin au 16 sept. Du mardi au sam. 14 h 30-17 h 30, du 16 sept. au 15 juin. Visite commentée pour groupes (10 personnes au minimum) toute l'année sur RDV (04.94.76.85.91).

- Musée du Souvenir : tlj 14 h-18 h (04.94.84.77.93).
- Village : visite guidée jeudi à 10 h toute l'année et mardi à 16 h 30 en juillet-août.

SÉJOURNER

- **HÔTEL**

Les Deux Rocs***, pl. Font-d'Amont (04.94.76.87.32).

- **CHAMBRES D'HÔTE**

Yolande Bellet-Brissaud, la Colette (04.94.84.38.50).
Le Mas de Canbelongues, (04.94.47.65.27 ou 06.24.77.20.23).
Martial et Sylvie Navarro, La Cabane d'Esteban (04.94.76.98.53).
Margaret Sansom, Auberge de Mestre Cornille, rue de la Capelette (04.94.76.84.10).
Pascale Terrade, Mas d'Engaspaty, route de Brovès (04.94.76.88.60).

- **GÎTES ET MEUBLÉS**

Rens. : 04.94.76.85.91.

- **AIRE NATURELLE DE CAMPING**

Le Rouquier, quartier des Selves (04.94.76.86.71).

DÉGUSTER

- **RESTAURANTS**

La Chirane, pizzeria, rue de l'Hospice (04.94.76.96.20).
Les Deux Rocs, pl. Font-d'Amont (04.94.76.87.32).
La Gloire de Mon Père (04.94.76.98.68).
Relais d'Oéa (04.94.60.18.65).
Tilleul Citron, salon de thé, grand-rue (04.94.50.47.64).

- **PRODUITS DU TERROIR**

Miel : Francis Autran (04.94.76.93.26) ; Paul Brun (04.94.76.99.53) ; Francis Gal (04.94.76.97.12) ; Maurice Martel (04.94.76.96.26).
Vins AOC des Côtes de Provence : Château des Selves (04.94.76.84.61) ; Val d'Iris (04.94.76.97.66).
Produits de la ferme : Noëlle Christine-Fuentès, Le Rouquier (04.94.76.86.71).

Seillans

ACHETER

Artisanat du bois :
Charline Lafosse (04.94.76.87.70).
Figuriniste :
Bruno Leibovitz, Métal Modèles (04.94.76.08.20).
Maquettiste-modéliste :
Serge Leibovitz (04.94.76.99.26).
Ocrographie :
L'Atelier du Tournesol (06.66.36.50.79 ou 06.67.39.79.52).
Sérigraphiste :
Sylviane Leibovitz (04.94.76.98.99).
Sculpteur :
Serge Corby (04.94.76.86.86).

FÊTER

Fév. : Tour cycliste du Haut-Var (dern. w.-e.).
Avril : Prix cycliste des roses et des jasmins.
Pentecôte (années paires) : fête des Fleurs (floralies et plantes de Provence).
Juillet-août : expositions autour du surréalisme ; greniers dans la rue.
Juillet-sept. : expositions d'art.
Juillet : fête provençale de N.-D.-des-Selves (1er w.-e.), fête patronale de Saint-Cyr et Saint-Léger (dern. w.-e.).
Août : festival « Musiques en liberté » (2 semaines), marché des potiers (15), Mémoire du Débarquement allié (15).
Oct. : festival « Musique en pays de Fayence » (dern. sem.).
Nov. : fête de l'Olive (dern. w.-e.).
Nov.-déc. : marché de Noël (dern. dim. de nov. ou 1er dim. de déc.).

OFFICE DE TOURISME : 04.94.76.85.91

CARTE GÉNÉRALE : P. 19/G5
CODE POSTAL : 83440

RESPIRER

- Boules.
- Équitation : Relais équestre de l'Éouvière (04.94.85.77.15).
- Piscine (04.94.76.86.37)
- Randonnée pédestre : 11 circuits balisés.
- Tennis (04.94.76.85.89).
- VTT.

MUSARDER

- Villages perchés du pays de Fayence (de 5 à 20 km).
- Gorges de la Siagnole (de 15 à 20 km).
- Lac de St-Cassien (20 km).
- Draguignan (35 km).
- Grasse (35 km).
- Fréjus et la corniche d'Or (38 km).

Semur-en-Brionnais

Berceau de saint Hugues, abbé bâtisseur de Cluny, Semur est, aux confins de la Bourgogne et du Bourbonnais, la capitale historique du Brionnais.

Né sur un éperon rocheux, Semur-en-Brionnais devient au xe s. un site défensif sous la dépendance des comtes de Châlon. Considéré comme l'un des plus anciens de Bourgogne, le château fort St-Hugues conserve son donjon.
À l'intérieur, une collection d'affiches évoque la période révolutionnaire, durant laquelle les salles de garde servirent de prison. L'église romane dédiée à saint Hilaire fut érigée par Geoffroy V aux xiie et xiiie s. Son portail représente le saint défendant l'orthodoxie catholique contre les ariens au concile de Séleucie.
À l'intérieur, la triple élévation de la nef et la tribune en encorbellement sont directement inspirées de Cluny. Le chapitre, fondé en 1274 par Jean de Châteauvillain, accueille la vitrine de l'art roman brionnais. Sur la place, l'ancien auditoire du bailliage du xviiie s., occupé par l'hôtel de ville, s'entoure des maisons des hommes d'armes du xvie s. et du grenier à sel, au plafond décoré de peintures allégoriques. Le chemin de ronde existe toujours, comme la poterne. Nichée au creux du vallon, l'église St-Martin-la-Vallée, du xie s., est ornée de peintures murales du xive s.

VISITER

- Château St-Hugues, grenier à sel, vitrine de l'art roman : tlj 10 h-12 h/14 h-18 h du 1er avril au 15 sept.
- Collégiale St-Hilaire : tlj 8 h-18 h.
- Église St-Martin-la-Vallée : tlj 8 h-18 h du 1er mars au 11 nov.

DÉGUSTER

- **RESTAURANT**

L'Entrecôte brionnaise (03.85.25.10.21).

POINT i : 03.85.25.13.57
MAIRIE : 03.85.25.02.94

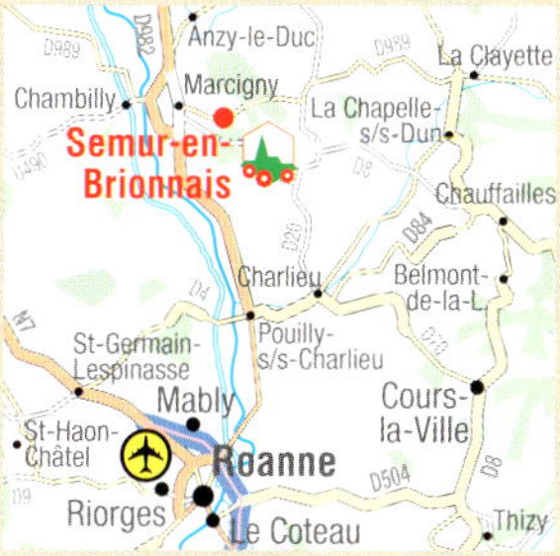

CARTE GÉNÉRALE : P. 18/D1
CODE POSTAL : 71110

ACHETER

Artisans en Brionnais : château St-Hugues (03.85.25.13.57).
Peintre sur bois : Anne Raquin (03.85.25.33.32).

FÊTER

Mai-oct. : expositions au grenier à sel.

RESPIRER

- Randonnée pédestre : 5 circuits balisés. VTT.

MUSARDER

- Marcigny : tour du Moulin, musée (5 km).
- Églises romanes du Brionnais : Anzy-le-Duc, Iguerande, Montceaux-l'Étoile, Saint-Julien-de-Jonzy... (de 10 à 15 km).
- Charlieu (20 km).
- Paray-le-Monial (25 km).
- Roanne (30 km).

Sixt-Fer-à-Cheval

Grand site de France, Sixt-Fer-à-Cheval est riche d'un patrimoine naturel, religieux et architectural remarquable.
Niché dans une vallée glaciaire fermée par deux importants cirques, Sixt est avant tout un village qui a su préserver ses traditions et son patrimoine naturel. Le cirque du Fer-à-Cheval, la cascade du Rouget et les gorges des Tines sont les principaux sites naturels classés de la commune et surtout les plus renommés de la région. Facilement accessibles, ils permettent à chacun de découvrir des paysages magnifiques ainsi que la plus grande réserve naturelle de Haute-Savoie. L'hiver, Sixt est une station de ski reliée au Grand Massif par la fameuse piste des Cascades. Son abbaye, fondée au XIIe s. par Ponce de Faucigny, ses nombreuses chapelles et oratoires attestent également un riche passé religieux.

VISITER

- **Abbaye et village** (exposition sur le thème de l'environnement en juillet et août dans l'abbaye) : les mardis à 10 h en vacances scolaires ; sur réservation le reste de l'année, accueil individuel en août ; accueil groupes le reste de l'année (04.50.89.56.45).
- **Cirque du Fer-à-Cheval** : visite libre tlj (accès restreint l'hiver), balade vers le fond de la combe l'été (2 heures environ). Randonnée pédestre ou équestre. Visite commentée possible avec sensibilisation à la faune, à la flore et à l'histoire du cirque (04.50.34.49.36).
- **Maison de la Réserve naturelle** : exposition permanente ouverte tlj en saison, de mardi à sam. hors saison (04.50.34.49.36).
- **Le Grenier à Babou** : exposition de cartes postales anciennes sur Sixt (04.50.34.12.51).

SÉJOURNER

• HÔTELS

Le Choucas** (04.50.34.47.60).
Le Petit Tétras** (04.50.34.42.51).
Les Voyageurs (04.50.34.10.91).

• CHAMBRES D'HÔTE

Mme Vanderplanck (04.50.34.10.55).

• GÎTES ET MEUBLÉS

Rens. : 04.50.34.49.36.

OFFICE DE TOURISME : 04.50.34.49.36

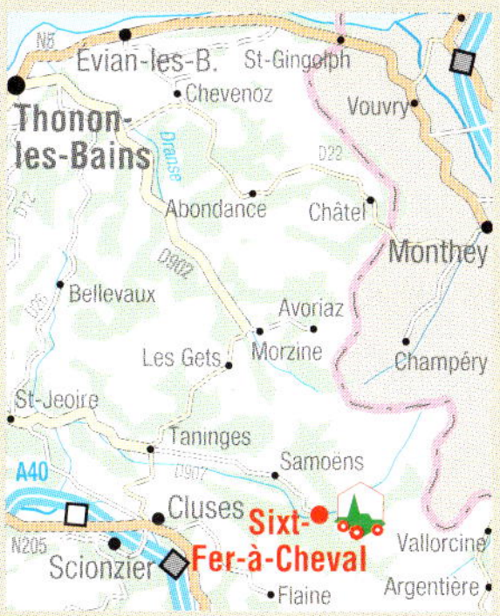

CARTE GÉNÉRALE : P. 19/F1
CODE POSTAL : 74740

• MAISONS FAMILIALES DE VACANCES

Le Choucas (04.50.34.47.60).
Le Salvagny (04.50.34.44.19).

• CAMPINGS

Le Pelly** (04.50.34.12.17).
Point accueil Jeunes du Pont de Sales (04.50.34.44.25).

• REFUGES DE MONTAGNE

Anterne Alfred Wills, alt. 1 807 m (06.70.63.12.45).
Les Fonts, alt. 1 380 m (04.50.34.12.41).
Le Grenairon, alt. 1 950 m (04.50.34.47.31).
Sales, alt. 1 886 m (04.50.34.47.01).
La Vogealle, alt. 1 902 m (06.60.16.27.55).

DÉGUSTER

• RESTAURANTS

Auberge de la Cascade du Rouget (04.50.34.19.94).
Auberge de Salvagny (04.50.34.47.64).
Le Fer-à-Cheval (04.50.34.44.15).
La Feuille d'érable (04.50.34.44.47).
Le Frénalay (04.50.34.10.28).
Le Grenier à Babou (04.50.34.12.51).
Le Jolivier (04.50.89.71.45).
Le Lignon (04.50.34.99.90).
Le Petit Tétras (04.50.34.42.51).

• PRODUITS DU TERROIR

Alpage de commune : fabrication et vente de fromages de chèvre (accès par télésiège juillet-août – 06.09.03.45.15).
Produits régionaux : La Cash'ta (04.50.34.11.98).
Tomme de montagne et chevrotin : GAEC Les Gorges des Tines (04.50.34.46.23).

ACHETER

Ébéniste : Roland Mogenier (04.50.34.47.01).
Vêtements : Celix Création (04.50.34.12.20).

FÊTER

Fév. : carnaval (2e quinz.), descente aux flambeaux chaque semaine.
Juillet : Raid-Sizeret pédestre et VTT (2e quinz.).
Août : Music on Air (1er dim.) : fabrication de cerf-volants et concert en soirée, Salon de la carte postale (15).

RESPIRER

- En hiver : ski alpin, ski de fond, ski de randonnée, raquettes.
- En été : escalade, golf miniature, randonnée pédestre, équestre ou avec ânes de portage, sports d'eau vive, via ferrata, VTT (04.50.34.49.36).

MUSARDER

- Samoëns (6 km).
- Morillon : base de loisirs, lac pour baignade (12 km).
- Fruitière de Mieussy (25 km).

Talmont-sur-Gironde

Défiant la Gironde, la presqu'île de Talmont ceinturée de remparts surgit au-dessus des flots, couronnée de son église romane.
« Ville close » édifiée en 1284 sur ordre d'Édouard Ier d'Angleterre, qui régnait alors sur l'Aquitaine, Talmont a conservé sur un promontoire cerné par la Gironde son plan originel de bastide médiévale. Ponctuées de fleurs, jalonnées de puits monolithes et de cadrans solaires, rues et venelles conduisent vers la pointe de la presqu'île où l'église, construite au XIIe s. et dédiée à sainte Radegonde, veille sur l'immensité mouvante du plus grand estuaire d'Europe. De l'église, halte sur l'un des chemins de St-Jacques-de-Compostelle, la promenade des remparts suit la falaise jusqu'au port, encore fréquenté par quelques yoles traditionnelles.

€ ACHETER

Aquarelliste : M. Merias (05.46.90.40.52).
Bijoutier-maroquinier : M. Lorange (06.81.57.10.96).
Faïencier : Poterie du Port (05.53.91.40.75).
Verrier : Krystaline (05.46.90.40.52).

FÊTER

Juillet-août : nombreuses animations (rens. : 05.46.90.16.25).
Date variable : Jeudi musical dans l'église romane (rens. : 05.46.90.16.25).

RESPIRER

- Pêche.
- Randonnée pédestre : GR 36 et sentier de la falaise de Caillaud.

MUSARDER

- Barzan : site gallo-romain du Fâ (2 km).
- Arces-sur-Gironde : église St-Martin du XIIe s. (4 km).
- Meschers-sur-Gironde : grottes de Regulus (5 km).
- Musée agricole de Didonne (10 km environ).
- Royan (17 km).
- Saintes (35 km).
- Zoo de la Palmyre (40 km).

VISITER

- **Église Ste-Radegonde :** tlj 8 h-19 h (17 h 30 hors saison).
- **Musées historique et de la Pêche :** tlj 10 h 30-12 h 30/14 h-19 h en juin, juillet et août, 14 h-18 h en avril, mai et sept.
- **Village :** visite guidée sur RDV (05.46.90.43.87 ou, de Pâques au 15 sept., 05.46.90.16.25).

SÉJOURNER

• HÔTEL
L'Estuaire** (05.46.90.43.85).
• CHAMBRES D'HÔTE
Ferme Branchereau** (05.46.90.44.74).
• GÎTE
Mme Delage** (05.46.86.03.06).
• MEUBLÉS
Rens. : 05.46.90.80.82.

DÉGUSTER

• RESTAURANTS
L'Estuaire (05.46.90.43.85).
Le Promontoire (05.46.90.40.66).
La Talmontaise, crêperie (05.46.90.41.58).
La Brise, pizzeria (05.46.90.40.10).
• PRODUITS DU TERROIR
Biscuits, confiserie : Plaisirs sucrés (06.76.69.76.69).
Vins de Talmont : Le Talmondois (05.46.94.21.39) ; Les Hauts de Talmont (06.61.67.17.17).

POINT i : 05.46.90.16.25

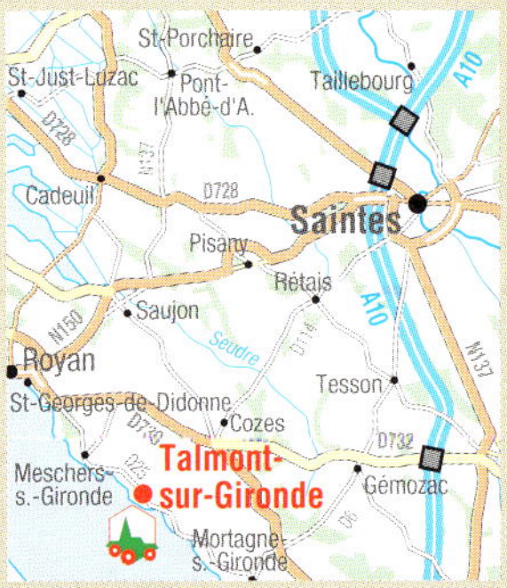

CARTE GÉNÉRALE : P. 16/D2
CODE POSTAL : 17120

Tournemire

Au cœur des monts du Cantal, dans le parc naturel des volcans d'Auvergne, Tournemire domine la vallée de la Doire.

Ce village de tuf s'étire en longueur jusqu'au château d'Anjony. Dès le Moyen Âge, la famille des Tournemire édifia une forteresse à la pointe du massif cantalien. Mais une rivalité avec les Anjony, dont le château de 1435 était trop voisin du donjon des Tournemire, fit disparaître cette forteresse, dont il ne reste aujourd'hui que des ruines. En revanche, le château d'Anjony, avec son corps carré et ses quatre tours d'angle, est resté intact, ainsi que l'aile basse ajoutée au XVIIIe s. À l'intérieur, l'édifice conserve sa salle basse voûtée au sous-sol. Des fresques du XVIe s. ornent la chapelle et la salle des Preux. Encadrée de maisons des XIVe et XVe s., l'église du village, du XIIe s., est caractéristique de l'art roman auvergnat. Elle renferme des sculptures sur bois et la Sainte Épine, rapportée des croisades par Rigaud de Tournemire. L'histoire raconte que la Sainte Épine faillit disparaître le jour où deux voleurs s'en emparèrent. Traqués par les habitants de Tournemire, les voleurs cachèrent l'épine dans un arbre. Une manifestation extraordinaire se produisit alors : des larmes de sang coulèrent de l'arbre, indiquant ainsi la cachette aux villageois. Le trésor fut sauvé et les voleurs furent arrêtés dès qu'ils tentèrent de reprendre le butin.

FÊTER

Août : fête patronale (1er dim.).

RESPIRER

- Randonnée pédestre.

MUSARDER

- Col de Legal (12 km).
- Col de Bruel, vallée de Mandailles, puy Griou et puy Mary (de 10 à 35 km).
- Aurillac (25 km).
- Mauriac (40 km).

VISITER

- **Château d'Anjony :** tous les après-midi à partir de 14 h de fév. au 11 nov.
- **Église :** tous les après-midi en juillet-août.

SÉJOURNER

• HÔTEL

Auberge de Tournemire** (04.71.47.61.28).

• CHAMBRES D'HÔTE

Mme Cadoz-Pourpuech (04.71.47.64.22).

• GÎTES ET MEUBLÉS

Rens. : 04.71.40.70.68.

DÉGUSTER

• RESTAURANT

Auberge de Tournemire (04.71.47.61.28).

• MARCHÉ

Juillet-août : marché de pays mercredi à 18 h.

ACHETER

Fabricant d'automates : M. Millon (04.71.47.63.91).

MAIRIE : 04.71.47.61.34
OFFICE DE TOURISME DU PAYS DE SALERS : 04.71.40.70.68

CARTE GÉNÉRALE : P. 17/G3
CODE POSTAL : 15310

Tourtour

Perché sur un plateau dominant la Provence, des vignes au sud, de la lavande au nord, Tourtour fleure bon le thym et l'olivier.
Les ruelles étroites du village médiéval, aux vieilles pierres et aux tuiles rondes, abritent le moulin à huile traditionnel et un remarquable musée des Fossiles. Ruelles, escaliers et passages voûtés sont ponctués de fontaines rafraîchissant le passant écrasé de soleil l'été. Un entrelacs de rues entoure les deux châteaux, dont l'un, à deux tours, date du Moyen Âge et l'autre, à quatre tours, du XVIIe s. L'église surplombant le village et la région, construite au XIe s., a été remaniée au XIXe s.

• **PRODUITS DU TERROIR**

Conserves et condiments : spécialités Claude Catrice (04.94.70.56.18).
Produits biologiques : domaine de Beauveset (04.94.70.54.17).

• **MARCHÉS**

Petit marché provençal mercredi et sam. matin.
Marché de Noël en déc..
Marché du terroir en août.

VISITER

- **Église St-Denis** : tlj de 8 h à 19 h.
- **Moulin à huile traditionnel** : en fonctionnement de nov. à fév. Expositions artistiques de mi-mai à mi-sept.
- **Musée des Fossiles** : ouvert de fin juin à début sept.
- **Visites guidées** du village, du moulin et du musée pour les groupes toute l'année sur RDV (04.94.70.59.47).

SÉJOURNER

• **HÔTELS**

La Bastide de Tourtour**** (04.98.10.54.20).
Auberge Saint-Pierre*** (04.94.50.00.50).
La Petite Auberge*** (04.98.10.26.16).
Le Mas des Collines (04.94.70.59.30).

• **CHAMBRES D'HÔTE**

Les Aludes (04.94.70.57.31).
Maison de la Treille (04.94.70.59.29).

Mas de l'Acacia (04.94.70.53.84).

• **GÎTES**

Rens. : 04.94.70.59.47.

OFFICE DE TOURISME : 04.94.70.59.47

CARTE GÉNÉRALE : P. 19/F5
CODE POSTAL : 83690

DÉGUSTER

• **RESTAURANTS**

Auberge Saint-Pierre (04.94.50.00.50).
La Bastide de Tourtour (04.98.10.54.20).
La Farigoulette (04.94.70.57.37).
Le Mas des Collines (04.94.70.59.30).
Leï Messugo (04.94.70.54.77).
La Petite Auberge (04.98.10.26.16).
Les Pins tranquilles (04.94.50.40.39).
Le Relais de Saint-Denis (04.94.70.54.06).
La Table (04.94.70.55.95).
L'Aléchou, crêperie (04.94.70.54.76).
De Fil et d'Eau, salon de thé (04.94.70.59.29).
Les Ormeaux, bar (04.94.70.57.07).

€ ACHETER

Décoration : Boutique Florence (04.94.70.56.90) ;
De Fil et d'Eau (04.94.70.59.29) ;
Fol Avoine (04.94.70.55.19) ;
Les Galinettes (04.94.70.56.82) ;
Grain de Folie (06.20.36.99.15) ;
Leï Santoun (04.94.70.54.89) ;
Terre de Ciel (04.94.70.55.19) ;
Galeries d'art : Blanchard (04.94.70.56.25) ;
L'Écurie (04.94.71.67.01) ;
Le Jas (04.94.70.53.82) ;
Monic'Art (06.16.23.78.28) ;
David Sancelot (06.77.85.98.15) ;
La Tourtouraine (06.81.28.98.79) ;
Le Vieux Château (06.14.80.10.60) ;
Galerie Vision (04.98.10.66.98).

FÊTER

Pâques : fête de l'Œuf (dim. et lundi).
Juin-sept. : expositions au moulin à huile.
Août : fête du village, bal et danses provençales (1er dim.).
Oct. : fête de la Saint-Denis.
Déc.-janv. : fête de la Pastorale

RESPIRER

- Boulodrome.
- Randonnée et VTT.
- Tennis.
- Yoga.

MUSARDER

- Villages de Salernes, Sillans-la-Cascade, Cotignac, Bargemon, Draguignan, gorges de Châteaudouble (de 11 à 29 km).
- Abbaye du Thoronet, chapelle Ste-Roseline (30 km).
- Gorges du Verdon (50 km).
- Saint-Maximin et sa basilique (55 km).

Treignac-sur-Vézère

« Trois portes, trois faubourgs et trois châteaux », telle est la devise de Treignac-sur-Vézère.
À proximité des Monédières, le cœur de Treignac est parcouru de ruelles bordées de vieilles demeures aux fenêtres et portes décorées. Après le Vieux Pont, qui enjambe la Vézère et la porte Chabirande, on pourra admirer l'église paroissiale, qui a subi diverses modifications du XIe au XVIIe s., la chapelle N.-D.-de-la-Paix, au curieux clocher tourné, la halle, remontant au Moyen Âge et rebâtie au XVe s., la chapelle des Pénitents et le collège Lakanal (XVIIe s.).

VISITER

- Musée des arts et traditions populaires de la Haute et Moyenne Vézère : tlj sauf mardi 11 h-12 h/ 14 h 30-18 h 30 en juillet-août, 14 h 30-18 h 30 les jours fériés. Visites sur RDV hors saison. Visites guidées toute l'année pour les groupes sur réservation (05.55.98.15.04).
- Comptoir du chocolat : de mercredi à dim. 15 h-18 h. Réservation pour les groupes (05.55.98.18.98).
- Village : visite guidée dim. en juillet-août., groupes sur réservation (05.55.98.15.04).

OFFICE DE TOURISME : 05.55.98.15.04
MAIRIE : 05.55.98.00.49

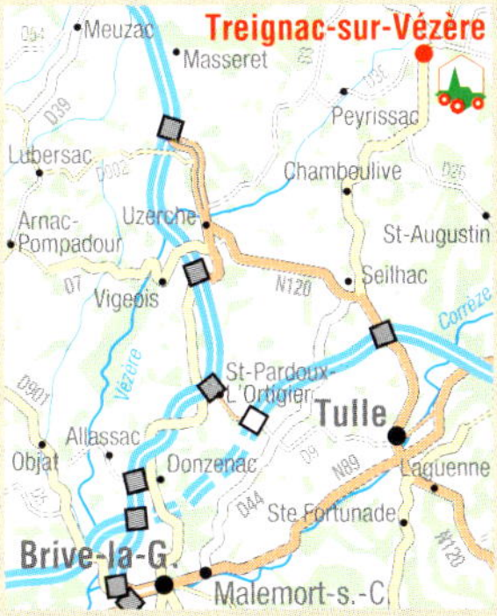

CARTE GÉNÉRALE : P. 17/G2
CODE POSTAL : 19260

SÉJOURNER

• HÔTELS
Hôtel du Lac** (05.55.98.00.44).
La Brasserie (05.55.98.03.62).
La Bagatelle (05.55.98.00.16).

• CHAMBRES D'HÔTE
Danielle Léontieff*** (05.55.98.17.25 ou 06.75.87.16.06).
Fourny (05.55.98.30.71).
Ancien Hôtel de France (05.55.98.08.29 ou 06.14.16.83.25).

• GÎTES ET MEUBLÉS
Rens. : 05.55.98.15.04.

• VILLAGE DE VACANCES
Cap Vacances (04.71.50.80.81).

• CAMPING
La Plage*** (05.55.98.08.54).

DÉGUSTER

• RESTAURANTS
La Brasserie (05.55.98.03.62).
La Flambée (05.55.98.13.08).
Hôtel du Lac (05.55.98.00.44).
Café Le Commerce, brasserie (05.55.98.10.78).
Café de Paris, brasserie (05.55.98.06.60).
Pizzeria de la Vézère (05.55.98.01.98).
La Passion des Crêpes, crêperie (05.55.98.30.75).
Salon de thé Borzeix-Besse (05.55.98.02.46).

• PRODUITS DU TERROIR
Chocolats : Comptoir du chocolat (05.55.98.18.98).
Salaisons : Les 3 Saveurs (05.55.98.02.59) ; M. Le Foll (05.55.98.01.61).

• MARCHÉS
Mardi et sam. matin, sous la halle.
Foire le 6 et le 22 de chaque mois, pl. de la République.
Marché de producteurs de pays en juillet-août, vendredi 17 h-20 h.

ACHETER

Émaux, porcelaine : Mme Fournial.

FÊTER

Mai : représentations théâtrales (1er sam.).
Juillet : foire aux vins et aux produits régionaux (3e w.-e.), festival de jazz (dern. w.-e.).
Août : vide-greniers, brocante (1er mardi) ; fête du Pain (1er mercredi) ; fête du Bois (16) ; festival de jazz (3e w.-e.).

RESPIRER

- Canoë-kayak et sports nautiques (lac de Bariousses).
- Chasse.
- Pêche.
- Randonnée pédestre : GR 446 et 11 circuits balisés.
- Tennis.
- VTT.

MUSARDER

- Chaumeil et monts des Monédières (18 km).
- Uzerche (30 km).
- Naves et arènes de Tintignac (33 km).
- Tulle (40 km).
- Cascades de Cimel (40 km).
- Lac de Vassivière (45 km).

Turenne

Au pied d'une ancienne citadelle aux vestiges encore imposants, Turenne fut le siège d'une puissante vicomté dix siècles durant. Plantées au sommet d'une butte témoin du causse de Martel, les tours de César et du Trésor marquent toujours l'emplacement de la forteresse des vicomtes de Turenne, qui régnèrent jusqu'en 1738 sur le Limousin, le Périgord et le Quercy. Le village conserve de cette période de son histoire, au long de ses rues étroites et dans ses faubourgs, un patrimoine d'une remarquable unité architecturale. Ornés de tourelles ou d'échauguettes, d'anciens hôtels particuliers du XVe au XVIIe s. ou de simples demeures à échoppes, aux toits couverts de lauses ou d'ardoises, côtoient l'église collégiale St-Pantaléon, consacrée en 1661, ou la chapelle des Capucins.

VISITER

- Château (tour César et jardin).
- Village : visite guidée.
  Rens. : 05.55.85.59.97.

SÉJOURNER

• HÔTEL

La Maison des Chanoines (05.55.85.93.43).

• CHAMBRES D'HÔTE

Mme Couvrat-Desvergnes*** (05.55.85.97.07).
Mme Soustre*** (05.55.85.97.72).
M. et Mme Sourzat*** (05.55.22.05.28).
M. Continsouzas (05.55.85.91.88).

• GÎTES ET MEUBLÉS

Rens. : 0.805.050.019.

• VILLAGE DE VACANCES

La Gironie (05.55.85.91.45).

OFFICE DE TOURISME : 05.55.24.08.80
MAIRIE : 05.55.85.91.15

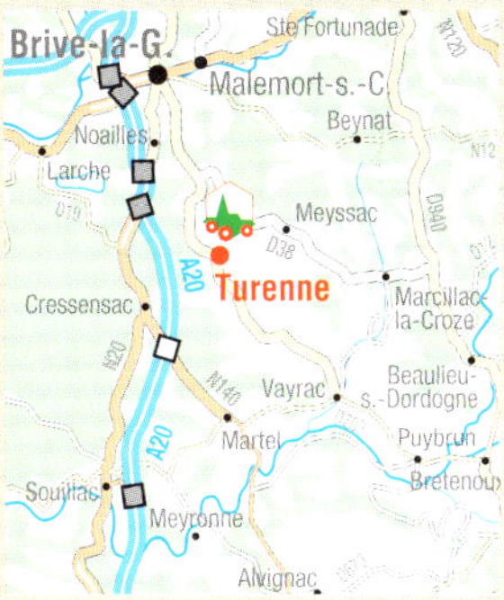

CARTE GÉNÉRALE : P. 17/G3
CODE POSTAL : 19500

DÉGUSTER

• RESTAURANTS

Le Jardin Perché (05.55.85.90.66).
La Maison des Chanoines (05.55.85.93.43).
La Vicomté (05.55.85.91.32).
Le Vieux Séchoir (05.55.85.90.46).
Crêperie de la Halle (05.55.85.57.16).

• PRODUITS DU TERROIR

Liqueurs : Élie-Arnaud Denoix (05.55.25.44.72).
Miel : M. Coutreras (05.55.85.97.46).
Pain à la ferme : M. Chastaing (05.55.85.96.05).

• MARCHÉ

Juillet-août : jeudi à 17 h.

FÊTER

Mars ou avril (jeudi de la Passion) : foire aux bœufs.
8 mai : foire aux chèvres et aux chevaux.
Juillet : fête votive (2e w.-e.), visite aux flambeaux (3e w.-e.), festival de la Vézère.
Août : vide-greniers (3e w.-e.)

RESPIRER

- Pêche.
- Randonnée : GR 46, 480 et 6 circuits balisés.

MUSARDER

- Gouffre de la Fage (7 km).
- Brive (17 km).
- Lac du Causse (18 km).
- Abbaye d'Aubazine (25 km).
- Vallée de la Dordogne (25 km).
- Padirac, Rocamadour (35 km).

Usson

À la lisière du parc naturel du Livradois-Forez, Usson s'accroche à sa butte volcanique, que coiffait autrefois un château-forteresse.

Dominé aujourd'hui par une statue de la Vierge, le village contemple le vaste panorama de la chaîne des Puys, des monts Dore et du Cézallier. Embelli par Jean de Berry et restauré par Louis XI, le château d'Usson fut le lieu d'exil de la reine Margot, sœur de Charles IX et jeune épouse peu sage du futur Henri IV. Sa conduite pousse celle-ci à chercher refuge auprès de son amant, l'écuyer Jehan de Birac, mais ils sont retrouvés à Ybois ; le favori est exécuté et Marguerite enfermée à Usson. Elle y restera 19 ans, menant une vie à la fois galante et religieuse. En juillet 1605, à 52 ans, elle reprend le chemin de Paris après avoir obtenu qu'Usson soit exempté d'impôts et que soit offerte une « donnerie perpétuelle aux pauvres de la région ». Derrière ses façades de basalte, le village conserve des vestiges de la triple enceinte flanquée de tours, détruite sous Richelieu. L'église St-Maurice, d'origine romane, fut complétée au XVIe s. par la chapelle de la Reine, où Margot venait prier sous la voûte en étoile. Les volets du tabernacle, qui date de 1622, la représentent vieillie sous les traits de sainte Radegonde en habit et diadème fleurdelisés, au côté de son époux Henri IV. Au sud de l'édifice, un sentier conduit aux orgues basaltiques qui dominent le village.

VISITER

- **Église St-Maurice :** tlj 14 h-19 h en juillet-août, sur demande hors saison (04.73.71.05.90).

MAIRIE : 04.73.71.05.90

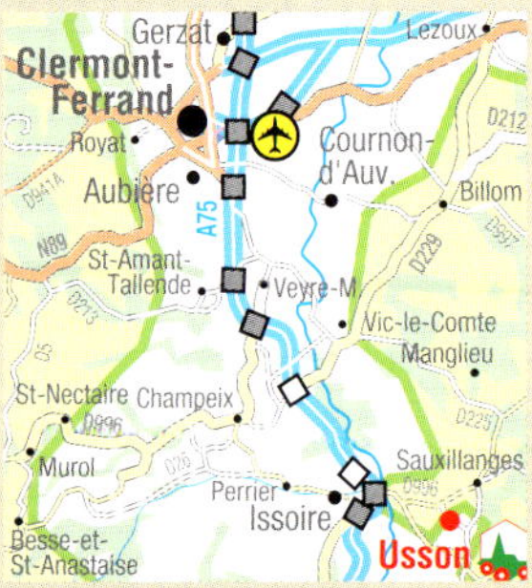

CARTE GÉNÉRALE : P. 17/H2
CODE POSTAL : 63490

- **Village :** visite guidée pour groupes sur réservation (04.73.55.01.17).

SÉJOURNER

• HÔTEL

Auberge de Margot (04.73.71.97.92).

• GÎTES

Rens. : 04.73.71.05.90.

DÉGUSTER

• RESTAURANT

Auberge de Margot (04.73.71.97.92).

ACHETER

Graphistes-émailleurs : M. et F. Liehnard (04.73.71.01.24).
Peintre : Mme Malartre-Lepage (04.73.71.02.17).

FÊTER

Mai : pèlerinage à N.-D.-d'Usson (dern. dim.).
Juillet : foire à la brocante (dern. dim.).

RESPIRER

- Pêche.
- Randonnée pédestre : 1 circuit balisé.

MUSARDER

- Château de Parentignat (8 km).
- Issoire (11 km).
- Villages perchés de Nonette et Auzon (de 15 à 25 km).
- Billom (32 km).
- Clermont-Ferrand (45 km).
- Massif du Livradois, Ambert (51 km).

Venasque

Vigie veillant sur une mer de garrigues, de vignes et de cerisiers, le village a donné son nom au Comtat Venaissin.
Au pied du mont Ventoux, Venasque domine sur son éperon rocheux la plaine de Carpentras, au débouché des gorges de la Nesque. Occupé dès le néolithique puis à l'époque romaine, ce site naturellement défensif est renforcé par trois tours. Édifiée au VIe s. par saint Siffrein, ancien moine de l'abbaye de Lérins devenu évêque, l'église Notre-Dame côtoie un exceptionnel baptistère en forme de croix grecque dont les colonnes de marbre proviennent d'édifices gallo-romains plus anciens.

VISITER

- Baptistère : (rens. : 04.90.66.62.01. ou 04.90.66.02.93).
- Église Notre-Dame : tlj 9 h-17 h.
- Sentier ethnobotanique (04.90.66.00.58).

SÉJOURNER

• HÔTELS

La Garrigue** (04.90.66.03.40).
La Fontaine (04.90.66.02.96).
Les Remparts (04.90.66.02.79).

• CHAMBRES D'HÔTE

Mme Blanken*** (04.90.66.60.80).
Mme Lubiato*** (04.90.66.60.71).
Mme Maret*** (04.90.66.03.04).
Mme Ruel*** (04.90.66.02.84).
Mme Salvi*** (04.90.66.63.82).
Mme Velay*** (04.90.66.63.98).
Mme Charles** (04.90.66.14.20).
Mme Tourrette** (04.90.66.03.71 ou 06.18.11.32.00).
Mme Frances (04.90.66.04.69).

• GÎTES, MEUBLÉS ET MAISONS

Rens. : 04.90.66.11.66 ou 04.90.66.02.93.

DÉGUSTER

• RESTAURANTS

Auberge La Fontaine (04.90.66.02.96).
Les Remparts (04.90.66.02.79).
La Terrasse de la Fontaine (04.90.66.64.85).

• PRODUITS DU TERROIR

Cerises et raisin de table : Monts de Venasque (04.90.67.37.46).

ACHETER

Céramistes : M. Drouin (04.90.66.64.10) ; Mme Viard (04.90.66.07.92).
Licier : M. Drouin (04.90.66.03.22).
Peintres : M. Gallo (04.90.66.09.94) ; Mme Gas (04.90.69.85.44). Mme Geisler (04.90.66.61.89). M. Perret (04.90.66.04.08). M. Wronecki (04.90.66.09.39).
Santonnier : Mme Lathus (04.90.66.14.66) ;
Sculpteurs : M. Patout (04.90.22.02.07) ; M. Viard (04.90.66.07.92).

FÊTER

Juillet : Rencontres citoyennes ; les Estivalières.
Juillet.-août : expositions de peinture.
Août : fête votive (15).

RESPIRER

- Escalade (04.90.71.05.23).
- Promenade à cheval : ranch de la Vallée verte (04.90.66.04.29).
- Randonnées pédestres.
- Tennis.

OFFICE DE TOURISME : 04 90 66 11 66

CARTE GÉNÉRALE : P. 19/E4
CODE POSTAL : 84210

MUSARDER

- Villages perchés du Beaucet et de La Roque-sur-Pernes (de 5 à 10 km).
- Pernes-les-Fontaines (7 km).
- Carpentras (11 km).
- Gorges de la Nesque (15 km).
- Avignon (30 km).
- Mont Ventoux (35 km).
- Vaison-la-Romaine (39 km).
- Pays de la lavande, Sault (40 km).

Vézelay

Sur une colline escarpée coiffée par la basilique Ste-Madeleine, le village regarde les monts du Morvan.
Érigée au XIIe s. à la gloire de Marie-Madeleine, dont les reliques y sont conservées, l'abbatiale est à la fois but de pèlerinage et point de départ vers Compostelle avant que la venue de Bernard de Clairvaux, en 1146, en fasse un haut lieu de la chrétienté. Réduite par les affres du temps à la seule basilique, au cloître et à la salle capitulaire, actuel musée de l'Œuvre, l'abbaye est restaurée au XIXe s. par Viollet-le-Duc. Aujourd'hui encore, elle fait de Vézelay cette colline éternelle où souffle l'esprit.

VISITER

- **Basilique Ste-Madeleine** : visite individuelle libre tlj du lever au coucher du soleil ; visite guidée sur place par les guides de la Communauté nationale d'accueil dans les sites artistiques (CASA) tlj en juillet-août ; visite guidée de groupes toute l'année sur RDV au service des Visites, rectorat de la Basilique, presbytère (03.86.33.39.50). Les visites guidées – individuelles ou de groupe – n'ont pas lieu durant les offices chantés par les fraternités monastiques de Jérusalem à 7 h 30 du mardi au vendredi, 8 h sam. et dim., 11 h dim., 12 h 30 du mardi au sam., 17 h 30 dim., 18 h du mardi au sam. et 18 h 30 lundi.
- **Maison du Visiteur** : visite scénographique dans l'univers des bâtisseurs du XIIe s. pour apprendre à visiter la basilique et à en comprendre le sens. Diaporama de 250 photos inédites, présentation commentée par un guide avec des maquettes, de l'architecture, des jeux de lumière aux solstices ; reproductions de chapiteaux sculptés pour observer et décrypter les symboles. Tlj sauf mardi et mer. en avril, mai et oct. ; tlj sauf mardi de juin à sept. ; sur RDV de nov. à mars (03.86.32.35.65).
- **Musée de l'Œuvre-Viollet-le-Duc** : dans l'ancien dortoir des moines, chapiteaux romans et fragments déposés par Viollet-le-Duc lors de ses travaux de restauration de la basilique. Tlj 14 h-18 h en juillet-août, le w.-e. en avril, mai, juin et sept. (03.86.33.24.62).
- **Maison Jules-Roy** (maison d'écrivain) : visite libre de la maison et de ses jardins tlj sauf mardi 14 h-18 h d'avril à oct.

- **Musée Zervos** (art moderne 1925-1965), dans la maison Romain-Rolland : collection léguée à la commune par Christian Zervos, critique et éditeur d'art. Fondateur des *Cahiers d'art*, revue publiée de 1926 à 1960, Christian Zervos a côtoyé les plus grands artistes de son temps : Picasso, Chagall, Laurens, Léger, Calder, Kandinsky, Giacometti, Hélion, Miró, Poliakoff..., dont les œuvres sont exposées dans la maison Romain-Rolland. Dans la chambre de l'écrivain sont présentées quelques-unes de ses œuvres. Exposition temporaire chaque annee. Tlj sauf mardi 10 h-18 h du 15 mars au 15 nov. (03.86.32.39.26).
- **Village** : visite guidée pour les individuels en été (rens. : 03.86.33.23.69) ; pour les groupes toute l'année sur RDV (association Guides de pays des collines : 03.86.33.23.69).
- **Village et basilique** : visite guidée (art, histoire, symbolisme, tradition) par Lorant Hecquet, conférencier professionnel, sur RDV (03.86.33.30.06).
- **Tour des remparts en calèche** en saison (départ pl. du Champ-de-Foire) ou sur RDV (03.86.33.32.78).

SÉJOURNER

• HÔTELS

Maison des Glycines*** (03.86.32.35.30).
Résidence Le Pontot*** (03.86.33.24.40).
La Poste et Lion d'or*** (03.86.33.21.23).
Le Compostelle** (03.86.33.28.63).
Le Relais du Morvan** (03.86.33.25.33).
Le Cheval blanc (03.86.33.22.12).
La Palombière (03.86.33.28.50).
La Terrasse (03.86.33.25.50).

• CHAMBRES D'HÔTE

Au Porc-épic*** (03.86.33.32.16).
Cabalus (03.86.33.20.66).
Paule-Emmanuelle Fery (03.86.32.34.40).
La Maratière (03.86.33.21.49).
Au Poirier de la Perdrix (03.86.33.20.17).

• GÎTES ET MEUBLÉS

Rens. : 03.86.33.23.69.

• CENTRES D'HÉBERGEMENT (GROUPES ET INDIVIDUELS)

Auberge de jeunesse (03.86.33.24.18).
Maisons St-Bernard et Béthanie (03.86.32.36.12).
Centre Jean-Christophe (01.40.46.21.07).
Centre Sainte-Madeleine (03.86.33.22.14).

• CAMPING

L'Ermitage* (03.86.33.24.18).

DÉGUSTER

• RESTAURANTS

La Poste et le Lion d'Or (03.86.33.21.23).
Le Bougainville (03.86.33.27.57).
Le Cheval blanc (03.86.33.22.12).
La Coquille (03.86.33.35.57).
La Dent creuse (03.86.33.36.33).
À la Fortune du pot (03.86.33.32.56).
Le Relais du Morvan (03.86.33.25.33).
Le Saint-Étienne 03.86.33.27.34).
La Terrasse, brasserie (03.86.33.25.50).
Le Vézelien, brasserie (03.86.33.25.09).
Au Porc-épic, salon de thé (03.86.32.38.06).

Vézelay

Produits monastiques : Jérusalem (03.86.33.37.43).
Sculpteur : Bernard Van den Bossche (03.86.33.32.16).
Tisserand : Atelier Marie-Noëlle (03.86.33.26.02).

FÊTER

Avril-oct. : expositions de peinture (salle gothique).
Mai-oct. : concerts en la basilique.
Juin : foire du Vézelien (1er w.-e.).
Juillet : vide-greniers (1er dim.), pèlerinage Ste-Madeleine (22).
Août : festival d'art vocal (2e quinz.).
Sept. : marché biologique (1er dim.).
Toute l'année : colloques, pèlerinages et stages (rens. : 03.86.33.23.69).

RESPIRER

- Pêche.
- Randonnée pédestre : GR 13 et 654 (Vézelay-Saint-Jacques-de-Compostelle), 4 boucles balisées.
- VTT : 5 circuits.

MUSARDER

- Église d'Asquins (2 km).
- Site archéologique des Fontaines-Salées et musée à Saint-Père-sous-Vézelay (3 km).
- Cardo Land (parc préhistorique imaginaire) de Chamoux (7 km).
- Château de Bazoches-du-Morvan (10 km).
- Avallon (15 km).
- Grottes d'Arcy-sur-Cure (20 km).

• PRODUITS DU TERROIR

Miel : Jean-Jacques Garnier, rue Saint-Pierre.
Pains d'autrefois : Au Bon Pain (03.86.33.23.64).
Vins AOC de Bourgogne Vézelay : cave-coopérative Henri de Vézelay (03.86.33.29.62) ; caves du Pèlerin (03.86.33.30.84) ; domaine Camu Frères (03.86.32.35.66) ; domaine Maria Cuny (03.86.33.27.95) ; Marc Meneau (03.86.33.39.11).
Vins et produits régionaux : Bourgogne Vin (03.86.33.35.63) ; Le Saint-Vincent (03.86.33.27.79) ; Au Tastevin (03.86.33.22.08).

ACHETER

Art et artisanat : Cabalus (03.86.33.20.66) ; Le Cirier de Vézelay (06.92.75.09.38) ; Jacque d'Aubres : métal, pierre et textile (03.86.33.22.32).
Enluminures : Atelier Or et Lumière (03.86.32.38.59).
Faïencier : Les Arts régionaux (03.86.33.24.91).
Librairies : L'Âme enchantée (03.86.32.38.38) ; Anne-Marie Boutique (03.86.32.35.60) ; L'Or des Étoiles (03.86.33.30.06) ; Tibériade Siloe (03.86.33.29.14) ; Librairie Vogade.
Peintres-sculpteurs, galeries : François Brochet (03.86.33.31.88) ; Élizabeth Lempereur : peintures, tapisseries, sculptures (03.86.32.38.16) ; Claude Moreau : peintures (03.86.33.21.04) ; Henri-Charles Nogaret (03.86.33.32.66) ; Saint-Bernard : peintures, sculptures de Maxime Boëri (06.18.91.18.14) ; Saint-Pierre : peintures, lithographies de Georges Hosotte (03.86.33.27.96).

OFFICE DE TOURISME : 03.86.33.23.69

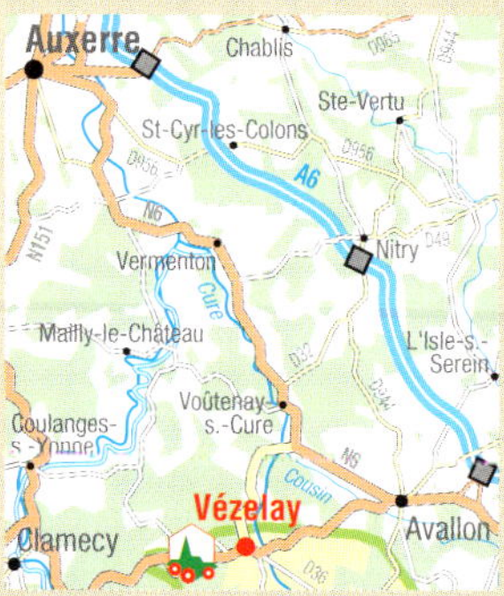

CARTE GÉNÉRALE : P. 13/H5
CODE POSTAL : 89450

Villefranche-de-Conflent

Le village doit sa naissance et sa réputation de cité marchande à son fondateur, Guillaume Raymond, comte de Cerdagne.
Dès sa création, en 1090, Villefranche est capitale du Conflent. La tour-beffroi de la Viguerie y était siège du pouvoir administratif et les multiples échoppes témoignent de son passé de centre commercial. En ajoutant aux remparts médiévaux son système de fortifications, Vauban renforça au XVIIe s. son rôle de capitale militaire d'une région longtemps frontalière.

VISITER

- Église romane St-Jacques : tlj 10 h-12 h/14 h-17 h.
- Fort Liberia : tlj 10 h-18 h (20 h d'avril à oct.) 04.68.96.34.01.
- Remparts : tlj 10 h-19 h (20 h en juillet-août) de juin à sept., 14 h-17 h d'oct. à mai (sauf janv.).
- Grottes à concrétions des Petites et Grandes Canalettes : tlj 10 h-18 h de mi-juin à mi-sept. ; 10 h-12 h/14 h-17 h 30 en avril, mai et oct., 14 h-17 h dim. et vacances scolaires de nov. à mars.
- Préhisto-grotte : tlj 10 h 30-18 h du 15 juin au 15 sept., pour les groupes sur RDV du 18 sept. au 14 juin.
- Village : visite guidée tlj sur réservation (04.68.96.22.96).

SÉJOURNER

- **RÉSIDENCE DE TOURISME**

Le Vauban** (04.68.96.18.03).

- **GÎTES, MEUBLÉS ET CHAMBRES D'HÔTE**

Rens. : 04.68.96.22.96.

DÉGUSTER

- **RESTAURANTS**

La Casa de la Nine (04.68.96.35.62).
Au Grill (04.68.96.17.65).
Le Patio (04.68.05.01.92).
Le Relais de Villefranche (04.68.96.31.63).
Saint-Paul (04.68.96.30.95).
L'Échauguette, crêperie (04.68.96.21.58).

- **PRODUITS DU TERROIR**

Jus de pomme : M. Baco (04.68.96.31.82).
Tourteaux à l'anis : M. Miras (04.68.96.37.06).

ACHETER

Artisan-bijoutier : M. Sevestre (04.68.96.38.33).
Artisans sur cuir : Mme Granct (04.68.96.20.49) ; L'Infante (04.68.97.71.38).
Céramiste : La Singlantana (04.68.05.28.00).
Ébéniste : M. Schaeffer (04.68.05.54.92).
Galerie : François Iltis.
Lapidaire : Atelier lapidaire (04.68.96.09.00).
Potiers : Poterie de la Citadelle (04.68.96.32.81) ; Poterie Saint-Jean (04.68.05.29.82).
Savons et bougies : Savonnerie de Villefranche (04.68.96.06.05).

FÊTER

Dim. de Pâques : fêtes des Géants.
Lundi de Pâques : Aplec (pèlerinage) à N.-D.-de-Vie.
Juillet : fête de la Saint-Jacques.

RESPIRER

- Aventure, grotte et canyon : Adeline Escalade (04.68.05.51.98).
- Canyoning, spéléologie : Exploration pyrénéenne (04.68.05.36.82).

MUSARDER

- Saint-Michel-de-Cuxa (8 km).
- Saint-Martin-du-Canigou (8 km).
- Vallée de la Cerdagne (30 km).

OFFICE DE TOURISME : 04.68.96.22.96 **MAIRIE : 04.68.96.10.78**

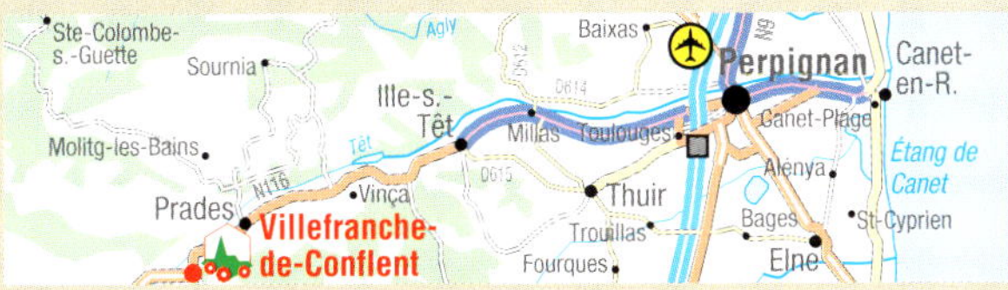

CARTE GÉNÉRALE : P. 17/G6 **CODE POSTAL : 66500**

Vogüé

En amphithéâtre au bas d'une falaise, Vogüé a les pieds dans l'eau, l'eau d'une Ardèche déjà méditerranéenne.
Du bord de la rivière, les rues jalonnées d'arcades et de passages voûtés conduisent vers le château surplombant le village. Berceau des Vogüé, l'une des plus illustres familles du Vivarais, reconstruit aux XVIe et XVIIe s., le château dresse, entre quatre tours d'angle, ses façades ornées de fenêtres à meneaux. Animé par l'association Vivante Ardèche, il abrite une collection sur l'histoire et l'architecture régionales, les œuvres du graveur ardéchois Jean Chièze et des expositions d'art contemporain.

VISITER

- Château (04.75.37.01.95).
- Cave vinicole.
- Train touristique.
  Rens. : 04.75.37.01.17.

SÉJOURNER

- **HÔTELS**

Les Falaises (04.75.37.72.59).
Les Voyageurs (04.75.37.71.13).

- **GÎTES**

Rens. : 04.75.37.01.17.

- **VILLAGE DE VACANCES**

Rens. : 04.75.37.71.32.

- **CAMPINGS**

Les Roches*** (04.75.37.70.45).
L'Oasis des Garrigues*** (04.75.37.03.27).
Les Chênes verts** (04.75.37.71.54).

OFFICE DE TOURISME : 04.75.37.01.17
MAIRIE : 04.75.37.72.48

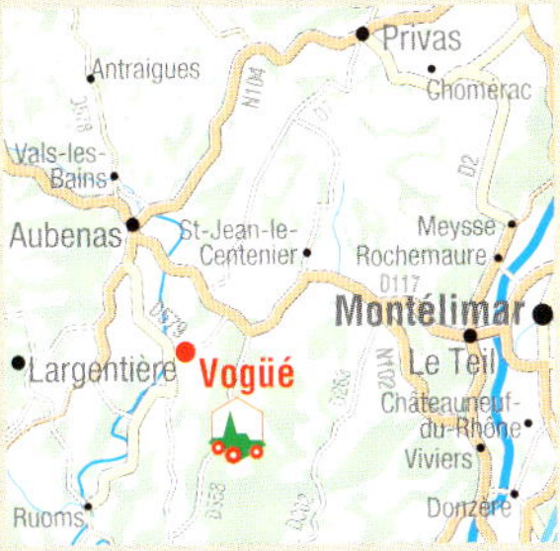

CARTE GÉNÉRALE : P. 19/E3
CODE POSTAL : 07200

DÉGUSTER

- **RESTAURANTS**

Les Falaises (04.75.37.72.59).
Khon Ngam Thaï (04.75.37.03.71).
Les Trois Arches (04.75.37.02.35).
Les Voyageurs (04.75.37.71.13).
La Voguette, crêperie (04.75.37.01.61).
L'Oasis, pizzeria (04.75.37.78.29).
Le Pont-Neuf, pizzeria (04.75.37.75.44).

- **PRODUITS DU TERROIR**

Miel : M. Lunel (04.75.37.72.98).
Vins des Coteaux de l'Ardèche : Le Caveau (04.75.37.00.36) ; cave vinicole (04.75.37.71.14).
Produits régionaux : Côté Soleil (04.75.37.54.45).

- **MARCHÉ ET DÉGUSTATION DE VINS**

Juillet-août : lundi matin.

ACHETER

Mosaïste : Atelier Tessella (04.75.37.01.79).

FÊTER

Juillet-août : spectacles chantés et dansés.
Août : foire à la brocante (1er sam.).
Oct. : RDV ardéchois, Vivaraid – VTT, course à pied (1re quinz.).
De Pâques à la Toussaint : expositions au château.

RESPIRER

- Canoë-kayak.
- Escalade.
- Randonnée pédestre : 2 circuits balisés.
- Tennis.
- VTT.

MUSARDER

- Église de Sauveplantade et village de Rochecolombe (de 2 à 4 km).
- Aubenas (10 km).
- Le Pradel (domaine Olivier de Serre) et plateau du Coiron (de 13 à 20 km).
- Ruoms : musée de la Vigne et du Vin (15 km).
- Gorges de l'Ardèche (20 km).

Vouvant

Au sein de la forêt de Vouvant-Mervent, la rivière Mère s'enroule autour de Vouvant, dessinant un fossé naturel de défense.
Guillaume IV d'Aquitaine découvrit le site de Vouvant lors d'une partie de chasse. Frappé par la position stratégique du lieu, il fit bâtir au XIe s. un château, une église et un monastère. De l'église, on admire aujourd'hui le portail du XIe s., l'abside du XIIe s. et la crypte du XIe s. Le château ne conserve que son donjon, la tour Mélusine, des fragments de remparts et une poterne du XIIIe s. qu'emprunta Saint Louis. Un pont roman relie les berges en enjambant la rivière Mère. Deux personnages ont marqué l'histoire de Vouvant : le père Montfort, réputé pour ses prédications, sa foi et le « miracle du cerisier », et la fée Mélusine, qui hante encore les esprits.

VISITER

- Église Ste-Marie : tlj 9 h-19 h.
- Nef Théodelin : salle d'expositions.
- Tour et maison de Mélusine (rens. : 02.51.00.86.80).

SÉJOURNER

- **HÔTEL**

Auberge de Maître Pannetier** (02.51.00.80.12).

- **CHAMBRES D'HÔTE**

Mme Enderby (02.51.52.79.36).
M. et Mme Roy (02.51.52.65.67).

- **GÎTES**

Rens. : 02.51.00.86.80.

- **MAISON FAMILIALE DE VACANCES**

Relais Mélusine (02.51.00.80.14).

- **VILLAGE DE VACANCES**

La Girouette (02.51.50.10.50).

DÉGUSTER

- **RESTAURANTS**

Auberge de Maître Pannetier** (02.51.00.80.12).
Le Pic vert, crêperie (02.51.00.88.49).
V., café-salon de thé (02.51.00.85.69).

- **PRODUITS DU TERROIR**

Brioches et gâteaux : Fournil de Mélusine (02.51.00.80.11).
Pâtés, foie gras et confit de canard : Le Canard de Mélusine (02.51.87.85.11).
Miel : M. de Rosanbo (02.51.00.86.71).

ACHETER

Ateliers de peintres (rens. : 02.51.00.80.21).
Galeries d'art : Nef Théodelin (02.51.00.80.21) ; Galerie de la Tour (02.51.51.34.55) ; V. (02.51.00.85.69).
Peintre d'icônes : Mme Brahimi (02.51.00.82.67).

FÊTER

Juillet-août : « Vouvant, village de peintres » (expositions, animations).
Août : festival folklorique (2e dim.).

RESPIRER

- Équitation (02.51.00.81.55).
- Pêche.
- Randonnée pédestre et VTT : 3 circuits balisés.
- Tennis.
- VTT : La Girouette (02.51.50.10.60).

MUSARDER

- Mervent : forêt, château de la Citardière (7 km).
- Fontenay-le-Comte (16 km).
- Marais poitevin (30 km).
- Puy-du-Fou (45 km).

OFFICE DE TOURISME : 02.51.00.86.80

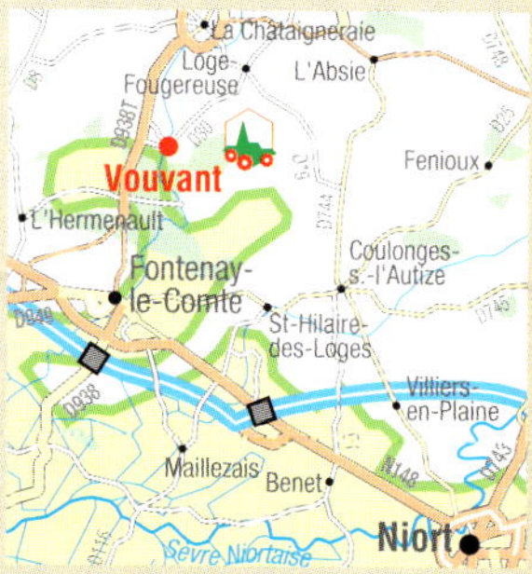

CARTE GÉNÉRALE : P. 13/E6
CODE POSTAL : 85120

Yèvre-le-Châtel par Yèvre-la-Ville

Aux lisières de la Beauce et du Gâtinais, Yèvre-le-Châtel marie avec bonheur patrimoine médiéval et art contemporain.
Veillant par-delà la vallée de la Rimarde sur de vastes horizons, la forteresse de Yèvre, construite sous Philippe Auguste et récemment restaurée, domine de ses hautes murailles et de ses quatre tours rondes l'église romane St-Gault et la nef inachevée de St-Lubin. Au fil des rues toujours très fleuries, le village cache à l'arrière de murets de calcaire de vieilles demeures entourées de jardins, qui, après avoir séduit des peintres de réputation internationale comme Vieira da Silva, Arpad Szenes ou Eduardo Luiz, attirent aujourd'hui artistes et galeries.

VISITER

- **Château fort** (XIIIe s.) : tlj 14 h-18 h du 1er avril au 1er nov., sur RDV hors saison (02.38.34.25.91).
- **Église St-Gault** (XIIe s.) : tlj 14 h-18 h du 1er avril au 1er nov.
- **Vestiges de l'église St-Lubin** (XIIIe s.) : tlj en permanence.
- **Village** : visite guidée sur RDV (02.38.34.25.91).

SÉJOURNER

- **GÎTE**

M. et Mme Blanvillain (c.c.) (02.38.34.25.22).

DÉGUSTER

- **RESTAURANTS**

La Rolancière (02.38.34.28.47).
Art et Thé, salon de thé (02.38.34.16.29).

ACHETER

Galeries :
Art et Thé (peintures et sculptures), Thierry Lodziak (02.38.34.16.29) ;
Le Châtel : art contemporain (02.38.34.15.91) ;
Le 5 bis : expositions d'art (02.38.34.22.12).

FÊTER

Mai-sept. : expositions de peinture et de sculpture en salle et plein air.
Août : concert en l'église St-Gault.
Sept. : fête médiévale (1er dim.).
Oct. : Lire en fête (mi-oct.).

RESPIRER

- Randonnée pédestre : GR 32 et vallée de la Rimarde.
- Tennis (02.38.34.23.06).

POINT i : 02.38.34.25.91
MAIRIE : 02.38.34.23.06

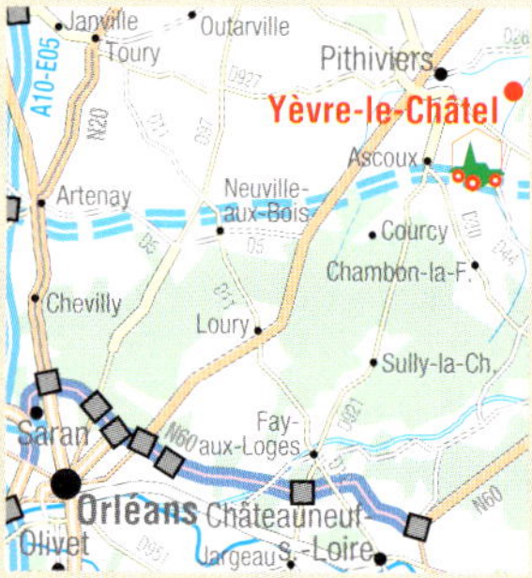

CARTE GÉNÉRALE : P. 13/G4
CODE POSTAL : 45300

MUSARDER

- Pithiviers (6 km).
- Boynes : musée du Safran (6 km).
- Pithiviers-le-Vieil : site gallo-romain (8 km).
- Vrigny : La Maison du Père Mousset, écomusée beauceron (12 km).
- Château de Chamerolles (20 km).
- Malesherbes (25 km).
- Montargis (42 km).
- Orléans (45 km).

Yvoire

Village fortifié qui domine le lac Léman, Yvoire possède encore de nombreux témoignages d'un riche passé : remparts, portes, fossés...
Sentinelle du Léman occupée dès l'époque romaine, Yvoire est fortifié au XIVe s. à l'initiative du comte de Savoie Amédée V le Grand et a célébré, en 2006, le 700e anniversaire de sa fondation. Jouant sur une palette changeante de couleurs, le fleurissement du village est d'une exceptionnelle qualité et renouvelle, d'une saison à l'autre, le plaisir de sa découverte.

VISITER

- Jardin des Cinq Sens : tlj 11 h-18 h de mi-avril à mi-mai, tlj 10 h-19 h de mi-mai à mi-sept., 13 h-17 h de mi-sept. à mi-oct. (04.50.72.88.80).
- Village : visite pour individuels en juillet-août, pour groupes toute l'année sur RDV (04.50.72.80.21).
- La Maison de l'Histoire : d'avril à mi-juin et de mi-sept. à oct., w.-e. et jours fériés 14 h-17 h ; de mi-juin à mi-sept., tlj 14 h-18 h 30.

SÉJOURNER

• HÔTELS

Les Flots bleus*** (04.50.72.80.08).
Le Port*** (04.50.72.80.17).
Le Pré de la Cure*** (04.50.72.83.58).
Le Vieux Logis*** (04.50.72.80.24).

• CHAMBRES D'HÔTE

Mme Raphoz** (04.50.72.92.95).

• GÎTES ET MEUBLÉS

Rens. : 04.50.72.80.21.

• CAMPINGS

Léman I** (04.50.72.84.31).
Léman II** (04.50.72.84.96).

DÉGUSTER

• RESTAURANTS

Le Bacouni (04.50.72.85.67).
Le Bar des Pêcheurs (04.50.72.80.26).
Le Bateau ivre (04.50.72.81.84).
Les Flots bleus (04.50.72.80.08).
Les Jardins du Léman (04.50.72.80.32).
La Perche (04.50.72.89.30).
Le Pirate (04.50.72.83.61).
La Pointe d'Yvoire (04.50.72.05.57).
Le Port (04.50.72.80.17).
Le Pré de la cure (04.50.72.83.58).
La Traboule (04.50.72.83.73).
La Vieille Porte (04.50.72.80.14).
Le Vieux Logis (04.50.72.80.24).
Les Cygnes, brasserie (04.50.72.82.88).
La Dîme, pizzeria (04.50.72.89.87).
Les Régatiers, pizzeria (04.50.72.88.55).
La Crêperie d'Yvoire (04.50.72.80.78).

• PRODUITS DU TERROIR

Charcuterie et vins de Savoie : La Cave à Sosse (04.50.72.84.04).
Épicerie fine : Oleum (04.50.72.98.86).
Produits régionaux : Les Gourmandises (04.50.72.89.55).

ACHETER

Artisanat : Artisanat du bois (04.50.72.82.20) ; Cuir (04.50.72.99.75) ; Équinoxe (04.50.72.80.77).
Brocanteur : Brocante d'Yvoire (04.50.72.81.13).
Cristallier : Atelier Hubert (04.50.72.94.11).
Dentellière : Mme de Réa (04.50.72.81.79).
Fabricant de bougies : Le Cirier (04.50.72.78.07).
Galerie d'art : Galerie Fert (04.50.72.84.79).
Peintre-photographe : Les Albrans (04.50.72.17.94).
Spécialiste en minéraux : Mineralp (04.50.72.81.71).
Verrier : Dix Versions (04.50.72.17.94).

FÊTER

Mai-déc. : nombreuses manifestations (rens. : 04.50.72.80.21).

RESPIRER

- Croisières sur le Léman : CGN (04.50.72.80.21).
- Randonnée.

MUSARDER

- Village de Nernier (2 km).
- Château d'Allinges (15 km).
- Thonon, Ripaille, Évian-les-Bains (de 16 à 25 km).
- Genève (27 km).
- Nyon (à 20 minutes en bateau).

OFFICE DE TOURISME : 04.50.72.80.21

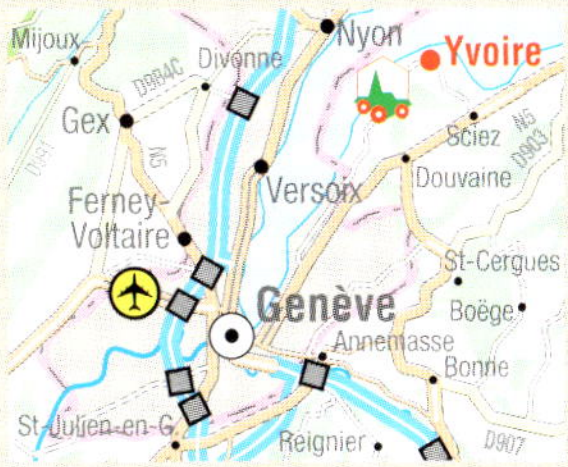

CARTE GÉNÉRALE : P. 19/F1
CODE POSTAL : 74140

Index des villages par régions

Crédits photographiques

Couverture (de gauche à droite) :

hemis.fr/B. Barbier ; Frank MULLIEZ ; FRANCEDIAS.COM/Luc Olivier.

Par agence et par page :

FRANCEDIAS.COM/Luc Olivier : 54 ; FRANCEDIAS.COM/Yves Noto Campanella : 228 ; GHFP/HOA-QUI/Daniel Casimiro : 59b ; GHFP/HOA-QUI/D./V. Repérant : 174 ; GHFP/JACANA/Lou Grive : 196b ; hemis.fr/B. Barbier : 98h ; hemis.fr/G. Bertolissio : 124 ; hemis.fr/F. Guiziou : 213 ; hemis.fr/B. Rieger : 72, 99, 115 ; hemis.fr/E. Suetone : 97 ; hemis.fr/H. Hughes : 167 ; hemis.fr/C. Guy : 187 ; hemis.fr/R. Cintract : 190 ; JUPITER/AgenceImages/Lis : 26 ; JUPITERIMAGES/Guy : 152 ; JUPITERIMAGES/Pieuchot : 188 ; LES PLUS BEAUX VILLAGES DE FRANCE : 92, 172, 186 ; MAIRIE D'EGUISHEIM : 87, 88 ; MAIRIE D'EUS : 90 ; MAIRIE DE SARRANT : 223 ; Camille MOIRENC : 229, 230 ; Frank MULLIEZ : 27, 32, 37, 38, 47, 53, 64, 74, 77, 80, 83, 108, 119, 120, 129, 134, 141, 154, 163, 183, 189, 195, 200, 203, 217, 219, 226, 251 ; OFFICE DE TOURISME DE LAUTREC : 126 ; SCOPE/Balzer : 28, 30, 96 ; SCOPE/C. Bowman : 164 ; SCOPE/J.-L. Barde : 43, 46, 49, 52, 66, 67, 86, 102, 103, 116, 123, 125, 127, 146, 147, 148, 165, 179, 192, 194, 196h, 206, 225 ; SCOPE/Ph. Blondel : 20, 193, 237, 250 ; SCOPE/B. Galeron : 132, 208 ; SCOPE/P. Garenne : 98b ; SCOPE/J. Guillard : 6d, 21, 31, 35, 42, 44, 45, 55, 56, 58h, 71, 84, 94, 95, 105, 106, 110, 111, 114, 128, 136, 138, 139, 142, 143, 144, 145b, 157, 160, 171, 173, 182, 184, 189, 199, 209b, 210, 215, 220, 227, 232, 240, 244, 246, 248, 252, 253 ; SCOPE/N. Hautemanière : 68, 69, 91, 247h ; SCOPE/S. Matthews : 245 ; SCOPE/R. Nourry : 6g, 7h, 22, 23, 29, 33, 79, 130h, 214 ; SCOPE/N. Pasquel : 185, 211 ; SCOPE/G. Place : 209h ; SRD/G. Chenuet : 100 ; SRD/R. Nourry : 93h ; SRD/Truchy : 7g, 76 ; Dominique SILBERSTEIN : 7d, 24, 25, 34, 36, 39, 40, 41, 48, 50, 51, 57, 58b, 60, 61, 62, 63, 65, 70, 73, 75, 78, 81, 82, 85, 89, 93b, 101, 104, 107, 109, 112, 117, 118, 121, 122, 130b, 131, 133, 135, 137, 140, 145h, 149, 150, 151, 153, 155, 156, 158, 159, 161, 162, 166, 168, 169, 170, 175, 176, 177, 178, 180, 181, 191, 197, 198, 201, 202, 204, 205, 207, 212, 216, 218, 221, 222, 224, 231, 233, 234, 235, 236, 238, 239, 241, 242, 243, 247b, 249 ; Pascal TOURNAIRE : 113 ; Wallis.fr/Colin : 59h.

Les Plus Beaux Villages de France
est publié par Sélection du Reader's Digest
Achevé d'imprimer : janvier 2008
Dépôt légal en France : février 2008
Dépôt légal en Belgique : D-2008-0621-28
Imprimé au Portugal